T0007318

RAYMOND A. MOODY, JR.   DIANNE ARCANGEL

VIDA DESPUÉS DE LA PÉRDIDA

Vida después de la pérdida
de seres queridos.
Cómo superar la aflicción
y encontrar la esperanza

edaf

www.edaf.net

MADRID - MÉXICO - BUENOS AIRES - SANTIAGO

2022

Vida después de la pérdida
Título original en inglés: *Life after Loss. Conquering Grief and Finding Hope*
© 2001, 2022 Raymond A. Moody, Jr. y Dianne Arcangel
© 2001, 2022. Editorial EDAF, S.L.U., Jorge Juan 68. 28009 Madrid (España) www.edaf.net
por acuerdo con Sobel Weber Associated, Inc; 146 East 19th Street, 10003-2404 New York,
U.S.A; representada por Agencia Literaria Carmen Balcells, S.A.; Barcelona, España

© Diseño de la cubierta: Gerardo Domínguez
© Traducción: Alejandro Pareja Rodríguez

Editorial Edaf, S.L.U.
Jorge Juan, 68
28009 Madrid, España
Teléf.: (34) 91 435 82 60
www.edaf.net
edaf@edaf.net

Ediciones Algaba, S.A. de C.V.
Calle 21, Poniente 3323 - Entre la 33 sur y la 35 sur
Colonia Belisario Domínguez
72180 Puebla, México
Teléf.: 52 22 22 11 13 87
jaime.breton@edaf.com.mx

Edaf del Plata, S.A.
Chile, 2222
1227 Buenos Aires (Argentina)
edaf4@speedy.com.ar

Editorial Edaf Chile, S.A.
Avda. Charles Aranguiz Sandoval, 0367
Ex. Circunvalación, Puente Alto
Santiago - Chile
Teléf: +56 2 2707 8100 / +56 9 9999 9855
comercialedafchile@edafchile.cl

Mayo de 2022

ISBN: 978-84-414-4141-5
Depósito legal: M-5032-2022

PRINTED IN SPAIN   IMPRESO EN ESPAÑA

Cofás

Para ti, lector

Índice

Agradecimientos

Quiero manifestar mi agradecimiento profundo a todas las personas especiales que han acudido a mí en busca de consuelo por sus pérdidas. Les doy las gracias por todo lo que me han enseñado acerca del proceso de la aflicción y de la importancia del amor.

Doy las gracias a mi amiga Dianne Arcangel, cuya amistad y trabajo común a lo largo de los años han sido tan valiosos para mí. Muchas gracias, Dianne, por tu amabilidad y paciencia durante la realización de este proyecto.

Muchas gracias a mi esposa maravillosa, Cheryl, y a nuestros hijos, Carter y Carol Ann, por haberme dado tiempo e inspiración para trabajar en este proyecto. Y gracias al equipo excelente de la editorial HarperSanFrancisco, entre ellos, David Hennessy y Terri Leonard, por su apoyo e interés.

Doctor Raymond A. Moody, jr.

Las familias que han perdido a seres queridos me han pedido durante muchos años que ponga por escrito mis palabras, para poderlas leer en las noches difíciles. A los que han esperado tanto tiempo les agradezco su paciencia y les doy las gracias por haber servido de catalizadores para *Vida después de la pérdida.*

Agradezco a Raymond Moody y a su esposa, Cheryl, que me pidieran que escribiésemos juntos este libro y que dieran los primeros pasos para empezar a redactarlo en octubre de 1997. Agradezco especialmente la disposición de Raymond a compartir con nuestros lectores episodios de su vida personal.

El agente Nat Sobel creyó en el libro e intervino en su creación desde el primer momento. Su ayuda ilustra cada una de sus páginas. También debo dar las gracias al equipo notable de Nat: Laura Nolan, Anna Bliss y Catherine Crawford, de Sobel Weber Associates, Inc.

Si bien este libro se publica bajo el nombre de dos autores, fueron muchas las personas que realizaron una labor conjunta con una intención común: la de ofrecer a los lectores su amor y su apoyo. Me conmovió la generosidad de muchos de mis colegas profesionales. Sonja Earthman y Charles Novo se sumaron con entusiasmo a la labor desde el primer momento y contribuyeron en todas las maneras posibles. Su visión aportó más profundidad al proyecto. Bruce Greyson proporcionó datos, sugerencias, comentarios sobre el estilo del libro y mucho apoyo emocional. Sería dificilísimo presentar una lista completa de todos los profesionales; sin embargo, existen otras personas que contribuyeron de manera especial: April Reckling, Cara McElhaney, Carmen Martínez, Colin Caffell, Diego De Leo, Donna Medford, Elaine Stillwell, Gary Rosen, Geri Colozzi Wiitala, Jarrett Huffman, Jerrod Daigle, Jim Monahan, Jo Ann Thomas y el personal del Gateway Center, Josephine Caragdine, Pam Kircher, Rhea White, Robert A. Neimeyer, Rupert Sheldrake, Ruth Landaur, Sally Feather, Sheldon Rubenfeld y su equipo de The Thyroid Society for Education and Research, y Tom Golden. Mis colegas de la Association for Death Education and Counseling, la Asociación Americana de Suicidiología, la Asociación Americana del Cáncer y el Hospicio del Centro Médico de Texas me prestaron apoyo inmediato cada vez que se les solicitó, y lo mismo hizo el personal de Earthman Funeral Homes, del Scott and White Hospice, de la Biblioteca Pública de Pasadena y de la Organización Mundial de la Salud.

Muchos amigos ofrecieron también su apoyo a los lectores, cada uno a su manera: Billie Mackrill, Bob Bigelow, Carol Poole, Connie Carey, Luanne Valkner, Monica McCormick, Rick Kelly, Terry Huber y Tod Steiner. Gracias a todos aquellos que pidieron que no se publicaran sus apellidos: Betty, Elaine, Gail, Gary, Jerry, Jimmie, Joe, John Paul, Lottie, Pam, Ruth y Tanya.

Gracias a Leona Muckleroy, mi mejor amiga, por su integridad, sus consejos, su historia personal y muchas de las citas que encabezan los capítulos. Su apoyo diario fue monumental.

Debo expresar mi agradecimiento más profundo a los correctores maravillosos de la editorial HarperSanFrancisco. Su paciencia y su experiencia estuvieron muy por encima de lo que se podía exigir de ellos: David Hennessy, Gideon Weil, Terri Leonard y Anne Collins. También doy las gracias a todo el equipo de HarperSanFrancisco que trabajó con diligencia para crear una obra de arte.

La verdad, no puede decirse que yo trabaje: Elisabeth Kubler-Ross me guía en mi labor de cuidar de los que han perdido a seres queridos Karlis Osis me inspira lo que escribo y el Dalai Lama me mantiene centrada en mis intenciones. A ellos les dirijo mi agradecimiento eterno.

Mi hija K'Anne, mi nieto Silas y mi yerno Clark me proporcionaron muchos relatos de los que aparecen en el libro; pero les agradezco algo más importante todavía, los «descansos para el libro», que me otorgaron durante las muchas noches y días que pasé escribiendo.

Mi marido, Joe, leyó hasta la última palabra de todos los borradores sucesivos del libro, y aunque fue el mayor de sus críticos literarios, no dejó de animarme durante todo el camino. Su única esperanza, como la mía, es que *Vida después de la pérdida* ayude a alguien a esperar la luz después de la noche.

Dianne Arcangel

Prefacio

Los arqueólogos que examinaron recientemente una tumba de hombres de Neandertal, de más de cuarenta mil años de antigüedad, encontraron en ella restos de polen antiguo de flores de jacinto y de malva real, que al parecer procedían de una guirnalda que habían dejado al difunto. Esto nos hace recordar de manera patética que la aflicción, el duelo y la pérdida de seres queridos forman parte de la experiencia humana desde hace muchísimo tiempo.

Hay quien dice que esto cambiará. Los expertos predicen un incremento impresionante de la longevidad humana en un futuro próximo. Se habla de posponer la muerte indefinidamente cuando los científicos desentrañen los misterios del envejecimiento. A pesar de todo, las estadísticas son claras: todo el mundo se muere sin excepción, y esto significa que resulta muy poco probable que se llegue a eliminar la pérdida de seres queridos en su sentido primigenio.

Aunque la muerte sigue siendo una constante, varían nuestras actitudes ante ella. Uno de los cambios más significativos de las culturas occidentales durante el siglo XX fue nuestra mayor disposición a afrontar abiertamente la muerte. Se publican libros sobre la muerte y el hecho de morir que alcanzan éxitos de ventas. Los cursillos sobre la asistencia a la muerte y los cuidados compasivos a los moribundos son corrientes en las facultades de Medicina, en los hospitales y en otras instituciones no religiosas. Se cuida a los moribundos en nuevas instituciones llamadas «hospicios», contribuyendo a que la ciencia de la Medicina vuelva a recuperar el contacto con sus raíces espirituales.

Se habla mucho de una muerte «natural», «buena», «pacífica» y «elegante». Los miembros de la generación del «baby boom», que ahora ya han cumplido los cincuenta y, en su época, redactaban su propia ceremonia matrimonial, están redactando ahora el texto de sus funerales, procurando personalizar su despedida y aliviar la aflicción de los que quedan atrás [1].

Una de las causas de estos cambios es el reconocimiento de que la mejor manera de resolver las experiencias emocionales dolorosas, como la aflicción y la pérdida de seres queridos, es entrar plenamente en ellas en lugar de pasarlas por alto o de dejarlas enterradas en el inconsciente. Como dice el budismo: «acógelo todo, no apartes nada de ti». El libro de Moody y Arcangel, *Vida después de la pérdida,* lo expone de manera insuperable. No existe ninguna guía práctica que explique mejor que este magnífico libro el modo de afrontar el dolor y la pérdida. Los autores escriben a la luz de sus investigaciones y sus experiencias personales, y están dotados de una sabiduría inmensa que comparten con los lectores.

En los dos últimos siglos, durante el imperio de la ciencia materialista, se puso de moda considerar que la consciencia humana residía únicamente en el cerebro. Esto suponía que con la muerte del cerebro y del cuerpo se aniquilaba la consciencia, y que la destrucción personal total era segura. Este punto de vista no solo agudizaba la vivencia de la aflicción y la pérdida en los supervivientes, sino que les hacía recordar también su propia destrucción inevitable. Sin embargo, hoy existen muchos indicios que nos dan a entender la necesidad de replantearnos el supuesto de que la mente y el cerebro son una misma cosa. He aquí el motivo en dos palabras: existen pruebas científicas que demuestran que la consciencia es capaz de hacer cosas que no pueden hacer los cerebros. Sencillamente, los cerebros y las consciencias son cosas distintas.

---

[1] L. Miller. «Boomers Hire Consultants to Help Go from Good Life to Good Death», *Wall Street Journal,* 25 de febrero del 2000. Pág.1.

El doctor Raymond Moody, con sus estudios sobre las experiencias cercanas a la muerte (ECM), ha arrojado luz sobre algunas de estas pruebas que indican que la consciencia puede trascender al cerebro físico y al cuerpo. Moody, como buen filósofo académico que es, se cuida mucho de insistir en la posible supervivencia de la consciencia. Sin embargo, la esperanza de que exista la supervivencia está en el aire claramente [2]. Un equipo de médicos británicos lo expresó así recientemente: «La aparición de ECM durante las paradas cardíacas plantea cuestiones acerca de las posibles relaciones entre la mente y el cerebro» [3].

Hablamos de aflicción y de pérdida, pero ¿qué es lo que se pierde en realidad? El cuerpo físico muere, evidentemente, pero ¿y la consciencia? John Searle, uno de los filósofos más distinguidos en el campo de los estudios sobre la consciencia, ha dicho: «En el estado actual de las investigaciones sobre la consciencia, *no sabemos* cómo funciona y tenemos que poner a prueba todo tipo de ideas distintas» [4]. En palabras del filósofo Jerry A. Fodor: «Nadie tiene ni la más remota idea de cómo puede ser consciente una cosa material. Nadie sabe siquiera lo que sería tener la más remota idea de cómo puede ser consciente una cosa material. He aquí el alcance de la filosofía de la consciencia» [5]. Sir John Maddox, que fue director de la revista *Nature*, afirma con prudencia: «En el catálogo de nuestra ignorancia (...). debe figurar el entendimiento del cerebro humano. (...). En qué consiste la conciencia (...) es un enigma. A pesar de los éxitos maravillosos de la neurología en el último si-

---

[2] L. Dossey: *Healing Beyond the Body.* Boston: Shambhala, 2001.

[3] S. Parma y otros: «A Qualitative and Quantitative Study of the Incidence, Features and Aetiology of Near Death Experiences in Cardiac Arrest Survivors». *Resuscitation* n° 48, 2001. Págs. 149-156.

[4] J. Searle, cita en la portada del *Journal of Consciousness Studies,* vol. 2, núm. 1, 1995.

[5] J. Fodor: «The Big Idea». *Times Literary Supplement.* Nueva York, 3 de julio de 1992. Pág. 20.

glo (...). parece que estamos tan lejos de entenderlo (...). como hace un siglo»[6]. Estas observaciones ponen de relieve nuestra ignorancia aplastante sobre la naturaleza de la consciencia, las relaciones entre la mente y el cerebro y el origen y el destino de la consciencia. Es importante que reconozcamos nuestra ignorancia para abrirnos más ante las nuevas visiones de la consciencia, y quizás de la supervivencia.

Se está abriendo una nueva época en la que los estudiosos investigan cómo opera la consciencia más allá del cerebro[7]. Por ejemplo, las pruebas que demuestran la validez de la sanación a distancia y la oración son poderosas y van en aumento[8]. En consecuencia de estos indicios y de otros muchos, empezamos a darnos cuenta de que existe algún aspecto de la consciencia que trasciende el cerebro físico y es, al parecer, no local o *infinito* en el espacio y en el tiempo; y, por lo tanto, es eterno e inmortal[9].

¿Por qué prestar atención a estos hallazgos? Creo que nada podría ser más importante a la hora de embotar el aguijón de la muerte y el sentimiento de pérdida y de aflicción tras la muerte de seres queridos.

Me encanta la ambigüedad del título de este libro, *Vida después de la pérdida*. Vida, ¿para quién? ¿Para los que se quedan? ¿Para los difuntos? Yo respondo: vida *para unos y otros*.

Muchas personas siguen creyendo que la aflicción y la pérdida son unas vivencias brutales que se deben llevar a solas, sumidos en

---

[6] J. Maddox, «The Unexpected Science to Come», *Scientific American*, diciembre de 1999, págs. 62-67.

[7] L. Dossey, *Reinventing Medicine* (San Francisco: HarperSanFrancisco, 1999).

[8] J. A. Astin, E. Harkness y E. Ernst, «The Efficacy of "Distant Healing": A Systematic Review of Randomized Trials», *Annals of Internal Medicine* 132 (2000): 903-10; W. B. Jonas, «The Middle Way: Realistic Randomized Controlled Trials for the Evaluation of Spiritual Healing», *Journal of Alternative and Complementary Medicine* 7 (2001): 5-7.

[9] L. Dossey, «Immortality», *Alternative Therapies in Health and Medicine* 6 (2000): 12.

el aislamiento y en el silencio. En *Vida después de la pérdida* se demuestra la falsedad de este supuesto. Sus autores demuestran que es posible dar pasos prácticos para reducir el dolor de la aflicción, del duelo y de la pérdida de seres queridos.

Este libro está escrito con amor y cariño, y solo puede ser obra de personas dotadas de gran compasión. Sus autores merecen nuestro agradecimiento colectivo por habernos ayudado a comprender que, si bien no podemos eliminar la muerte, esta no es el último capítulo para los que se quedan... ni quizá tampoco para los que se van.

LARRY DOSSEY
Doctor en Medicina

Introducción

Vivimos en una cultura que niega la aflicción *. Cuando muere un ser querido, la mayoría de las personas rehuyen sus sentimientos de pérdida entreteniéndose con cosas mundanas: el trabajo, la comida, el alcohol, las drogas, la música, la televisión, el ejercicio, el sexo, los libros, ir de tiendas, Internet, etcétera. ¿Por qué no rehuirlos? ¿Acaso hay alguien que quiera sentir dolor? ¿Acaso hay alguien que quiera sentir algo remotamente parecido al duelo?

Imagínese que tiende la vista sobre un valle profundo, imponente, para contemplar un lugar perfecto que está en lo alto de una montaña excelsa. Este lugar no solo supera cualquier cosa que se haya imaginado en su vida, sino que está rodeado de todo lo que le es querido. Entre ese lugar y usted solo existe una vía de contacto: un puente. Esa cumbre es su yo óptimo, es la persona que nació para ser. En el valle está el golfo de la aflicción, y el puente es el duelo. No nace una montaña por medio de la alegría y el esplendor, sino de la pena.

---

* Hemos optado por traducir por «aflicción» el término inglés *grief,* que suele designar el dolor por la pérdida de un ser querido o por una pérdida en general, y por «duelo» el más específico de *mourning.* Ver la página 68, donde el autor define «aflicción», «duelo» y «pérdida». (N. del T.).

Aparecen en muchas ocasiones atisbos del puente: cuando un amigo se va a vivir a otra parte, cuando se vuelve a su casa la abuelita, se terminan las vacaciones, termina una relación de pareja, se pierde una oportunidad, cambia la estación del año, etcétera. Sin embargo, solo se consigue cruzar el puente habiendo amado a una persona que hemos tenido cerca del corazón, habiéndola perdido y habiendo estado de duelo por ella.

La pérdida de un ser querido puede rompernos el corazón. Puede dejarnos destrozados. Puede parecer el fin del mundo. Nuestro viaje empezó hace cuarenta años, en aulas, bibliotecas e iglesias, intentando comprender nuestra propia aflicción y sobrellevarla. Nuestras pérdidas personales se convirtieron en catalizadores de nuestro trabajo profesional en el terreno de la tanatología (el estudio de la muerte y del hecho de morir) y de la supervivencia (los estudios sobre la vida después de la muerte). A lo largo de nuestra labor de investigación, de asesoramiento y enseñanza, llegamos a ver con claridad que las personas que habían perdido a seres queridos buscaban las mismas cosas que nosotros: consuelo, esperanza, y saber que sus estados mentales y emociones eran «normales».

Este libro es lo que ofrecemos a los demás; no obstante, no lo hemos escrito en calidad de expertos capaces de enseñar a nadie a llevar su aflicción. Creemos que cada persona es la mayor experta en su propia aflicción. Algunos lectores descubrirán en estas páginas el camino de su propia aflicción; sin embargo, nosotros no presentamos ninguna fórmula. No se pueden aplicar fórmulas a una cosa tan personal como es la aflicción. Nuestra intención es semejante a la de Tommy.

El cuento de Tommy

Tommy solo tenía seis años y quería tener un reloj de pulsera. Cuando se lo regalaron por fin, en Navidad, estaba impaciente por enseñárselo a su mejor amigo, Billy. La madre de Tommy le dio permiso, y cuando su hijo salió de casa le hizo esta advertencia:

—Tommy, ahora llevas tu reloj nuevo, y sabes leer la hora. De aquí a casa de Billy llegas andando en dos minutos; así que no tienes excusa para llegar tarde a casa. Vuelve antes de las seis para merendar.

—Sí, mamá —dijo Tommy mientras salía corriendo por la puerta. Dieron las seis, y ni rastro de Tommy. A las seis y cuarto no había aparecido todavía, y su madre se irritó. A las seis y media seguía sin aparecer, y se enfadó. A las siete menos diez, el enfado se convirtió en miedo. Cuando se disponía a salir a buscar a su hijo, se abrió despacio la puerta de la calle. Tommy entró en silencio.

—¡Ay, Tommy! —le riñó su madre—. ¿Cómo has podido ser tan desconsiderado? ¿No sabías que yo me iba a preocupar? ¿Dónde te habías metido?

—He estado ayudando a Billy... —empezó a decir Tommy.

—¿Ayudando a Billy?, ¿a qué? —le gritó su madre.

El pequeño empezó a explicarse otra vez:

—A Billy le han regalado una bicicleta nueva por Navidad, pero se cayó de la acera y se rompió y...

—Ay, Tommy —le interrumpió su madre—, ¿qué sabe de arreglar bicicletas un niño de seis años? Por Dios, tú...

Esta vez fue Tommy quien interrumpió a su madre.

—No, mamá. No quise ayudarle a arreglarla. Me senté en el bordillo, a su lado, ayudándole a llorar.

Nuestro propósito

Como Tommy, no tenemos el propósito de arreglar nada. La aflicción es un sentimiento demasiado profundo para que nadie lo arregle. No podemos sentarnos en el bordillo junto a todos los que lloran a un ser querido, pero sí que podemos ofrecerles palabras de consuelo, esperanza e inspiración mientras usted cruza su propio puente, a su manera y en su momento. Podemos estar allí con usted, de alguna manera.

Para usted, personalmente

Aunque *Vida después de la pérdida* se escribió para personas sumidas en la angustia de la aflicción por la pérdida de un ser querido, nuestras reflexiones también se pueden aplicar a otras pérdidas. Algunos de estos textos serán exactamente lo que necesita el lector, otros no. Le invitamos a aprovechar lo que le sirva y a dejar de lado el resto. Puede volver de cuando en cuando, como quien vuelve a visitar un pozo profundo, rico y refrescante. El modo en que puede encontrar consuelo en estas páginas depende de usted. No obstante, este libro no podrá tomarse nunca como sustituto del tratamiento o asesoramiento que puede dar un profesional.

El formato del libro

Hemos diseñado el texto en virtud de las preguntas que nos suelen hacer con mayor frecuencia: ¿En qué modo pueden salir reforzadas de sus pérdidas algunas personas que han perdido a un ser querido? ¿Cómo se pueden ofrecer y recibir las condolencias? ¿En qué se diferencia la aflicción funcional de la disfuncional? ¿Cuándo terminarán mis sufrimientos? ¿Cómo vuelven a reconstruir su vida tras la pérdida los supervivientes? ¿Cómo se puede llevar el estrés? Presentamos después algunas de las cosas buenas que aportan las pérdidas, y facilitamos por fin una lista de recursos disponibles, entre ellos libros, artículos de revistas, boletines, publicaciones, asociaciones, organizaciones, centros de ayuda, teléfonos de crisis, grupos de apoyo y direcciones de Internet.

Algunas personas nos han pedido que cambiemos sus nombres y algunos detalles que pudieran servir para identificarlas, con el fin de proteger su intimidad. No obstante, no hemos variado en nada lo esencial de sus historias personales.

I

Experiencias
de aflicción tempranas

Los sollozos del niño, en el silencio,
son maldiciones más hondas que las del hombre fuerte lleno de ira.

ELIZABETH BARRETT BROWNING

L A muerte de un ser querido activa nuestras primeras experiencias de separación y de aflicción. Las personas que salen reforzadas de la pérdida de un ser querido están dispuestas a repasar sus primeras experiencias. Por ello, estudiaremos en este capítulo cinco hechos cuya influencia sobre nosotros perdura hasta la edad adulta, empezando por las sensaciones anteriores al nacimiento, y pasando por la experiencia del nacimiento, el apego y la pérdida, la introducción al concepto de la muerte, hasta llegar por fin a las creencias acerca de la mortalidad que se formaron durante la infancia.

Influencias anteriores al nacimiento

Los psicólogos han descartado desde hace mucho tiempo la posibilidad de que tuviésemos recuerdos anteriores al nacimiento, pues afirmaban que los fetos estaban demasiado poco desarrollados como para conservar las repercusiones de los sucesos de la etapa intrauterina. Sin embargo, la cuestión se vuelve a debatir a la luz de muchos testimonios. Algunas madres que sufrieron aflicción durante su embarazo dan fe de que sus hijos nacieron tristes. Otros familiares, y a veces hasta los propios niños, han hecho afirmaciones semejantes. El caso de Jenni aporta pruebas fiables de que las sensaciones anteriores al nacimiento pueden perdurar hasta bien entrada la edad adulta.

Siento que estoy en una habitación con una oscuridad mortal

Jenni, que trabaja como modelo de mucho éxito en Nueva York, había acarreado consigo desde siempre una pena y un miedo muy hondos que llevaba muchos años intentando resolver.

En pleno verano de 1988, casi todo el mundo que podía se marchaba de Manhattan, menos Jenni. Cuando nos reunimos, me dijo:

—Estoy decidida a resolver mis dificultades emocionales. He intentado todo tipo de terapias, incluso la hipnoterapia, pero siempre que un psiquiatra me decía que retrocediera en el tiempo, yo sentía que estaba en una habitación con una oscuridad mortal y me ponía histérica. Sigo sintiendo en mi corazón esa inquietud continua, insistente. No sé de dónde sale, y estoy cansada de que complique mis relaciones personales. Me preocupa lo que pueda descubrir, pero tengo que hacer algo. ¿Puedes ayudarme, Dianne?

Tuvimos dos sesiones de hipnoterapia que produjeron el mismo resultado.

—Estoy en una habitación completamente a oscuras —dijo Jenni—. Aquí no hay el menor atisbo de luz. Voces… oigo voces fuertes, amortiguadas, que suenan fuera. Ahora oigo que alguien grita… parece la voz de mi madre. Me están moviendo mucho. Estoy muy asustada aquí dentro. Alguien… mamá…

Viendo que Jenni hacía gestos y muecas de miedo, le recordé:

—Estamos juntas. Estás a salvo.

Cuando se hubo tranquilizado, le pregunté:

—¿Qué pasa ahora?

Intentó determinar lo que estaba pasando en el exterior de su encierro.

—No lo sé —dijo—. Creo… que alguien… que alguien está haciendo daño a mi madre. Ahora estoy… Estoy en peligro… sola aquí dentro… a oscuras… moviéndome mucho… todo está…

Y después de decir esto, Jenni se hundió en su sillón. Empezó a respirar más despacio.

—¿Qué pasa ahora? —le pregunté.

—Estoy aquí dentro, nada más —respondió ella.

—¿Cuántos años tienes?

—No lo sé. Soy pequeña, muy pequeña.

—¿Hay alguien más? —le pregunté.

—Estoy intentando oírlo, aunque no lo consigo —respondió ella.

A su encierro inmóvil solo llegaban algunos ruidos aislados y confusos. Después, Jenni sintió con alivio quietud, silencio, y por fin una paz extraña con la que pudo descansar dentro de su estrecho recinto.

—Vaya —dijo, abriendo los ojos—. No sé lo que ha pasado, pero lo tengo grabado en la mente con mucha fuerza. Me ha parecido que yo era una niña pequeña, de dos o tres años quizá, escondida dentro de un armario. Escuchaba, impotente, que alguien quería hacer daño a mi madre. Pero, si estaba dentro de un armario, ¿cómo he podido notar que me movían de esa manera? No tiene sentido. Tengo que descubrir lo que me pasó.

A la semana siguiente, Jenni fue en avión a visitar a su familia, que vivía en Asia, y preguntó a sus padres por su infancia; pero cuando empezó a hacerles preguntas, su madre rompió a llorar de manera incontrolable. Su padre la riñó, diciéndole: «¡No vuelvas a hablar de eso nunca más!». Después, Jenni consultó a su abuela materna, que también la regañó y no quiso hablar del tema.

—Mi viaje me dejó decepcionada —se quejaba Jenni—, pues tuve que marcharme sin haber encontrado respuesta a mis preguntas. Pero al menos sé que debe de haber algo.

Perseguida por sus recuerdos, Jenni sentía la necesidad de desvelar su pasado. Esperó con paciencia a que se celebrara una reunión familiar.

Al cabo de algún tiempo se celebró la boda de su primo, con muchos invitados, y a ella le pareció que sería la ocasión perfecta para abordar a sus familiares. Todos los presentes, animados por el alcohol, contaban viejas historias, y las preguntas de Jenni no llamaron la atención. Su tía le contó por fin el caso terrible.

Hacía muchos años había irrumpido en casa de sus padres la amante de él, celosa; había tomado de la cocina un cuchillo de trinchar carne y se había dirigido al dormitorio con intenciones asesinas. La madre de Jenni, embarazada de ocho meses de esta, se había despertado de su siesta y había visto una figura que se acercaba a ella sigilosamente. La amante saltó sobre la cama, soltando imprecaciones y lanzando puñaladas a la futura madre. La madre de Jenni se debatió desesperadamente para defenderse a sí misma y a su criatura no nacida, manteniendo a raya a su agresora enloquecida hasta que entró en la habitación su marido. Este era un hombre grande y fuerte; sujetó por la espalda a la otra mujer y pudo inmovilizarla y sacarla de la habitación. La madre de Jenni, sola y tan débil que era incapaz de moverse, dio gracias a Dios porque hubiera terminado aquel episodio.

La historia de esta agresión explicaba las sensaciones que había tenido Jenni durante sus sesiones de hipnoterapia: la impresión de que la zarandeaban mientras estaba encerrada en un recinto oscuro, las voces fuertes y amortiguadas, su sensación de terror, y, por fin, una quietud dichosa.

«Fue un milagro» —me escribió Jenni por correo electrónico diez años más tarde—. «Sé que la Divina Providencia me presentó estos hechos: mi inquietud, la terapia, los recuerdos vívidos y, finalmente, la reunión familiar. La experiencia me enseñó que Dios no nos da un espíritu de miedo, sino un espíritu de fuerza, de amor y de mente sana, y esto ha pasado a ser la inspiración de mi vida. Volví a la universidad, y ahora soy asistente social clínica titulada. He creado programas de base espiritual para los niños en los Estados Unidos y en el extranjero. Nunca había tenido tanta paz ni tanta felicidad».

Existen más pruebas que dan a entender que los sucesos intrauterinos pueden dejar impresiones, lo que quiere decir que su primera experiencia de aflicción bien puede remontarse a antes de que naciera. Vamos a pasar de lo de antes de nacer al nacimiento mismo.

El nacimiento deja huella

El proceso del nacimiento somete a los recién nacidos a un estrés intenso, tanto fisiológico como psicológico. La separación inicial puede provocar una ansiedad que perdura toda la vida. Algunos psicólogos opinan que todos los seres humanos albergan muy dentro de sí el deseo de volver al vientre materno.

Otros psicólogos afirman que la vida comienza como una *tabula rasa*, o como un papel en blanco, lo que quiere decir que solo a partir del momento del nacimiento empezamos a formarnos impresiones de la vida y del mundo que nos rodea. En consecuencia, afirman que los recién nacidos no están lo bastante desarrollados para que en el nacimiento se produzca ninguna emoción compleja.

Una combinación de estas opiniones contrastadas nos aporta ideas prácticas. Parece razonable suponer que salir de la comodidad del vientre provoca estrés. Después de vivir en un entorno oscuro, cálido y estable, los recién nacidos se ven expuestos de pronto a un mundo muy diferente. Les sobresaltan las luces vivas, los ruidos fuertes, el espacio abierto y el aire frío. Después, pasan de mano en mano, los lavan, los tocan y los manosean. Además, el nacimiento puede ser doloroso, tal como nos contó mi nieto, Silas, de tres años, primero a mi hija y después a mí (Dianne).

«Me hacía daño»

La sala de partos estaba abarrotada con un equipo de veinte personas, entre médicos y enfermeras. Silas nació por fin por cesárea tras nueve meses de embarazo difícil y dieciséis horas de parto complicado.

—Hace tres años justos, a esta hora, estaba naciendo —le dijo su madre K'Anne, señalando el reloj.

—Me hacía daño —dijo Silas, bajando la cabeza.

—¿Qué quieres decir?

—Me hacía daño, mucho daño. Yo quería quedarme allí dentro —dijo el niño, frunciendo el ceño.

Cuando vinieron a visitarme a mi casa aquel día, K'Anne (que es terapeuta ocupacional y tiene, además, un máster en psicología) me llevó aparte a la cocina. Tras referirme la conversación que habían tenido por la mañana, me preguntó:

—No es posible que lo recuerde, ¿verdad?

—No lo sé —le dije—. Parece increíble. ¿Quieres que se lo pregunte yo?

Aquella noche, cuando estábamos todos reunidos para cenar, pregunté a Silas: «¿Recuerdas el día que naciste?», y él volvió a contar lo mismo.

Todos debemos soportar el hecho de salir del vientre, y esta primera pérdida, recordada conscientemente o no, desempeña un papel fundamental en el desarrollo de nuestro psiquismo temprano.

Apego, separación y aflicción tempranas

Cuando llegamos a este mundo, dependemos absolutamente de los demás. Todos necesitamos nutrición, calor, abrigo, protección y amor. El apego y el duelo son tan primarios e instintivos como estas otras necesidades. Los estudios realizados sobre el apego y la separación desvelan la franca tristeza que sienten tanto los seres humanos como los animales en circunstancias de aflicción.

El apego, la separación y la aflicción en los animales

La separación hace que muchos animales se aflijan, ni más ni menos que las personas. Es común que los animales de compañía se dejen morir de aflicción tras la muerte de sus dueños. Aunque la separación sea temporal, algunos se desesperan tanto que se niegan a recibir los cuidados necesarios para seguir con vida. Muchos soldados veteranos cuentan que, cuando ellos se marcharon de sus casas para ir a la guerra, sus animales de compañía se negaron a comer y a beber hasta dejarse morir.

Algunas comunidades de animales (las de los elefantes, por ejemplo) se reúnen alrededor de los moribundos y no los abandonan nunca. La observación del comportamiento de una comunidad de animales causó a Joe una impresión cuyo efecto le duró toda la vida.

«¿Qué he hecho?»

Cuando Joe tenía diez años, su padre le regaló una carabina. A los doce años ya solía aventurarse solo por los campos y las lagunas de las proximidades. Cuando no encontraba caza, disparaba a cualquier ser viviente que se moviera, solo para practicar la puntería. Joe recordaba con tristeza su última cacería.

Aquel día no pasó nada de particular... hasta que Joe disparó a una gaviota. Cuando la hermosa ave cayó chillando en el estanque, acudieron en su ayuda otras muchas gaviotas, a docenas. Se pusieron a volar en círculo sobre su compañera, que yacía herida de muerte al borde del agua. Proferían gritos de dolor que contrastaban con su vuelo delicado. Al poco rato se sumaron a ellas otras muchas gaviotas que llegaron de todas direcciones, hasta que hubo al parecer más de cien. Siguieron trazando círculos y más círculos, manifestando su protesta angustiada con chillidos agudos de duelo.

Joe no había vivido jamás una experiencia como aquella. *¿Qué he hecho? ¿Qué he hecho?*, pensó. Se reunieron más aves de las que él había visto juntas en su vida, para velar en vuelo a la herida. La comunidad de gaviotas no abandonó el vuelo de aflicción ni siquiera cuando su compañera yacía sin vida. Joe se marchó, incapaz de soporta, más tiempo los sollozos impresionantes y el triste vuelo en círculos de las gráciles gaviotas.

—Me arrepentí de lo que había hecho y eché a correr —contaba él—, creyendo que podría dejar atrás las consecuencias. Pero no pude. El duelo de aquella bandada me hizo ver que la vida de aquella pequeña gaviota había tenido su significado, y que todo ser vivo tiene importancia y derecho a la vida. Me prometí a mí mismo no volver a hacer daño nunca más a un animal.

Aunque el tiempo y la distancia acabaron por separar a Joe de los chillidos vibrantes, el duelo que había visto aquel día perduró en su memoria. Aquella vivencia suya le despertó un interés que le perduró toda la vida por las conductas relacionadas con el apego y la pérdida. Da fe de que todas las especies vivientes (la humana y las no humanas, las salvajes y las domésticas) sufren aflicción. La aflicción por la pérdida de seres queridos es tan innata como el comer cuando se tiene hambre.

El apego y la aflicción temprana en los seres humanos

Los niños recién nacidos necesitan del apego para sobrevivir [1]. Los niños de pecho se suelen apegar en primer lugar a sus madres, y gritan con un sentimiento de aflicción cuando se les separa de ellas. Aunque la separación sea temporal, o incluso solo imaginada,

---

[1] John Bowlby, psiquiatra y expresidente de la Asociación Internacional de Psiquiatría Infantil, llevó a cabo investigaciones extensas y publicó resultados muy significativos sobre el apego y el duelo humanos. Recomendamos especialmente la lectura de sus libros, sobre todo *Attachment and Loss,* vol. 1, 2ª ed., 1982, y *Attachment and Loss: Sadness and Depression,* vol. 3, 1980.

puede llegar a ser devastadora en grado sumo. No hay conductas impulsadas por emociones más fuertes que la aflicción, y estas no desaparecen al dejar atrás la primera infancia. Los adultos llevan consigo los mismos sentimientos y conductas que experimentaron en su primer año de vida, junto con otros que se van desarrollando con los años.

El desarrollo de las pautas de aflicción

Los niños de pecho no están lo bastante desarrollados para comprender sus sentimientos de separación o de aflicción, y, aunque pudieran comprenderlos, carecerían de la habilidad verbal necesaria para expresar sus sentimientos. En consecuencia, llevan consigo todas esas emociones hasta la etapa siguiente de su desarrollo.

A lo largo de la etapa siguiente, la del segundo y tercer año de vida, los niños comienzan a comprender sus sentimientos y empiezan también a desarrollar la capacidad de expresarlos. En ese punto, las respuestas de aflicción se vuelven más evidentes. Por desgracia, son pocas las personas que comprenden que los niños tienen una verdadera necesidad de apego y que necesitan expresar su pena cuando sufren una separación. La mayoría de los adultos reaccionan diciendo: «Deja de chillar», «Los niños mayores no lloran», «No tienes por qué llorar», o bien «Llora, que te voy a dar para que llores con razón». He aquí dos ejemplos que nos presentan cómo se pueden desarrollar las pautas de aflicción.

«No queríamos que los chicos armaseis mucho alboroto»

Emily y sus dos hermanas tenían en total seis hijos, todos entre uno y cuatro años. Las tres hermanas habían acordado turnarse para cuidar de sus hijos. Como querían evitar que sus niños tuvieran episodios de llanto cuando los dejaban, recurrieron a un sistema para dejarlos. Emily, por ejemplo, no decía a sus hijos que iban a pasarse unas horas en casa de una de sus tías. Cuando llegaban a la casa de la tía, todos se reunían en el cuarto de estar. Después, cuando se tenía que marchar Emily, uno de los adultos distraía a todos los niños llevándoselos a jugar al patio trasero. Pero siempre que los hijos de Emily volvían a la habitación donde la habían visto por última vez, tenían un ataque de pánico. Lloraban y chillaban «mamá… mamá… mamá…», dando golpes en la puerta para llamarla. Su tía quitaba importancia a sus sentimientos de abandono, de haber sido traicionados y de aflicción, riñéndoles: «¿Qué os pasa? Ya sabéis que volverá».

Los niños de Emily ya son mayores, y sus sentimientos profundos de aflicción, abandono y traición salen a la superficie cada vez que sufren una pérdida; aunque le quitan importancia a sus sentimientos, tal como les enseñaron a hacer durante su infancia. Sin embargo, una de las sobrinas de Emily se puso a profundizar en sus antecedentes tras la muerte de su madre.

—¿Qué estabais pensando todos? —preguntó a su abuela.

—No queríamos que armaseis mucho alboroto, nada más —le respondió esta.

Después de haber entendido cómo se habían desarrollado sus sentimientos, la sobrina de Emily nos explicó:

—Ahora, preparo a mis hijos. Les doy un beso de despedida y les recuerdo que volveré dentro de pocas horas. Puede que se sientan un poco afligidos cuando me marcho, pero no se sentirán abandonados y perdidos como me sentía yo.

«Ya llega otra vez el funeral»

Cuando yo (Dianne) era muy pequeña, me quedaba con mi abuela mientras mis padres iban al trabajo. Al cumplir cinco años, mis padres, mi hermana mayor y yo nos mudamos de Hot Springs, en Arkansas, a Houston, en Texas, dejando a la abuela. Aunque la visitábamos con frecuencia, las despedidas antes de emprender el largo viaje de vuelta en automóvil a Texas terminaban siempre de la misma manera.

Mi madre y mi hermana se despedían de la abuela dentro de la casa y después venían deprisa al coche. Así nos dejaban tiempo a la abuela y a mí para nuestra despedida privada y emotiva. En los últimos momentos que pasaba yo dentro de la casa, aprovechaba todos los milisegundos absorbiendo el aroma de su bollo recién hecho, el goteo del grifo de la cocina, el papel pintado con flores desvaídas y el fuerte abrazo con que me rodeaba amorosamente la abuela.

Mientras tanto, mi madre me esperaba pacientemente sentada al volante mientras mi hermana, posada sobre dos gruesos cojines, tamborileaba con los dedos de uñas recién pintadas sobre el parabrisas trasero del coche. Al cabo de un rato, mi madre ponía en marcha el motor del coche como señal de que ya era hora de marcharse. Cuando la abuela y yo salíamos por la puerta que crujía, sollozando y abrazadas la una a la otra, mi hermana se quejaba en voz alta: «Ay, Dios. Ya llega otra vez el funeral».

Yo me sentaba en el asiento de delante y bajaba deprisa la ventanilla para retirar el vidrio que se interponía entre mi abuelita y yo. Cuando el coche se ponía en marcha, yo le tiraba un último beso. La abuela se secaba las lágrimas con su delantal, delicadamente bordado a mano, y parecía que se le estaba partiendo el corazón; sin embargo, tenía fuerzas para llevarse la mano arrugada a la boca y devolverme mi beso. Yo volvía la cabeza y los hombros, deseando conectar de alguna manera por medio de los ojos con la abuelita que tanto adoraba. Por fin, se interponía entre nosotros un grupo de casas. La abuela había vuelto a desaparecer.

—Ay, cielo, no llores, por favor. Si lloras, te vas a poner mala —me suplicaba mi madre.

Tan pequeña como era yo y no me permitían expresar mis sentimientos. Pero así les pasa a la mayoría de los niños. Sin embargo, mi mente llevaba un paso más allá la advertencia de mi madre. Mi abuelo había muerto de una enfermedad desconocida; así pues, me forjé la ecuación siguiente: *Si lloro, me pondré mala, y si me pongo mala, me moriré. Llorar = ponerse mala = muerte.* Las lágrimas se convirtieron en una cuestión de supervivencia, y solo quedaba una manera de salir adelante: contenerlas, pasara lo que pasara.

Cosa de treinta años más tarde, cuando murieron mis padres, me parecía que mi corazón se anegaba en lágrimas. Repasé en mi memoria mis primeras pérdidas y las pautas con que las había afrontado. Estudié el llanto, sus efectos sobre el sistema inmunitario y otras reacciones de aflicción. Sé, por una parte, que mi madre quería salvaguardar mi salud, y siempre se lo agradeceré. Por otra parte, descubrí algo más de lo que sabía ella. Descubrí que la pena embotellada no hace bien a nadie y que las lágrimas sirven incluso para eliminar toxinas del cuerpo. Ahora llevo conmigo muchas opciones conscientes para reaccionar ante la separación en lugar de una única opción inconsciente.

«He estado afligida toda mi vida»

Una muchacha de diecisiete años dio a luz en un refugio para madres solteras. La recién nacida recibió como única identidad el nombre de «una niña». Así se trataba a los hijos ilegítimos por entonces, el 28 de junio de 1922, en Fort Worth, estado de Texas.

Los padres adoptivos de «una niña» llegaron tres días después, tras un largo viaje en tren. La minúscula recién nacida, de cabello negro y espeso y pequeña naricita, tuvo por fin una madre amorosa, un hogar maravilloso y un nombre: Leona.

—Recuerdo que la vida era preciosa —cuenta Leona, recordando sus primeros años—. Pero después mi madre enfermó y tuvo que operarse. Murió durante la operación. A los tres años de edad, ya me había quedado huérfana dos veces. Y no me dejaron volver a pronunciar nunca más el nombre de mi madre —recordaba Leona con un suspiro—. Yo no hacía más que afligirme y afligirme para mis adentros. Fue terrible. Y la aflicción se renovaba cuando empecé a ir a la escuela, cuando me gradué, cuando me casé, cuando tuve a cada uno de mis hijos y cuando fui abuela. Me quedaba dormida llorando muchas noches, no solo en momentos especiales. He estado afligida todos los días de mi vida porque no me dejaron llorar a mi madre.

Tal como nos muestra la historia de Leona, la aflicción reprimida puede volver a surgir, y no solo en los casos de nuevas pérdidas de seres queridos. Cualquier nostalgia puede reavivar el dolor primitivo.

La introducción al concepto de muerte

Los niños suelen haber tenido algún encuentro con la muerte antes de cumplir los dos años. En la época anterior a la actual, la gente no estaba resguardada de la muerte; por el contrario, esta constituía una parte natural e inseparable de sus vidas. Sin embargo, con la llegada de nuestra cultura moderna, centrada en la juventud, el tema de la muerte se ha convertido en tabú, y ahora es la televisión el medio de comunicación principal que la da a conocer. Por desgracia, las escenas de violencia no aportan ninguna enseñanza saludable acerca de lo que es morir. No se presentan como reales, ni se muestra ningún sentimiento de pena por las personas que han perdido a un allegado.

Las primeras experiencias personales que tienen los niños relacionadas con la muerte suelen ser las más vivas y las que tiñen su percepción para el resto de sus vidas. Para muchos niños, la experiencia puede consistir en encontrarse un pájaro o un insecto muerto en el patio. O quizá la muerte de un animal de compañía querido o de un familiar. Otros conocen el concepto de la muerte por el duelo por un abuelo o abuela. La aflicción es un sentimiento tan poderoso que puede transmitirse en silencio de una generación a otra.

El ejemplo de aflicción multigeneracional de Dianne

Los rayos del sol de la mañana producían reflejos irisados en mi vaso de vidrio multicolor, que era un regalo que me había hecho un antiguo paciente de *hospice*. Yo solo lo usaba cuando necesitaba algo que me animase, y aquel día no cabía duda de que lo necesitaba. Mi gato, Cuddles, de veinte años, no estaba bien, y el veterinario me había llamado para decirme que el análisis de sangre indicaba que le estaban fallando los riñones.

Cuddles había empezado otra vez a apretarme la bata con sus zarpas blancas como la nieve cuando sonó el teléfono. Esta vez era mi hija.

—¡Hola! ¡Vamos a hacer una fiesta de cumpleaños! —me propuso—. Silas cumple hoy seis meses.

Pero yo no tenía ganas de fiesta, ni quería obligarles a compartir mi pena. Después de pensarlo un rato, decidí que me vendría bien salir para aliviarme un poco y que no diría nada de mi gato enfermo. Como un payaso que se prepara para una fiesta, me puse mi ropa más alegre y mi cara más feliz.

Cuando entré por la puerta de su casa, respondió a mi «¡Hola!» habitual mi nieto con un chillido de emoción. Extendió los bracitos desde el otro lado de la habitación para recibir a su abuelita. Con sus ojos azules brillantes y su ancha sonrisa sin dientes, Silas estaba dispuesto a saltar de los brazos de su madre hacia mí. Cuando la distancia entre él y yo se redujo a pocos palmos, la cara de bebé satisfecho de Silas sufrió un cambio absoluto. Cuando llegó a mis brazos, sus ojos chispeantes y sus labios sonrientes habían adoptado una expresión de pena profunda. Con sencillez y tranquilidad, me sujetó la cara entre sus manitas y clavó sus ojos en los míos. Después, me pasó los brazos por los hombros y estrechó su cara contra mi cuello. Por si no bastara aquello como demostración de la aflicción multigeneracional, soltó varios quejidos.

—Lo sabe… lo sabe… —dije yo.

Sin que Silas me soltara, lo llevé al sofá, donde nos quedamos sentados juntos, abrazados, en silencio. Por fin, respiré hondo y expliqué el diagnóstico grave de Cuddles.

Muchos niños conocen su primer sentimiento de pérdida comprendiendo por intuición la aflicción de sus padres, una aflicción que se transmite en silencio de sus abuelos a sus padres, y de sus padres a ellos. En el caso de Silas, mi aflicción se transmitió directamente de mí a él. Su caso sirve también para ilustrar que hasta los niños de pecho son capaces de sentir aflicción y de expresarla. Aunque es posible que Silas no llegue a recordar esta experiencia temprana, es probable que esta influya sobre el modo en que lleve sus propias pérdidas en el futuro.

Otras personas no solo recuerdan su primera introducción al concepto de la muerte, sino que esta les influye poderosamente. Yo (Raymond) podría haber sido padre de varios hijos en una ruta postal (quise ser cartero) en vez de convertirme en padre de la Experiencia Próxima a la Muerte, si no hubiera sido por la introducción excepcional que tuve a este concepto.

«Se ha muerto el pobre Frisky»

En Porterdale, en el estado de Georgia, no había barrios. El pueblo solo tenía dos mil habitantes, y constituía un barrio único. Los lugareños solo podían aventurarse en dos direcciones: cuesta arriba o cuesta abajo. Si iban cuesta abajo, llegaban al Colmado de Blackie, donde se servían refrescos y helados y se vendían tebeos y discos. Cuesta arriba, había calles estrechas con robles enormes y casas modestas. Los vecinos saludaban a los paseantes desde los porches de sus casas. En 1945, Porterdale representaba la sencillez y la inocencia de la vida que se refleja en las ilustraciones de Norman Rockwell.

Mi tío Fairley tenía un perro que parecía un chihuahua blanco. Frisky era un perrito tan amigo de la libertad que, en esencia, era el perro de todos. Él y yo nos teníamos tanto apego como se lo pueden tener un perro y un niño pequeño. Cuando nos veía de paseo a mi madre y a mí, empezaba a ladrar y a dar saltos y traía la correa para que lo dejaran venirse con nosotros. Pasaba todo el camino trotando junto a mi cochecito azul de ruedas grandes, sin dejar acercarse a nadie. Cualquiera que se atreviera a asomarse a mirar la carga preciosa del cochecito tenía que hacer frente a Frisky, que enseñaba los dientes y gruñía. Completaba su actitud amenazadora quedándose rígido. Aunque Frisky era minúsculo, se consideraba a sí mismo un perro guardián imponente y feroz.

Una mañana, cuando yo tenía cosa de un año y medio, un coche atropelló al perrito, que murió poco después. El tío Fairley llevó el cuerpo sin vida de Frisky al vertedero del pueblo: era lo que se solía hacer con los animales muertos en aquella época en Georgia. Fue un día triste en el pueblo de Porterdale. Aunque en mi familia no se hizo ninguna manifestación de pena (según tenían por costumbre), yo oí que decían por lo bajo con estoicismo: «Se ha muerto el pobre Frisky».

Después, tres días más tarde para ser exactos, Frisky llegó correteando a casa, con gran sorpresa por parte de todos. Nunca sabré qué le pasó exactamente, pero el caso fue que vivió muchos años más. A mí me pareció normal que mi primer compañero hubiera cruzado la barrera y hubiera vuelto después.

Aquel primer encuentro con la muerte fue, en la práctica, semejante a las experiencias cercanas a la muerte que yo estudiaría más tarde, en mi vida adulta; pero solo cuando empezamos a escribir este libro, más de cincuenta años después, advertí la relación que existía entre las dos cosas. ¿Habría creado yo el término *experiencia próxima a la muerte*, o me habría dedicado a su estudio, si Frisky no hubiera «regresado de entre los muertos»? Aquel incidente ejerció una repercusión duradera sobre mi vida, y sigue afectando de un modo poderoso mi actitud hacia la muerte. En parte, aquel suceso no lo guardo de manera consciente, pero mi recuerdo siguiente lo tengo tan claro como el día mismo en que sucedió.

Esperando en nuestra casa, estilo rancho, en las afueras del pueblo, a que llegara del trabajo mi padre, lo vi aparecer por el camino de entrada. Recuerdo claramente la camisa blanca de papá y su flequillo, mientras caminaba hacia mí con paso tranquilo. Se arrodilló a mi lado y me explicó con calma:

—He llegado tarde porque, cuando ya salía del hospital, un hombre tuvo una parada cardiaca delante de mí. El corazón le dejó de latir, y yo tuve que abrirle el pecho y darle un masaje cardiaco para ponerlo en marcha otra vez.

Yo me quedé impresionado. Quise que me confirmara lo que había oído, y le pregunté:

—¿Quieres decir que se murió y tú le hiciste vivir otra vez?

—Eso es —me respondió.

Estaba muerto, y ahora vive otra vez, pensé. La mente me daba vueltas.

Estas primeras experiencias despertaron mi curiosidad acerca de la vida después de la vida, y siguen influyendo sobre mi manera de afrontar las pérdidas. No obstante, y por desgracia, mantengo intacta la pauta de estoicismo que adoptaba mi familia en el duelo. Las actitudes familiares se mantienen, como los eslabones de una cadena que vinculan a cada generación con la siguiente… al menos, hasta que llega una persona que rompe el eslabón.

Me apasioné por el estudio de las experiencias cercanas a la muerte en 1965, y por entonces empecé a entrevistar a personas en nuestra casa. Mi mujer y yo éramos buenos anfitriones, según es costumbre en el Sur de los Estados Unidos, donde se tiene abierta la puerta de la casa y se forjan amistades al instante. Nuestra casa resultaba todavía más acogedora por la presencia de nuestros dos hijos pequeños. Nuestros amigos, instalados entre los cojines decorados con flores de nuestro mullido sofá, nos relataban sus experiencias cercanas a la muerte, mientras Avery y Sam, sentados en sus rodillas, los escuchaban absortos.

De estos recuerdos surgen varias consideraciones. A Sam y Avery se les dio a conocer el concepto de la muerte de una manera respetuosa. Mi esposa y yo animábamos siempre a nuestros hijos a que manifestasen lo que sentían y pensaban acerca de lo que oían. No solo se criaron en un hogar donde se debatía la supervivencia tras la muerte del cuerpo, sino que fue en una época en la que se hablaba mucho de las experiencias cercanas a la muerte en los medios de comunicación.

Nuestros dos hijos han pasado hace poco por la muerte de tres de sus abuelos. Los recordaron derramando lágrimas, sin vergüenza ni restricciones. A mí me reconfortaba ver sus manifestaciones delicadas de aflicción, que me demostraban que habíamos roto con la antigua pauta malsana que aplicaba mi familia para afrontar las pérdidas.

La introducción causa impresión

A la luz de los relatos de los afectados, de las historias clínicas y de investigaciones válidas y fiables, queda claro que el modo en que se nos introduce al concepto de la muerte ejerce una influencia perdurable sobre nuestras actitudes hacia la muerte, la pérdida de seres queridos y la aflicción. Hemos considerado hasta aquí cuatro influencias sobre la capacidad para afrontarlas: las anteriores al nacimiento, la del nacimiento, el apego y las experiencias de introducción. ¿Es posible que influyan también de alguna manera los primeros sentimientos respecto de la mortalidad?

La existencia personal

Algunos psicólogos consideran que todo ser humano lleva consigo desde su nacimiento el temor innato a dejar de existir. En consecuencia, cuando los niños se encuentran ante la muerte, se ven arrojados a una crisis existencial; es decir, les abruma el concepto de que morirán algún día.

Los funerales suelen suponer una plataforma desde la que los niños examinan el final de su existencia. Algunos estudios realizados entre personas que han perdido a un familiar dan a entender que los asistentes a los funerales están demasiado afectados emocionalmente como para asimilar casi nada o nada de lo que dicen los clérigos que ofician el funeral. Sin embargo, un estudio demostró que los niños recordaban al cabo de cuatro meses afirmaciones relacionadas con cuestiones existenciales. Al cabo de veinticinco meses, los niños recordaban con detalle muchas ideas destacadas. Lo que es más: varios años después del funeral, los niños seguían recordando afirmaciones existenciales trascendentes. Las inquietudes acerca de la mortalidad perduran hasta la edad adulta, lo que se demuestra en parte en nuestras actitudes con los animales.

Símbolos de la existencia

Los animales son símbolos de la vida y la muerte. En la muerte de un animal salen a relucir nuestros sentimientos y creencias básicos acerca de la mortalidad. Es más relevante todavía la muerte de un animal de compañía. Hacemos de la muerte de un animal querido un reflejo de nuestra propia muerte.

«Me siento como si yo también me fuera a morir»

Betty y yo mantuvimos una conversación en la sala de espera cuando su marido ingresó en el *hospice*. Betty había vendido hacía poco tiempo su tienda de regalos, que era uno de los negocios más florecientes del pueblo, con el fin de poder dedicar más tiempo a sus cuatro nietos y a su marido, que se estaba muriendo de cáncer.

—Tengo sesenta y cuatro años, Dianne. Al fin y al cabo, la mayoría de la gente de mi edad se jubila, ¿no? —me dijo—. Yo he vivido como casi todo el mundo, así que este es el paso siguiente, nada más.

Después, señalando con un gesto de la cabeza el cuarto de su marido, me dijo:

—¿Quieres decirle que he ido a la cafetería a tomar algo? Volveré enseguida.

Betty me había parecido bastante recia en lo emocional; por eso me sorprendió lo que me dijo su marido cuando pasé a darle el recado.

—Me preocupa que pierda los estribos —me dijo—. No sé qué hará cuando yo me muera. Lo que quiero decir es que le basta con echar una mirada a un animal muerto para desestabilizarse. Cuando ve un ciervo tendido junto a la carretera o un pájaro muerto en el patio, se le revuelve el estómago. En dos ocasiones, la muerte de alguno de nuestros animales domésticos la traumatizó tanto que se desmayó y tuvo que pasarse varios días en cama; sin embargo, todavía no ha hablado de ello con nadie. Cuando pienso lo que le afectó la muerte de los animales, bueno, ya sabe usted... —Hizo una pausa y se inclinó hacia delante para toser—. Llevamos juntos más de cuarenta años y tengo miedo por ella. Creo que quizá le sentaría bien que usted hablase con ella cuando hayamos vuelto a casa. ¿Puede ser?

—De acuerdo, hablaré con ella —le prometí.

A la semana siguiente, camino de su casa, llovía tanto que, aunque los limpiaparabrisas de mi coche funcionaban a toda velocidad, apenas pude ver salir la ambulancia. La fiebre y los dolores del marido de Betty estaban descontrolados, y por eso volvían a ingresarlo en el hospital. Betty, afectada por la realidad de su muerte inminente, me pidió que pasara un rato a su casa. A lo largo de nuestra conversación, el historial de su aflicción parecía normal... hasta que le pregunté:

—¿Y sus perros?

—No soy capaz de hablar de ellos —respondió, llevándose las manos al pecho—. Me duele demasiado. No soporto pensar en ello siquiera.

Guardamos un largo silencio mientras ella se sumía en sus recuerdos. Por fin, recordó en voz alta cómo se había envenenado accidentalmente uno de sus perros; pero no tardó en palidecer.

—Me mareo —dijo.

—¿Me permite que le pregunte una cosa? —le dije, acercándome a ella—. ¿Qué es lo último que piensa antes de sentirse de ese modo?

—Pues... no... no lo sé —balbuceó—. Me siento como si yo también me fuera a morir, nada más. ¿Por qué?

Le expliqué la teoría de la existencia y los animales, pero a Betty le pareció una idea ridícula. Sin embargo, al cabo de varias semanas cambió de opinión. Había estado analizando sus pensamientos y sus sentimientos y había descubierto que, en efecto, en la muerte de cada animal había percibido la suya propia.

—Que yo recuerde, siempre he tenido este miedo a no estar aquí —me dijo en voz baja, mordiéndose el labio inferior—. La verdad es que solo pienso en ello cuando se muere uno de mis perros. Entonces me acuesto en la cama e intento imaginarme cómo será esta habitación cuando yo me haya muerto y ya no esté. A veces me levanto y me paseo por la casa intentando comprender lo incomprensible. No soy capaz de imaginarme de ninguna manera lo que será *no ser* más, ni que esta casa pueda seguir existiendo sin que yo esté en ella.

Betty comprendía que aquella manera suya de afrontar las pérdidas no era la mejor para ella e intentó resolverla leyendo libros acerca de la vida tras la muerte del cuerpo. Creó también una red de contactos de apoyo que le permitía hablar de sus inquietudes con otras personas. Gracias a aquello, pudo permanecer junto a su marido hasta que este murió, y años más tarde afrontó su propia muerte con dignidad y tranquilidad.

«Quería más a ese perro que a su propia madre»

Estelle, mujer enérgica, delgada y resistente, era como una columna en la que se apoyaba su familia. Tenía imaginación y rapidez, y no le costaba el menor trabajo dejar agotados a sus sobrinos pequeños con juegos bulliciosos. Estelle parecía tan estable como una sólida montaña. Sin embargo, sus familiares estaban seguros de que se hundiría tras la muerte de su madre, teniendo en cuenta que ambas estaban unidas de una manera fuera de lo común. No obstante, tal como recordaba un familiar, «siguió siendo nuestro apoyo tras la muerte de su madre, y también tras la muerte de su tío más querido».

Meses más tarde, uno de los compañeros caninos de Estelle se puso enfermo inesperadamente y murió. Estelle lloró y sollozó por primera vez con grandes arrebatos de aflicción. «¿Cómo es posible que estuviera tan entera en los funerales de su madre y de su tío y que la muerte de ese animal la deje tan hundida de aflicción?», se preguntaban sus familiares con desagrado. Cuando la pena dejó incapacitada a la pobre mujer, exclamaban con ira: «Quería más a ese perro que a su propia madre».

Podemos considerar tres puntos en el caso de Estelle. En primer lugar, su reacción no fue «anormal»; ni siquiera se salía mucho de lo común. La muerte de su animal de compañía le provocó una crisis existencial: tuvo que reflexionar sobre su propia mortalidad.

En segundo lugar, la muerte de su animal de compañía abrió las compuertas de su aflicción atrasada. Las lágrimas no expresadas se acumulan como un líquido en una cañería atascada y siguen palpitando dentro hasta que una crisis hace salir violentamente todo lo que estaba atrasado.

El tercer punto es que el modo que tenía Estelle de afrontar las pérdidas era tan personal como su manera de hablar y de caminar. Sus familiares esperaban que se afligiera exactamente igual que ellos, y, a consecuencia de ello, Estelle no recibió el amor, el consuelo ni el apoyo que necesitaba.

No olvidemos que Betty y Estelle eran dos personas *adultas* que pasaban una crisis existencial. ¿Cómo las llevan los niños? Ahora lo veremos.

El niño todavía responde

Nuestras experiencias infantiles de aflicción pueden aumentar o aliviar la carga de nuestras pérdidas actuales. Es posible que a usted le sucediera algo relacionado con la aflicción mientras estaba en el vientre materno, y después el nacimiento también le dejó sus sensaciones. Su introducción al concepto de la muerte, y las primeras separaciones, le generaron una pauta interna, entretejida, de modos de adaptarse a las pérdidas. Por otra parte, como la mayoría de los seres humanos, usted conserva sus sentimientos tempranos acerca de su propia mortalidad.

Los restos de las experiencias de la infancia son observables. ¿No ha advertido nunca los gestos infantiles de los adultos que manifestan una aflicción profunda? Sacan el labio inferior, hacen movimientos torpes con las manos y los pies, emiten sonidos propios de preescolares. Las pérdidas actuales pueden volver a activar nuestras respuestas de la infancia ante la aflicción.

Poner al día al niño pequeño

Terminaremos este capítulo dándole una buena noticia: es posible liberarse de los problemas de la infancia respecto de la separación, la pérdida y la aflicción. El primer paso es llegar a ser consciente de las experiencias tempranas. Identifique qué parte de todo ello sigue teniendo validez para usted y cuál no. El paso siguiente consiste en desarrollar métodos beneficiosos para afrontar la aflicción (los veremos en el capítulo 7). Recuerde, de momento, que los modos de afrontar la aflicción se aprenden... y que cualquier cosa que se aprende también se puede olvidar. Nos enseñan a evitar el puente de la aflicción, pero la montaña todavía nos sigue esperando al otro lado.

II

El estrés de la aflicción

El secreto de la salud y la felicidad estriba en saber adaptarse a las condiciones de este mundo, que cambian constantemente. El fracaso en este gran proceso de adaptación se castiga con la enfermedad y la infelicidad.

HANS SELYE

E N las diversas civilizaciones, desde el principio de la historia, se han producido enfermedades y muertes entre las personas que han perdido a seres queridos. Sin embargo, solo hace cuarenta años que hemos sido capaces de identificar la relación de causa y efecto: la aflicción por la pérdida genera estrés, y el estrés provoca enfermedades y muertes.

Una experiencia personal con el estrés relacionado con la aflicción por la pérdida

Por muy atareados que estuviésemos, o por mucha prisa que tuviésemos, todos los miembros de mi familia nos reuníamos a la mesa a la hora de cenar y comentábamos con tranquilidad cómo nos había ido el día. Cuando yo era pequeña, ya intervenía en la conversación con mis dilemas.

—Bueno, cuando yo era niña como tú —decía mi padre, sin poder contener una sonrisa—, tenía el mismo problema.

—¿Y qué hacías, papá? —le preguntaba yo, soltando una risita de expectación.

Si él se reía a su vez, sabíamos que iba a contarnos algún cuento fantástico. Por el contrario, si empujaba el plato a un lado, sabíamos que iba a relatarnos cosas reales. En cualquiera de los dos casos, sus respuestas siempre eran divertidas y reconfortantes y hacían pensar. Papá solía terminar los debates familiares con un principio filosófico suyo: «Cielo, todo cambia. No hay nada que dure para siempre». Yo me levantaba siempre de la mesa llena de confianza en que yo, como cualquier otro ser humano, podría resolver mis propios problemas, a mi manera y tardando lo que hiciera falta.

Mi madre solía decir que yo tenía una personalidad «calmosa» por naturaleza, no por crianza.

—Naciste con un espíritu tan poco polémico que no hay nada que te altere —me explicaba—. Siempre has tenido calma, en cualquier circunstancia.

Cuando estudiaba en la universidad, las pruebas psicológicas que me hicieron indicaron que me adaptaba con facilidad a los cambios y no tenía tendencia al estrés, ni a la ansiedad, ni a los trastornos emocionales. A pesar de lo cual, cuando tenía treinta y ocho años, mi capacidad de adaptación se vio sometida a una prueba que superaba cualquier otra experiencia anterior.

El año fue normal en todos los sentidos, con la única excepción de que mis problemas ginecológicos me obligaron a someterme a una histerectomía. Mientras desenvolvía las zapatillas nuevas que me había comprado para usarlas en el hospital, me sorprendí a mí misma al anunciar de pronto:

—Mañana iré al hospital en mi coche.

—¡Eso es ridículo! —exclamó una amiga, que me riñó e intentó razonar conmigo.

—No sé por qué —insistí—, pero tengo una sensación extraña de que va a surgir una emergencia. Quiero tener a mano mi coche para poder marcharme enseguida.

Aunque no comprendía mi premonición, me mantuve firme en mi propósito e hice yo sola, al volante de mi coche, el viaje de cuarenta kilómetros hasta Houston.

Me iban a operar a las siete y media de la mañana; y a las siete menos cuarto entraron en mi cuarto una enfermera con dos celadores que llevaban una camilla con ruedas.

—Tenga —dijo lacónicamente la enfermera, ofreciéndome un vaso.

—¿Qué es eso? —le pregunté.

—Valium —me dijo—. La preparará para el viaje hasta el quirófano.

—No, gracias —dije yo.

—Ah, es obligatorio tomarlo —dijo ella—. Entrar en la zona de operaciones ya asusta lo suyo; por eso, todos los pacientes deben tomar un sedante.

—No; estoy bien —dije, y añadí—: Quiero mantener el dominio completo de mis sentidos.

Seguimos discutiendo un rato, hasta que uno de los celadores dijo, con buenos modos:

—¡Vamos! ¡Vamos! ¡Hay que ponerse en camino! El bueno del doctor estará harto de esperar.

En ese instante, sonó el teléfono.

Aunque la seria enfermera no quiso al principio que yo me pusiera al aparato, dijo por fin:

—Es el Hospital de Saint Joseph, en Hot Springs, Arkansas. Su padre está ingresado en la unidad coronaria y un médico quiere hablar con usted.

Tomé el teléfono, sin sorprenderme por que hubiera surgido una crisis en otra parte.

Sonó una voz de varón con tono de estar grabando un mensaje en un contestador automático.

—El señor Davidson está en estado crítico. Ha tenido un infarto a primera hora de la mañana. Parece que va a sufrir un paro cardiaco. Ahora lo están preparando para operarlo. Es poco probable que llegue a salir del hospital. Si sale, no volverá a ser el mismo.

Tiré el teléfono a la enfermera, salté de la camilla, me puse encima la ropa y corrí a mi coche. El médico había tenido razón cuando dijo que mi padre no volvería a ser el mismo. Pero, por otra parte, mi vida tampoco volvería a ser la misma.

Cuando llegué al Hospital de Hot Springs, los médicos ya habían terminado de operarlo. Cuando vi a mi padre, me quedé muda. Tenía en el pecho una incisión como si lo hubiera destrozado un animal. Era más horrible todavía ver el modo penoso en que respiraba. Dijo: «Me voy a morir», y sus palabras me horrorizaron: ¡él, que había sido siempre tan optimista!

—¿Por qué dices eso? —le pregunté, como queriendo evitar que se cumpliera su profecía terrible.

—Me ha llegado la hora, cielo —dijo con voz lacrimosa, intentando no sollozar.

Dios, ayúdanos, suplicaba mi corazón mientras lo veía quedarse dormido otra vez. Busqué un teléfono y dejé un mensaje detallado para mi marido, Joe, que estaba en Houston. Mi cuerpo agotado se arrastró hasta la silla de la sala de espera, lleno de ansiedad y temor. Miraba al frente sin ver nada. Pasaron varios minutos sin que me diera cuenta de que estaba sonando el teléfono público que estaba a mi lado.

Joe había consultado a un distinguido cirujano cardiaco del Centro Médico de Texas y ya había un equipo de emergencia que esperaba nuestra llegada. Mientras yo realizaba los trámites para que mi padre saliera del Hospital de Saint Joseph, dos fisioterapeutas prepararon en la parte trasera de mi coche una bombona de oxígeno y una camilla improvisada. Al cabo de una hora ya estábamos en la carretera interestatal 20, camino de Houston. Durante el viaje de ocho horas, yo no dejé de mirar alternativamente su cara en mi espejo retrovisor y la carretera. Ahogada por una inquietud infinita, temía que mi padre muriera antes de que llegásemos al hospital.

Por fin, hacia las dos de la madrugada, vi ante nosotros el letrero rojo, iluminado, que decía URGENCIAS. Cuando nos acercamos a la entrada, los miembros del equipo médico nos rodearon como socorristas que se lanzan al agua. «¿Joe Davidson?», preguntaron, mientras abrían todas las puertas del coche. Subieron a mi padre a una camilla con ruedas, lo llevaron a una sala de exploración y lo trasladaron inmediatamente después a un quirófano para implantarle un *by-pass* cuádruple. La operación tuvo éxito y se le diagnosticó una recuperación completa. Pero no habría de recuperarse.

El 3 de junio, unas seis semanas más tarde, celebramos dos cosas a la vez. Era el cumpleaños de mi padre, y cuando estábamos cortando la tarta entraron en la habitación los médicos, que anunciaron:

—Llegamos justo a tiempo para darle su regalo. Podrá volverse a su casa mañana o pasado.

Lo celebramos a lo grande, y después nos preguntamos por qué no podría volver a casa mi padre aquel mismo día. Los médicos se habían marchado, de modo que consulté a una enfermera. Esta me dijo:

—El señor Davidson tiene todavía un problema. No podemos darle el alta hasta que duerma una noche entera. De momento, tiene las horas de sueño alteradas: se levanta en plena noche y quiere hablar, o escribir, o hacer lo que sea.

Intenté razonar con ella.

—Mi padre es predicador baptista, y así es su estilo de vida. Se acuesta muy temprano, duerme unas horas y se levanta a escribir sus sermones pasada la medianoche. No tiene las horas alteradas; está siguiendo su propio ritmo, nada más.

—No se marchará de aquí hasta que duerma una noche entera —dijo la enfermera, y se marchó. Yo insistí con impaciencia ante otras enfermeras y ante los médicos de guardia, pero todos mis intentos fracasaron, de modo que dejé un recado para el médico de cabecera de mi padre.

Aquella noche tranquilicé a mi padre diciéndole:

—Volveré mañana por la mañana, a primera hora, y te sacaré de aquí pase lo que pase.

A la mañana siguiente me recibieron ante su habitación la directora de enfermeras, miembros de la administración del hospital, los cirujanos que habían operado a papá y un anestesista.

—Anoche hubo un accidente —empezó a decirme un administrador—. Una enfermera dio a su padre una dosis de Valium a las nueve y media, otra a las diez y media y otra más a medianoche.

Entonces intervino el anestesista, frunciendo el ceño y sacudiendo la cabeza con desolación.

—Han dado a su padre Valium suficiente para matar a un hombre joven sano de veinte años. No entiendo cómo puede seguir con vida [1].

No asimilé lo horrible de la situación hasta que entramos todos en la habitación de mi padre. Este tenía la cara contraída de sufrimiento: debió de saber lo que estaba pasando, pero no pudo evitarlo. Después de ochenta días de suplicio, el 22 de agosto, a las tres y media de la madrugada, terminó la lucha de mi padre. Recibí la llamada que había estado temiendo.

—Lo siento mucho: su padre acaba de morir.

Empezaba a marchitarse una rosa roja de largo tallo que yo había tomado del ataúd de mi padre cuando me sobresaltó una vez más el teléfono a las tres y media de la madrugada. La noticia era devastadora: mi cuñada Peggy se había quitado la vida.

Hasta ese punto de mi vida, la palabra «estrés» no había tenido ningún significado real; sin embargo, su eco vibraba ahora a mi alre-

---

[1] El Instituto de Medicina publicó en noviembre de 1999 un informe de 223 páginas en el que se indicaba que 98 000 estadounidenses mueren innecesariamente cada año a causa de errores médicos, la mayoría de los cuales son errores de medicación. «Se administra a las personas el medicamento equivocado, o una dosis equivocada, o se les administra en el momento equivocado, o al paciente equivocado», explicaba el doctor Donald M. Berwick, catedrático de Política Sanitaria en Harvard, presidente del Instituto para la Mejora de la Atención Sanitaria y miembro del comité de diecinueve expertos que redactó el informe. Mueren más estadounidenses a causa de errores médicos que por cáncer de mama, accidentes de tráfico o sida.

dedor por todas partes. «Has sufrido demasiado estrés»; «tanto estrés te va a dar cáncer»; «nadie puede soportar tanto estrés». Mi madre, mis amigos, los médicos y mis compañeros de trabajo recalcaban sus advertencias contándome casos terribles.

Cuando me había quedado en treinta y ocho kilos de peso, uno de mis profesores de la facultad me dijo con voz alegre, desde el otro lado del aula:

—¡Eh, Dianne! En el próximo curso se ofrece una asignatura nueva: Iniciación al Estrés. ¡Matricúlate!

—¿Me lo dice a mí? —dije yo.

—Lo digo en serio —insistió, enseñándome el programa para el curso siguiente—. Deberías matricularte en esa asignatura.

Aunque a mí no me parecía necesario, respetaba mucho la visión de aquel profesor e hice lo que me recomendaba.

La primera sesión empezó de una manera poco común para una clase universitaria. La profesora dijo:

—Quiero que cada uno de ustedes diga su nombre y responda a continuación, con una sola frase, a esta pregunta: «¿Qué es lo que está provocando ahora mismo más estrés en mi vida?».

Las palabras empezaron a brotar de los corazones abrumados.

—Me llamo Faye —dijo una joven madre, tragándose las lágrimas—, y mi hijo de cinco años está en el hospital, muriéndose de leucemia.

—Yo me llamo Julia —dijo la señora que estaba a su lado—. Mi marido murió de cáncer hace seis semanas.

—Me llamo Greg —dijo el atleta más brillante de la facultad—, y mi mejor amigo se mató en un accidente de moto.

—Mi hermano se electrocutó accidentalmente... —empezó a decir un joven de veinte años; las lágrimas no le permitieron seguir hablando.

Cuando terminamos de presentarnos, quedaba claro que todos los alumnos presentes en el aula sufrían la aflicción por la muerte reciente o el peligro de muerte inminente de algún allegado.

La profesora, menuda, se movió con la suavidad de un susurro hasta quedar sentada en la esquina de su mesa. Su falda de seda caía sobre el borde como un mantel costoso.

—No suelo empezar la primera clase de este modo —dijo; e hizo una pausa para recorrer la sala con la mirada. Después, se inclinó hacia delante y siguió diciendo—: Pero, en vista de que todos ustedes afrontan la pérdida de un ser querido, es importante que entiendan lo siguiente. En el momento mismo en que recibimos una noticia catastrófica, nuestro cerebro libera unas sustancias químicas muy potentes que circulan por todas las células de nuestro cuerpo, hasta que, al cabo de pocos minutos, estamos afectados hasta el nivel molecular. El cuerpo tarda unas seis semanas en eliminar estas toxinas. Pero si en ese periodo de seis semanas pasamos otra crisis, nuestro cerebro libera una nueva dosis. La reacción inicial del cerebro no es más que el comienzo.

A lo largo del curso, la profesora fue describiendo y haciendo diagramas de la dinámica del estrés, y yo lo comprendí por fin. Aunque yo había tenido meses enteros para prepararme para la muerte de mi padre, en el momento en que había oído las palabras «Lo siento mucho: su padre acaba de morir», se liberaron en mi cerebro unas sustancias químicas de manera espontánea e instantánea. A partir de allí siguieron circulando por todo mi cuerpo. Después recibí una nueva «dosis» cuando me enteré de que mi cuñada se había suicidado. Antes de que mi cuerpo hubiera terminado de eliminar por completo esas sustancias químicas, se produjo otra circunstancia que me provocó una nueva reacción de estrés. Si bien era consciente de que me debatía mental y espiritualmente entre muchos cambios, mi cuerpo se encontraba en un estado perpetuo de estrés sin que yo lo supiera. Aquello me afectaba poderosamente al corazón y a la glándula tiroides.

Aquellas clases cambiaron esencialmente mi vida, pues hasta entonces yo no había hecho caso de aquella palabra de la que tanto se abusa. Por otra parte, estaba acostumbrada a aquella agitación que tenía dentro del cuerpo, y por eso no le hacía caso, como casi todo el mundo. Sin embargo, en cuanto comprendí todo aquello, empecé a convertir todas las circunstancias que me provocaban estrés en fuerzas e impulsos positivos. Si hubiera tenido este libro, podría haberme evitado mis problemas de salud.

Cómo se define el estrés

El estrés es una función biológica innata, automática. Es el modo que tiene el cuerpo de adaptarse a cualquier cambio o de resistirse a él. Cualquier cambio de nuestro entorno pone en marcha el estrés en nuestro cuerpo: es como la llave de contacto que pone en marcha el motor del coche.

El propósito del estrés y sus niveles

El propósito del estrés es enviar un mensaje interno de alarma: *Se está produciendo un cambio: empieza a adaptarte ahora mismo.* Todo cambio y todo ajuste tienen su nivel respectivo de intensidad, que se puede comparar con un nivel o escala universal [2].

En el nivel inferior de la escala se encuentran los cambios del medio ambiente que requieren ajustes inconscientes por nuestra parte relacionados con la supervivencia física: los cambios de la intensidad de la luz provocan ajustes en la dilatación del iris; las fluctuaciones de la temperatura afectan a la respiración, etcétera. El nivel siguiente de la escala lo ocupan las llamadas telefónicas no deseadas, las visitas inesperadas o los atascos de tráfico. En un nivel superior, de mayor intensidad, están las citas canceladas, los plazos de trabajo no cumplidos, llegar tarde a las reuniones, etcétera. Las festividades y los problemas legales graves producen niveles de estrés todavía superiores. Otro nivel es el de las enfermedades propias o de familiares, los cambios de trabajo, la jubilación, los cambios de residencia y cosas semejantes. En el segundo nivel de la escala empezando por arriba se encuentran el divorcio, la separación y las enfermedades graves. La muerte de un ser querido suele ocupar en solitario el nivel superior de la escala.

---

[2] Adaptado de T. S. Holmes y R. H. Rahe, «The Social Readjustment Rating Scale», *Journal of Psichosomatic Research,* 11 (1967), págs. 213-18.

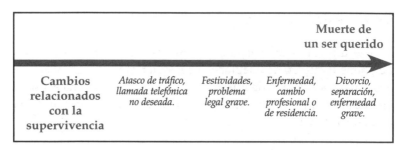

Figura 1. *Escala de niveles del estrés.*

Si bien se considera que la escala del estrés es universal, cada uno de nosotros lleva su pequeño modelo personal de bolsillo. Por ejemplo, un atasco de tráfico puede ocupar un lugar bajo en la escala del estrés y más alto en la de otra persona. Un plazo de trabajo no cumplido provoca un estrés leve a un trabajador y puede producir un estrés increíble a otro. Una persona que cuenta con un abogado competente y experto padece menos estrés en los problemas legales que otra que no tenga buenos asesores. La muerte de un ser querido también provoca reacciones variables. No existen dos personas, ni siquiera los hermanos gemelos, que reaccionen con un mismo nivel de intensidad ante la muerte de un ser querido.

Existen otros factores que intervienen en la escala personal. Un mismo individuo reacciona de manera diferente ante cada muerte porque cada una es un caso nuevo. Por ejemplo, la muerte esperada de mi padre no resultó tan abrumadora como la muerte repentina de mi madre.

Sin embargo, la muerte de un ser querido y próximo provoca universalmente el nivel máximo de estrés por varios motivos. La muerte es aterradora, física, emocional, espiritual, mental y socialmente. Los supervivientes se enfrentan a cambios y desafíos profundos. Además, el estrés no ha evolucionado a lo largo del tiempo. Los recién nacidos necesitan el cuidado de los demás para sobrevivir; por eso sienten cualquier separación como si fuera una amenaza para su vida. Aunque nos desarrollamos hasta convertirnos en seres maduros e independientes, mantenemos, como ya hemos visto, nuestra reacción instintiva ante las pérdidas. En la edad adulta, como en la primera infancia, sufrimos cuando nos vemos separados a la fuerza de nuestros seres queridos, y ese sufrimiento pone en marcha la primera fase del estrés.

Las tres fases del estrés

El estrés sigue tres etapas o fases [3]. La primera fase, la alarma, comienza en el mismo momento en que el cerebro percibe un problema. Al cabo de pocos segundos, todo el cuerpo se dispone a huir o a luchar. Aumentan las pulsaciones, la respiración, el sudor y la circulación de la sangre y los músculos se ponen tensos. El resultado es una energía explosiva.

Primeros síntomas cognitivos del estrés
relacionado con la aflicción

- Depresión, pérdida de concentración, distorsión de los intereses.
- Preocupación exagerada, dolores de cabeza, mayor distracción.
- Mayor irritabilidad, fatiga mental, pérdida de memoria, cambios de humor.
- Pensamientos obsesivos, trastornos del sueño, dolor cerebral [4].

---

[3] Hans Selye fue presidente del Instituto Internacional del Estrés y publicó descubrimientos significativos sobre el estrés, entre ellos *Seyle's Guide to Stress Research*, vol. 3, Nueva York, Van Nostran Reinhold, 1983, y *Stress Without Distress*, Nueva York, Signet Books, 1974.

[4] El cerebro es semejante a un músculo y puede sentirse fatigado.

En muchos casos, el primer síntoma reconocible del estrés es la incapacidad para funcionar mentalmente de la manera habitual. El estrés suele agudizarse cuando no se comprenden sus primeros síntomas. Los supervivientes exclaman: «Estoy como en una nube»; «tengo las ideas desordenadas; «soy incapaz de pensar»; «es que no me entero de nada». Muchos, abrumados por los pensamientos confusos y los sentimientos intensos, llegan a dudar de su propia cordura: «Debo de estar perdiendo el juicio». Permítanos que le aseguremos que esos estados confusos de la mente y las emociones, a pesar de parecer extraños o anormales, en realidad son normales durante la fase de alarma. Recuerde que están actuando dentro de usted dos fuerzas poderosas: la mente intenta comprender de alguna manera la realidad de la muerte, y, al mismo tiempo, el cerebro (que es un órgano del cuerpo) está reaccionando de manera biológica.

El sistema humano suele regresar a la normalidad, en términos biológicos, en un plazo de entre seis y ocho semanas. Sin embargo, las personas que han perdido a un ser querido son especialmente vulnerables a nuevas crisis. Los supervivientes suelen vivir conflictos relacionados con el funeral o el entierro. En el Estudio sobre la Aflicción de Scott y White (1994-1997), un 43 % de los supervivientes citaron que se habían producido hechos «adversos» relacionados con el funeral o el entierro [5]. En ese periodo de seis semanas se puede producir cualquier cambio que provoque estrés (festividades, bodas, nacimientos, enfermedades o una nueva muerte.

Si el estrés se prolonga o se vuelve a disparar, a la fase de alarma le sucede la segunda fase, la de resistencia. Cuando cualquier máquina se encuentra con un cambio, sus piezas pueden adaptarse o bien resistirse y romperse. Lo mismo sucede con los mecanismos del cuerpo. Más del 90 % de las personas que han perdido a un ser querido afirman haber visitado a un médico en el primer año tras la pérdida

---

[5] Louis A. Gamino: *«Why "Just Get Over It" Doesn't Work: Lessons from the Scott and White Grief Study»*, octubre del 2000.

por problemas tales como ataques de asma, dolores de espalda, enfermedades coronarias, dolores de cabeza, hipertensión, hipertiroidismo, hipotiroidismo, trastornos inmunitarios, síndrome de colon irritable, migrañas, enfermedades cutáneas, etcétera. Los profesionales de la atención sanitaria nos advierten que entre el 75 y el 90 % de consultas que reciben se deben a enfermedades relacionadas con el estrés [6]. Si se prolonga todavía más el estrés, se pasa de la segunda fase a la tercera: el agotamiento. Hasta las máquinas de mayor calidad se desgastan cuando se les hace trabajar demasiado durante un tiempo prolongado. Al cuerpo le pasa lo mismo.

Síntomas de la fase de agotamiento del estrés [7]

Síntomas físicos: accidentes, ahogos, alergias, aumento de la tensión arterial, aumento del pulso cardiaco, boca seca, cambios de la voz, consumo de drogas, deshidratación, dificultades para respirar, dolores de cabeza, dolores de espalda, dolores musculares, empeoramiento de enfermedades previas, enfermedades (resfriados e infecciones, menor resistencia), erupciones cutáneas, falta de sueño, fatiga, hipersensibilidad a los ruidos, infecciones urinarias, inquietud, insensibilidad o picor en las extremidades, insomnio, mareos, nervios, palpitaciones cardiacas, pérdida de agudeza de los sentidos, pérdida de apetito, pérdida o aumento de peso, pérdidas de conocimiento, pesadillas, problemas cutáneos, rechinar de dientes, risa nerviosa, sudoración, tensión en el tórax, tensión, trastornos de la menstruación, trastornos del habla, trastornos digestivos, trastornos oculares, vómitos.

---

[6] American Psychiatric Association, 1997. Adaptado de Lyle H. Miller y Alma Dell Smith, *The Stress Solution*. Nueva York: Pocket Books, 1993.

[7] Adaptado de American Center Society: *Life After Loss Facilitator's Handbook*, 1999, y Nancy Tubesing y Donald Tubesing: *Structured Exercises in Stress Management*, vol. 1 Duluth, Minnesota: Whole Person Press, 1983.

Síntomas de la conducta: actitud negativa, aumento o reducción de la velocidad del habla o al caminar, cabeza baja, cambios de postura, fruncir el ceño, hacer gestos, mal humor, movimientos de oscilación, nervios (dar golpecitos con el pie, tamborilear con los dedos, morderse las uñas, etcétera), quejas, rechinar de dientes, suspiros.

Síntomas emocionales: agitación, angustia, arrebatos de ira, arrebatos de llanto, depresión, desánimo, falta de alegría, falta de emociones, frustración, hipersensibilidad, irritación, estado lacrimoso, mal humor, melancolía, miedo, obsesión-compulsión, pánico, pesadillas, preocupación, sentimiento de impotencia, temor.

Síntomas intelectuales: aburrimiento, baja autoestima, confusión, dificultad para concentrarse, dificultad para tomar decisiones, disociación, errores de lenguaje, falta de buen juicio, falta de decisión, falta de productividad, irritabilidad, letargo, mayor frecuencia de errores, olvidos, pensamientos compulsivos, pensamientos irracionales, pensamientos negativos, pensamientos obsesivos, pérdida de memoria, preocupación.

Síntomas sociales: agresividad, aislamiento, celos, centrado en sí mismo, criticar a los demás, culpar a los demás, disfunción sexual, distanciamiento, evitar cualquier cosa que recuerde la pérdida, falta de confianza en los demás, falta de intimidad, intolerancia, manipular a los demás, ocultarse, regañar, resentimiento, trastornos de la vida de pareja.

Síntomas espirituales: apatía, actitud de mártir, cinismo, desconfianza, duda, egocentrismo, incapacidad para perdonar, pérdida de rumbo, pérdida del significado de la vida, sensación de vacío, tendencia a juzgar a los demás.

La muerte relacionada con el estrés

El estrés a corto plazo se puede convertir en estrés a largo plazo. Es posible que los supervivientes no sean conscientes de la carga a la que se está sometiendo su cuerpo, o de la gravedad de esta, hasta que el agotamiento termine por pasar factura. He aquí los casos de unas familias que nos relatan las consecuencias de no prestar atención al estrés.

«Es normal, maldita sea»

Ernie, que era normalmente hombre jovial, abierto y trabajador, redujo sus horas de trabajo y cortó todas sus relaciones sociales tras la muerte de su esposa. Aunque los miembros de su familia numerosa le apoyaban, él seguía inconsolable. Ernie solo encontraba consuelo en los médiums: afirmaba que estos se ponían en contacto con su difunta esposa.

—Deberías ir al médico, papá —le decían sus hijos, observando que había perdido peso, estaba más irritable y ya no se interesaba por su trabajo.

—Todo el mundo pierde peso cuando le pasa una cosa así —gruñía él—. Es normal, maldita sea.

—Pero tú estás muy estresado —le decían, intentando razonar con él.

—Ahora me estáis sacando de quicio vosotros —decía él—. Para ser un hombre que ha perdido a su esposa tras treinta y cinco años, voy tirando.

Al cabo de seis meses, su salud mental y física se deterioró hasta tal punto que dejó de trabajar por completo. Sus familiares y amigos seguían manifestándole vigorosamente su inquietud, pero él se empeñaba en responderles: «Dejad de preocuparos por mí. Sigo afligido y necesito pasar un tiempo conmigo mismo. ¿Es que no entendéis que estos sentimientos son normales?». Y, en efecto, a Ernie le parecía aquello normal porque, a semejanza de muchas personas que han perdido un ser querido, estaba acostumbrado a los síntomas.

Una tarde, sentado en el porche de su casa, Ernie recordó de pronto que no había recogido el correo del día del buzón. Cuando bajó al jardín, cayó de rodillas. Se esforzó por levantarse, pero se derrumbó. Un vecino lo llevó a la sala de urgencias del hospital. Los médicos encontraron que tenía la tensión arterial y el pulso peligrosamente elevados. Aunque los demás veían con claridad el grave deterioro de su salud, el viudo se negaba a creer que tuviera algo grave. Ernie recibió tratamiento y le dieron el alta, y un mes más tarde, en el primer aniversario de la muerte de su esposa, sufrió un paro cardiaco. Se reunió con su amada poco después de la medianoche.

Si bien el estrés de Ernie resultaba evidente para su familia y sus amigos, también puede estar oculto, como en el caso del general y su familia.

«Ay, Raymond, qué bien lo está llevando papá»

A Jim, general retirado de las Fuerzas Aéreas, era fácil reconocerlo de lejos por su porte seguro de sí mismo y su salud vibrante. Era corredor de maratones, y lo tenía tan asimilado en el cuerpo y en la mente que caminaba con la postura del corredor que empuja con el pecho la cinta de la meta. Tras la muerte de su esposa mantuvo la misma apariencia. «Ay, Raymond, qué bien lo está llevando papá», me decían sus hijos.

Sin embargo, el general sufría trastornos digestivos y me pidió hora para que yo (Raymond) le hiciera un reconocimiento físico. A la semana siguiente entró en mi consulta con paso tranquilo; había intentado ocultar su aflicción poniéndose su uniforme militar. En su segunda visita también intentó ocultarla. Sin embargo, el día de su tercera visita vino de paisano y con aspecto de desolación evidente. Había renunciado a guardar las apariencias. Ya estaba en la fase de agotamiento del estrés y tenía destrozado el sistema inmunitario. Murió poco después, de enfermedades desencadenadas por el estrés de la aflicción.

«Estaba abatida constantemente»

Betty murió repentinamente, el día después de ingresar en el hospital. Sus familiares intentaban determinar la causa.

—Tras la muerte de papá había perdido todo su entusiasmo por la vida —dijo su hijo—. Seguía comiendo con ese gran apetito suyo y parecía sana físicamente, pero no conseguíamos interesarla por nada. Estaba abatida constantemente. Aquello era muy poco característico de ella, que siempre había estado llena de vida.

—Yo acompañé a mamá a su médico de cabecera para que le hiciera una revisión a fondo —explicaba su hija—. Los análisis no revelaron nada. El médico dijo que lo único que le pasaba era que estaba deprimida, y le recetó un antidepresivo, pero ella no se atrevió a tomarlo.

—Le dijo que se buscase una afición o algo que le gustase hacer —siguió contando su hijo—. Habíamos estado hablando de ello la mañana misma del día que murió. Ninguno de nosotros, ni siquiera los médicos, tenía la menor idea de lo cerca que estaba su muerte.

Ahora, mirando la huella de la mano de su madre, que todavía estaba marcada en su ensaladera de vidrio tallado, sus familiares se esforzaban por contener su pena. Se preguntaban si la causa de la muerte de Betty era que se le hubiera «roto el corazón», en el sentido literal de la palabra. Pidieron al hospital su historia clínica, en la que se decía que su conteo de tiroides era de cero. «¿Será posible que el estrés sin atender haga que deje de funcionar la glándula tiroides de una persona?», se preguntaban. «¿Podría ser la aflicción la causa de la muerte de mamá?».

Las personas que han perdido a un ser querido corren mayor riesgo de muerte [8]. Cada uno de nosotros llevamos una predisposición hacia determinadas enfermedades. La historia clínica de la familia

---

8 Robert A. Neimeyer: *Death Anxiety Handbook: Research, Instrumentation, and Application,* Taylor & Francis, Washington DC, 1994; Margaret Stroebe, Wolfgang Stroebe y Robert O. Hanson: *Handbook of Bereavement: Theory, Research and Intervention:* Nueva York, Cambridge University Press, 1999; J. William Worden, *Grief Counseling and Grief Therapy: A Handbook for the Mental Health Practitioners,* Springer, Nueva York, 1991.

puede indicar cuál es el órgano del cuerpo con mayores posibilidades de ser vulnerable y ante qué enfermedad concreta. Es posible, sin embargo, que no surja una enfermedad hasta que un órgano débil resulte afectado por un estrés intenso y prolongado. Así pues, no es la aflicción misma la que produce la muerte, sino que es el estrés crónico el que mata por medio de los ataques al corazón, las apoplejías, los suicidios, la violencia y quizá, incluso, el cáncer. Las personas se van desgastando hasta llegar al hundimiento final y fatal [9].

La antigua creencia de que la aflicción no debe durar más de un año se ha quedado anticuada. Sin embargo, teniendo en cuenta la proporción de personas que han perdido un ser querido y que caen a su vez víctimas de las enfermedades, podría valer la pena conservarla si se expresara así: «El estrés provocado por la aflicción no debe durar más de un año».

Por fortuna, el estrés tiene muchas soluciones. Dado que el estrés relacionado con la aflicción es el que genera la energía más explosiva, también puede ser el que ejerza un efecto más transformador.

El poder transformador del estrés

Hoy día sabemos que la aflicción por una pérdida provoca la muerte por medio del estrés. Comprendemos, además, que el problema más importante no es el estrés en sí, sino el modo en que lo llevamos. Los relojes despertadores y los plazos de entrega de trabajos pueden resultar motivadores. El envejecimiento y la enfermedad pueden conducir a las personas a que cuiden más de su salud. Las pérdidas pueden servir de catalizador para la autocomprensión y el desarrollo. No hay nada que genere más transformación que la aflicción.

---

[9] American Psychiatric Association, 1997. Adaptado de *The Stress Solution,* de los doctores Lyle H. Miller y Alma Dell Smith.

III

La aflicción trae aparejadas emociones fuertes

*El amor no sabe cuán profundo es
hasta la hora de la separación.*

KAHLIL GIBRAN

*Conocer y y abrazar el dolor de
la pérdida forma parte de la vida, tanto
como conocer la alegría del amor.*

ALAN WOLFELT

NUESTRA sociedad niega la muerte, y no es de extrañar: la aflicción puede ser tan fuerte, tan compleja y tan desconcertante que nos hace perder por completo el equilibrio. Sin embargo, el conocimiento arroja su luz sobre el valle de la pérdida, como un faro que ilumina el mar a medianoche. En este capítulo nos centraremos en el aspecto emocional de la pérdida de seres queridos, y empezaremos con unas definiciones.

La definición de aflicción, duelo y pérdida

La aflicción es una reacción instintiva ante la pérdida; es un proceso que viene acompañado de multitud de sentimientos. La aflicción nueva es continua; es decir, consume el cuerpo, la mente y el alma día y noche, a lo largo de muchos días y semanas.

El duelo es una conducta que se aprende. El duelo nos lleva adelante entre la aflicción. Es la expresión externa de la aflicción, es cualquier *acto* que nos ayude a adaptarnos a nuestra pérdida. El duelo depende principalmente de la cultura en que nos criamos de niños, y de manera secundaria de la cultura en que vivimos de adultos.

La privación es el estado de destitución o ausencia tras la muerte de un ser querido.

Las emociones tienen un propósito positivo

Así como cada ser humano tiene una estructura distinta y un propósito único en la vida, cada emoción tiene también su propia estructura y propósito. La función de la emoción es indicar que algo gusta o no gusta. Es un grito de «¡atención!». Cada sentimiento genera unos cambios eléctricos internos. Cada carga emocional no perdura más de un minuto *cuando se reconoce y se expresa de manera natural*. Consideremos el ejemplo siguiente.

«Silas está muy enfadado ahora», gruñó el nieto de Dianne

—¿Más? —preguntó Silas, mi nieto, enseñando las manos manchadas de pinturas. Tenía dos años y empezaba a construir frases.

—Se nos ha acabado la pintura —dije yo, levantándome para retirar su juego de pinturas.

—¡Quieta, quieta, Mimi! —exclamó él, indicándome con gestos que me volviera a sentar.

—Vamos a jugar a otra cosa —dije yo, guardando las pinturas en el cajón.

Él se puso de pie de un salto, cruzó los bracitos sobre el pecho, me dio la espalda y dijo:

—Silas enfadado.

—Ah, estás enfadado —repetí, arrodillándome ante él.

Él se volvió hacia un lado, mirándome por el rabillo del ojo.

—Silas está *muy* enfadado ahora —gruñó, y empezó a hacer pucheros.

—Sí, ya veo que estás muy enfadado —comenté yo.

Él levantó los brazos y los hombros como si fuera una especie de monstruo de Frankenstein y me miró fijamente.

—¡Silas enfadado monstruo! —dijo con un gruñido y frunciendo la frente.

—¡Ah, sí, tienes un enfado monstruoso!

Entonces dejó caer los brazos, inclinó la cabeza a un lado y me dijo con voz melodiosa:

—¿Jugamos ahora con las marionetas?

* * *

Cuando se permite a los niños que sientan sus emociones y las expresen, sus sentimientos se disuelven con rapidez y sin esfuerzo.

A casi todos nosotros nos decían de niños (y, en algunos casos, nos lo siguen diciendo): «No te enfades», «No tienes por qué sentirte así», «No seas malo», etcétera. Nos enseñaron y nos enseñan a reprimir nuestras emociones, cosa que cuesta más energía que expresarlas. Además, los sentimientos reprimidos se arraigan y se distorsionan. El enfado se puede convertir en rabia, la aflicción en amargura y los celos en odio. Al comprender nuestras emociones, podemos resolverlas antes de que alcancen ese punto.

El abandono

El sentimiento de abandono se produce al sentir la separación como una deserción. Nos envía una señal interna que nos dice: *Una persona a la que necesitabas te ha abandonado.* Durante la primera infancia podemos tener sentimientos de abandono al ver salir del aparcamiento de la escuela el coche de nuestra madre, o cuando un amigo se despide para irse a su casa.

Los adultos pueden sentir una muerte como un abandono, igual que los niños. Las viudas dicen con frecuencia: «Me siento muy enfadada con él por haberse muerto y haberme dejado sola. Pero ¿cómo puedo estar enfadada con él, si sé que él no ha tenido la culpa? Él no quería marcharse». Puede que el sentimiento de abandono no sea racional, pero en cuanto se arraiga, sale a relucir en cada pérdida. Estas emociones desconciertan mucho a los que las sufren, hasta que llegan a desvelar su origen.

La ira

Las personas sienten ira cuando les parece que se ha transgredido algo o a alguien que les es querido. El propósito de la ira es enviar una advertencia interior: *¡Basta! Esto no puede seguir así.* La experiencia siguiente podría haber sucedido a cualquiera.

«¡Y un cuerno!»

Yo (Dianne) fui a dejar la ropa en la tintorería, que era un establecimiento al que yo llevaba acudiendo más de diez años y que había recomendado a muchos conocidos. Uno de los dos propietarios, Dave, me recibió como siempre, diciéndome:

—Estará lista para esta tarde.

—Me voy de viaje —dije yo—, y no volveré hasta la semana que viene, así que tarde lo que quiera.

—Bueno, en todo caso puede que se pase usted por aquí esta tarde —insistió él—, así que lo tendré preparado por si acaso.

—No —repetí yo mientras me despedía—; no volveré hasta dentro de una semana. No hay prisa.

Una semana más tarde me pasé por allí a recoger mi ropa. Dave estaba ocupado con otro cliente, de modo que me atendió por primera vez el otro propietario, que salió de detrás de una mampara de vidrio.

—¿Venía a recoger alguna cosa? —gruñó, mientras avanzaba hacia mí pisando fuerte, con los brazos en jarras y los puños cerrados.

Cuando trajo mi ropa, dejó la bolsa de plástico en el mostrador con brusquedad y chilló:

—¿Dónde demonios se había metido el martes pasado?

—¿Por qué lo dice? —le pregunté yo.

Arrancó la etiqueta de la bolsa y la arrojó sobre el mostrador, entre los dos.

—¿Ve esta etiqueta roja? —gritó, dándole un golpe con el puño—. ¡Pues quiere decir que trabajamos como locos para tener la ropa a tiempo, y usted no ha tenido siquiera la consideración de recogerla hasta una semana más tarde! Solo quería saber dónde demonios se metió usted, en vez de venir aquí a recogerla, como debía.

Intenté de nuevo darle explicaciones con calma, señalando a Dave (el otro propietario).

—Le dije a él que no volvería hasta dentro de una semana. Fue él quien se empeñó en tenerlas el mismo día.

Dave echó una ojeada hacia nosotros, pero no intervino.

—¡Y un cuerno! Esta ropa no llevaría esta etiqueta roja si usted no se hubiera empeñado.

Sentí que circulaba por mi cuerpo la energía de la ira. Los comentarios del hombre transgredían mi autoimagen de persona seria y considerada. Además, la conducta de aquel hombre transgredía el modo en que yo me merecía que me tratasen, sobre todo teniendo en cuenta que había dicho claramente a Dave que no volvería hasta dentro de una semana.

¡Esto tiene que terminar!, me indicaba mi ira. *No puedes consentir que te trate con esa falta de respeto.*

Comprendí por qué sentía ira, y antes de responder quise reflexionar sobre las opciones que tenía delante. Podía intentar explicar de nuevo las circunstancias, proponer que esperásemos a poder hablar con Dave o haber hablado con Dave a solas. Me pasaron por la cabeza otras posibilidades; sin embargo, aquel día decidí «votar con los pies». Pagué al hombre como si fuera un robot, sin mirarlo a los ojos ni decir palabra ni gesto alguno que pudiera brindarle la oportunidad de ofenderme más. Cuando salía, dije «adiós». Dejé bien claro que no pensaba volver, y aquello resolvió mi ira. Supe que aquel hombre no podría volver a ofenderme.

Esta anécdota sencilla nos ilustra el hecho de que la ira es la señal natural de que nos sentimos transgredidos de alguna manera. Si comprendemos su propósito, tenemos mayores posibilidades de resolverla tomando una decisión racional entre las muchas posibles.

La ira relacionada con la aflicción

La ira relacionada con la aflicción por la pérdida de un ser querido es más compleja, no obstante, por una serie de razones. Nos resulta difícil pensar. Además, tenemos las emociones a flor de piel y se nos estimulan con facilidad. Por todo esto, las personas que lloran a un ser querido dejan de lado el razonamiento intelectual y reaccionan únicamente ante sus sentimientos.

Suele suceder que la ira sea tabú en la cultura en que estamos, lo que complica todavía más la cuestión. A muchos niños se les dice «no seas malo» cuando manifiestan sentimientos de ira. Por ello, cuando son adultos creen que toda manifestación de ira les hará saltarse un límite moral o será indicativa de que han perdido el control. El hecho de contenerla provoca unos sufrimientos innecesarios, ya que existen muchas maneras de expresar los sentimientos saludables. Aunque descendamos un poco en la «escala de la amabilidad», no cabe duda de que mantendremos un buen nivel de sinceridad e integridad.

Pueden producirse mayores complicaciones cuando el origen de la ira no es un blanco aceptable. Por ejemplo, el hecho de sentir ira hacia el difunto o hacia Dios puede producir sentimientos de culpa. Son pocas las personas que expresan en voz alta su rabia más profunda: «¿Dónde te habías metido, Dios? ¿Por qué no atendiste a mis oraciones?».

La ira nos produce confusión cuando no podemos identificar su origen. Los supervivientes suelen descubrir la causa de la ira al expresarla en voz alta. Se oyen a sí mismos decir: «¡Qué horrible es el cáncer!», y así identifican la causa. O dicen: «Estoy enfadadísimo con esos médicos», detectando así otro origen de la ira. Nosotros mismos podemos ser el blanco de nuestra ira: «Estoy enfadado conmigo mismo por marcharme». Con frecuencia se desvela que la causa raíz es la mortalidad misma: «La muerte no es justa».

Con independencia de su causa, es indispensable liberar la ira; de lo contrario, se manifiesta en forma de rabia, amargura, resentimiento y odio. El caso de la señora A nos servirá para ilustrarlo.

Cuando hay una escalada de ira

Al principio, la señora A sentía ira hacia su hija, que se había quitado la vida, pero se negaba a afrontar sus propias emociones. La ira que le brillaba en los ojos empezaba a asustar a sus nietos menores. Más tarde, sus arrebatos de mal humor, cada vez más frecuentes, y su distanciamiento amargo fue desintegrando su matrimonio. Otros familiares suyos se quedaban horrorizados al verse convertidos en blanco de su ira, y también fue rompiendo con ellos. Cuando la señora A ya no fue capaz de negar su ira, empezó a culpar violentamente de la muerte al psiquiatra de su hija y a los amigos de esta. Más tarde, el sistema educativo y la comunidad en general pasaron a ser blanco de su veneno. Por fin, su jefe le pidió que fuera a consultar a un especialista para resolver su situación de aflicción. Cuando la señora A tuvo un acceso repentino de ira y salió violentamente de la consulta del psicólogo, este me consultó a mí, pero la señora no volvió nunca a las sesiones de terapia ni a su trabajo. Estaba claro que su ira se había vuelto disfuncional.

Hoy, el odio y la amargura que transmite la distancian de todas las personas que entran en contacto con ella. La señora A sigue cambiando de trabajo y de lugar de residencia sin tener un momento de paz en el corazón. Una pérdida traumática nos puede volver mejores o nos puede amargar: la decisión depende de cada persona.

La ansiedad y el pánico

Es común tener sentimientos de ansiedad y momentos de pánico tras la pérdida de un ser querido. Si no se tratan, pueden llegar a convertirse en ataques de pánico o en trastornos de pánico. Vamos a estudiar, pues, la ansiedad, el pánico, los ataques de pánico y los trastornos de pánico.

La ansiedad

La ansiedad es sentir una inquietud nerviosa. Nos dice: *Esto puede afectar a mi futuro.* La mayoría de las personas sienten ansiedad de cuando en cuando, por ejemplo cuando esperan una reunión o una llamada de teléfono importante. La ansiedad surge también en circunstancias extraordinarias, como son el embarazo, el parto, las enfermedades graves y la pérdida de familiares.

Los que lloran a seres queridos saben que su estado emocional está relacionado con la pérdida que han sufrido. Los viudos, por ejemplo, saben que la causa de su ansiedad es el temor a pasar una nueva noche de soledad.

El pánico

La ansiedad puede venir acompañada de punzadas de pánico, repentinas, breves e intensas. Sin embargo, como en el caso de la ansiedad, los que las padecen conocen sus causas. Mientras que los viudos sienten ansiedad por sus noches de soledad, las viudas tienen momentos de pánico al ver comprometida su seguridad y su situación en la vida.

Los ataques de pánico

Los ataques de pánico relacionados con la aflicción son más complejos porque se producen sin previo aviso ni motivo aparente, y el que los sufre puede temerse la muerte o la locura inminentes. Sus causas son biológicas, no de personalidad; el estrés que produce la aflicción es uno de sus factores, y los episodios tienen mayores probabilidades de producirse cuando la persona no ha expresado sus sentimientos.

La experiencia turbadora de Raymond

Yo no he manifestado nunca mis sentimientos de pena. En mi familia me enseñaron a guardarlos, de modo que seguí reprimiéndolos aun al hacerme adulto. En consecuencia, cuando mi hijo recién nacido murió, yo intenté seguir haciendo mi vida normal.

Dos meses después de su muerte, yo estaba disfrutando de una comida agradable con unos amigos cuando, de pronto, empecé a notar una sensación de ahogo. Me parecía como si mi cuerpo y mi mente se estuvieran derrumbando por el estrés. Tenía un ataque de pánico. Intenté comprenderlo, pero el ataque no tenía causa aparente.

Más tarde, no obstante, comprendí que todo mi ser estaba luchando por reprimir mi pena. Cuando reconocí que la causa raíz de mi ataque era la muerte de mi hijo, hice todo lo que pude por evitar un nuevo episodio aterrador. Aunque yo sabía lo importante que era exteriorizar los sentimientos, estaba intelectualizando mi pérdida, debatiéndome con mi aflicción de la única manera que sabía. Si yo hubiera expresado mi duelo tras su muerte, el episodio no se habría producido, pero me contuve de hacerlo, tal como me habían enseñado en mi infancia.

En mi caso, transcurrieron dos meses entre mi pérdida y el ataque de pánico. En otros casos, transcurre un periodo de muchos años entre ambos hechos. Fue el caso de John Paul.

«Al menos, podría haber elegido el momento y el lugar»

John Paul, elegante caballero sesentón, había sido artillero de cola en un bombardero en la Segunda Guerra Mundial. Cuando terminó la guerra, volvió a su casa y siguió haciendo su vida. Cuarenta años más tarde, una cajera del banco de John Paul se encontró a este tendido en el suelo de mármol de un pasillo, sin aliento y llevándose las manos al pecho. Cuando la mujer se puso a pedir ayuda a gritos, John Paul dijo penosamente: «No, no». Y la cajera se quedó a su lado hasta que hubo recobrado la compostura.

—No sé qué me ha pasado —dijo por fin John Paul—. Me pareció de pronto como si el edificio se me cayera encima. No podía respirar. Me pareció que tenía un ataque al corazón. Estoy conmocionado y me siento débil. Voy a quedarme sentado hasta recobrar las fuerzas, nada más.

John Paul temió sufrir otro episodio como aquel, y empezó a asistir a unas sesiones de terapia en las que descubrió que el ataque se había debido a su aflicción reprimida.

—Nunca había contado a nadie las muertes que presencié en Europa, durante la guerra —suspiraba, sacudiendo la cabeza apenado.

Los afectados que acaban por expresar sus sentimientos quedan libres de sufrir nuevos ataques de pánico. Así le pasó a John Paul.

—No tenía control —contaba—. Me atacó mi aflicción, y una tragedia se sumó a otra. Podría haberme afligido en aquellos tiempos, y al menos podría haber elegido el momento y el lugar.

La mayoría de los aspectos relacionados con la aflicción son inciertos. Pero sí que existe una cosa segura: que la pena reprimida acabará por salir a relucir en algún momento, de alguna manera.

Los síntomas del ataque de pánico

La American Psychiatric Association (APA) cataloga la lista siguiente de síntomas de un ataque de pánico: molestias en el pecho, sensación de ahogo o de estar atragantado, debilidad, miedo a perder el control, a morir o a perder la razón, sensaciones de irrealidad, palpitaciones cardiacas, sensaciones pasajeras de calor o de frío, náuseas o trastornos abdominales, ahogo, sudoración, hormigueos, temblores y mareos [1].

Si se producen cuatro síntomas o más al mismo tiempo, y la persona está convencida de que tiene un ataque al corazón o se está volviendo loca, entonces se considera que el episodio es un ataque clásico. Los ataques de pánico crónicos que no reciben tratamiento acaban por conducir al trastorno de pánico.

El trastorno de pánico

Se considera que se ha desarrollado un trastorno de pánico cuando se produce más de un ataque en un plazo de treinta días. Según la APA, nueve de cada diez individuos se recuperan por completo cuando el trastorno de pánico se trata pronto; por otra parte, si se deja sin tratar, se desarrollan otros trastornos psicológicos. El caso siguiente es un ejemplo.

---

[1] American Psychiatric Association: *Let's Talk About Panic Disorder* (Washington DC, 1992.)

«Quiero que me devuelvan a mi madre, nada más»

Sara corría a ver el tren siempre que oía el silbato y el traqueteo en las vías. Le encantaban los trenes y vivir en una granja, pero la serenidad de su vida quedó destrozada cuando sus padres se mataron en un accidente de automóvil. La adoptaron unos parientes suyos que vivían en una ciudad grande, y, aunque aparentemente la trataban bien, no le permitían que hablase nunca de su madre, de su padre, de su casa en el campo ni de los trenes.

En su primera semana en la escuela primaria, Sara tuvo un ataque de pánico. «No es más que el cambio, el venirse a vivir a la ciudad y todo eso —decían sus familiares—. Si no le hacemos caso, no le volverá a pasar». Los ataques se repitieron y fue aumentando su intensidad y su frecuencia. Cuando Sara cursaba enseñanza secundaria, ya no podía salir de casa y empezó a tener problemas físicos, además de emocionales. Se consultó a psiquiatras, uno de los cuales propuso que la ingresaran en el hospital psiquiátrico del estado, donde podría recibir mejor tratamiento. Cuando la familia se opuso a ello, el psiquiatra propuso que la tratase en su casa un equipo de profesionales.

En su primera sesión con un asesor especializado en personas que han sufrido pérdidas de seres queridos, Sara dijo: «Quiero que me devuelvan a mi mamá y a mi papá, nada más». El núcleo de la aflicción es el deseo de recuperar al ser querido, y en cuanto Sara tocó esa cuerda profunda, su trastorno empezó a disolverse. Con el tiempo, fue capaz de tratar sus ataques, y ahora disfruta de una vida plena como esposa, madre y enfermera.

La depresión

Es normal sentirse deprimidos al haber perdido a un ser querido. La mayoría de los que padecen depresión dicen que la sienten como una ola que va y viene, sobre todo cuando se evocan recuerdos.

Sentirse deprimidos después de una pérdida no es lo mismo que *la depresión* clínica. Las palabras clave que distinguen ambas cosas son «intensidad» y «duración». El «sentirse deprimidos» no tiene la intensidad de la depresión clínica, ni dura tanto tiempo como esta. Los afectados por una cosa u otra tienen un aspecto muy semejante. Hablan con voz monótona, de menor volumen y ritmo más lento. Prestan menor atención en las conversaciones y sus palabras son menos optimistas. Se sientan menos erguidos, se mueven con languidez y suelen llevar la cabeza baja. Tienen un aspecto decaído en casi todos los sentidos.

Si bien muchas personas tienen una sensación de hundimiento en el instante en que se enteran de la muerte de una persona querida, esta sensación puede llegar días o semanas más tarde. Personas de todo el mundo cuentan que cuando se cansaron de enfrentarse a los embates de las olas de la pena, encontraron un lugar seguro para dejarlas pasar. He aquí la relación de su caso que hizo el doctor P.

«Cuando hay una enfermedad en la concha...».

El doctor P. impartía clases en los Estados Unidos cuando se quedó muy entristecido por la muerte de su padre. Levantarse de la cama para ir al trabajo le suponía un gran esfuerzo. Al cabo de unos meses, volvió a la India para estar con su madre y sus hermanos, pero no pudo quitarse de encima la depresión. Al cabo de unos años decidió viajar a Dharamsala para recibir la bendición del dalái lama. Así lo contó el propio doctor P.

—Su Santidad me dijo: «A veces, cuando hay una enfermedad en la concha, la única manera de librarse de ella es limpiarla bien por dentro». De modo que me tendí en la cama de mi padre, me hice un ovillo y lloré. Me incorporé al cabo de veinticuatro horas. Estaba aburrido —comentó con una risita—. Así que me levanté, me vestí, volví al trabajo... y no volví a tener nunca una tristeza tan grande por mi padre.

«No es más que una murria»

A Mark le parecía que se estaba adaptando tras la muerte de su madre; pero al cabo de dos meses sentía ganas de llorar sin motivo. *Lo único que tienes es una murria,* le decía en broma su mente. —Cuando vi que no se me quitaba la tristeza, fui a un psicólogo —cuenta—. Este me explicó que a los niños británicos nos enseñan a no llorar. Me propuso que probara a dar salida a mis lágrimas, y yo pensé no volver a consultarlo. Al día siguiente me sentí deprimido y probé su consejo. Sentí alivio, y sigo acudiendo a su consulta.

El doctor P. y Mark ilustran tres diferencias importantes entre lo que es sentirse deprimidos y padecer depresión clínica. Los individuos que se sienten deprimidos tras una pérdida tienen mayor tendencia a buscar ayuda, están más abiertos a recibirla y les resulta beneficiosa.

La decepción

Casi todas las pérdidas tienen aparejados sentimientos de decepción. El sentimiento de desilusión nos transmite este mensaje: *Se acabó. Ya no se puede hacer nada.* Los que están de duelo suelen decir: «Me llevé una decepción por no haber podido verla antes de que muriera»; «estoy decepcionado porque hayan salido así las cosas»; «me decepcionó que su hijo no asistiera al funeral». Con independencia de la causa, los supervivientes suelen alcanzar una fase de transición en su aflicción cuando reconocen su decepción.

El miedo

El miedo es concebir que algo es peligroso o desagradable. Su propósito es transmitirnos este mensaje: *¡Atención! Peligro a la vista.* Tras la pérdida de seres queridos suelen salir a relucir miedos muy diversos. Los supervivientes tienen miedo de olvidarse de ciertos aspectos concretos de sus seres queridos fallecidos: de su cara, de su voz, de sus gestos. Temen olvidarse de las bromas y los secretos que compartían o de otros aspectos únicos de sus relaciones. Muchos se aferran con fuerza a su aflicción, temiendo que, si la dejan, perderán también sus recuerdos.

Sucede lo contrario a los que están de duelo que han presenciado muertes desagradables o largas enfermedades. Lo que temen es que los dominen sus recuerdos peores y últimos.

También salen a relucir cuestiones relacionadas con el control de uno mismo. Algunos que están de duelo temen que si dejan salir una sola lágrima perderán el control y llorarán de una manera insoportable. Los hombres, sobre todo, se esfuerzan por contener sus emociones. Temen parecer débiles si lloran.

Además de parecer que nuestro mundo pequeño y personal está descontrolado, el mundo entero parece deformado. La aflicción despierta muchas realidades, entre ellas la de que la vida en la tierra es limitada.

La frustración

Conduce a la frustración el ser incapaces de realizar una tarea durante un plazo largo. El mensaje que transmite es: «Estás atascado. Resuelve esto». La frustración termina cuando se resuelve la situación o el problema.

Es común sentir frustración tras la muerte de un allegado. Hay que elegir el ataúd, la ropa, la música para el funeral, etcétera. Las dificultades para ponerse en contacto con familiares, para encontrar vuelos y para transmitir mensajes también provocan frustración. Si bien la mayoría de las situaciones difíciles acaban por remediarse, otras pueden alargarse o convertirse en monumentales, como en el caso siguiente.

«¿Qué más da?»

Era una familia matriarcal, compuesta en su mayoría de viudas. La madre, de noventa y ocho años, era la habitante más vieja de su pueblo natal de Arizona; por ello, los miembros de su familia y la gente del pueblo supusieron que la enterrarían allí. Lo que no sabían era que su único hijo, que vivía a más de setecientos kilómetros, organizaría el funeral y el entierro cerca de su lugar de residencia.

Cuando murió la mujer y el hijo informó a los demás de las disposiciones que había tomado, se quejaron.

—No tiene sentido. No podemos hacer todos un viaje tan largo con el calor de agosto.

—¿Qué más da? —gruñó él por teléfono—. Ella no se va a enterar.

Algunos miembros de la familia no quisieron aumentar la tensión de la situación e hicieron a regañadientes el largo viaje. Su frustración terminó cuando volvieron por fin a sus casas. Sin embargo, los miembros del duelo que no habían podido hacer el viaje de dos días sintieron una frustración creciente. Siguieron lamentándose y quejándose, hasta que un capellán les propuso por fin que celebraran un acto religioso propio. Los familiares y amigos de la mujer se reunieron en el lugar favorito de esta, junto al arroyo que corría por el pueblo, y recordaron su vida, la lloraron, se consolaron unos a otros y pudieron poner fin de una vez a su frustración.

La aflicción

Todo ser humano lleva consigo aflicción, aunque solo sea por pérdidas pequeñas de la vida cotidiana. La aflicción no es solo una emoción: es un proceso con multitud de emociones. En el núcleo de la aflicción se encuentra una pena profunda y el anhelo de recuperar al ser querido.

El llanto es un modo esencial de manifestar la aflicción, pero hay personas que asocian el llanto a la debilidad. Yo (Raymond), como muchos hombres, creía que parecería menos masculino si lloraba; por ello, no me consentí a mí mismo derramar una sola lágrima cuando murió mi hijo en 1970. Aunque ahora recomiendo a todo el mundo: «Llora; te sentará bien», a mí todavía me resulta difícil.

La culpabilidad

La culpabilidad trae consigo remordimientos, humildad, tristeza e ira dirigida hacia nosotros mismos. Su propósito es enseñarnos a perdonarnos a nosotros mismos: *Has cometido un error: ahora, aprende de tu error para no repetirlo.*

Cuando los supervivientes consideran la muerte como un fracaso, se ponen a buscar algo que podrían haber hecho de otro modo. La lista de *síes* puede ser inacabable. «*Si* me hubiera quedado»; «*Si* hubiera llamado antes»; «*Si* lo hubiera sabido». Veamos el caso de Sue.

«Si hubiera llamado a una ambulancia...».

El marido de Sue se quejó de dolores en el pecho, y su mujer llamó a una ambulancia al momento. Llegó la ambulancia y los llevó a un hospital pequeño que estaba a pocos minutos de su casa. Aunque su marido sobrevivió, Sue estaba enfadada.

—Ese conductor era un estúpido —decía—. Nos llevó a un hospitalillo mal equipado y que funciona muy mal.

Años más tarde, cuando su marido tuvo un segundo ataque al corazón, Sue lo llevó en su coche a un centro médico que estaba a más de cuarenta y cinco minutos de su casa. Murió a la mañana siguiente, y Sue se sintió llena de culpa.

—Si lo hubiera llevado al hospital que estaba cerca —decía—. Si hubiera llamado a una ambulancia. Si no hubiera...

Cuando Sue consideraba que el error lo había cometido el conductor de la ambulancia, dirigía su ira hacia un blanco externo.

Pero cuando se vio a sí misma como culpable del error, la dirigió hacia su interior. Sus amigos y parientes le decían con insistencia: «Sue, hiciste lo que pudiste. No tienes por qué sentirte culpable». Pero ella no podía evitar sentirse así.

La muerte de un ser querido suele despertar las culpabilidades asociadas a la relación personal: por las discusiones, mentiras, adulterios, traiciones, etcétera. La persona que se queda reflexiona y se siente culpable por sus faltas hacia la otra.

En último extremo, muchos supervivientes se sienten culpables por el mero hecho de haber sobrevivido.

La vergüenza

Mientras que el sentimiento de culpabilidad es autoimpuesto, el sentimiento de vergüenza nos viene de los demás. La vergüenza es un estigma social y cultural. Nos dice: «Te están imponiendo sus valores». Los individuos pueden sentir culpabilidad, vergüenza o ambas cosas. Recuerde esta diferencia: la culpa se genera internamente; la vergüenza es externa.

En el caso que acabamos de relatar, Sue se echó sobre sí misma los sentimientos de culpabilidad al pensar: Debería haber llamado a una ambulancia. Si alguien se hubiera hecho eco de sus afirmaciones, diciéndole: «Deberías haber llamado a una ambulancia», entonces Sue podría haber sentido vergüenza.

Entre los mensajes que producen vergüenza se cuentan los siguientes: «Da gracias porque no ha sufrido»; «Él no querría que llorases de este modo»; «Alégrate de haberlo tenido tanto tiempo»; «No eres la única viuda del mundo», y así sucesivamente. Estas afirmaciones quitan importancia a la pérdida y dan a entender que los supervivientes hacen mal en estar de duelo. Aunque falte la comunicación verbal, las pérdidas a causa de suicidios, asesinatos, el sida o cosas semejantes producen vergüenza a los supervivientes. Y, en realidad, la vergüenza misma es vergonzosa.

El aislamiento

Verse privados de un ser querido y de todo lo que nos daba la relación con él produce una sensación de aislamiento. Es un aspecto normal de la aflicción y nos transmite el mensaje: *Ahora te has quedado solo.* Solo el propio superviviente puede hacerse cargo de la profundidad de su pérdida. Nadie más puede sondear sus sentimientos, sus pensamientos, su grado de estrés o cómo se adaptará.

El sentimiento de aislamiento puede resultar especialmente difícil para los hombres y para las personas introvertidas. La mayoría de los hombres establecen vínculos estrechos con una persona que les sirve de amiga, confidente y compañera: su esposa. Del mismo modo, las personas introvertidas solo suelen conectar con una o dos personas. Por ello, la muerte de un ser querido las deja con poco apoyo, y el apoyo social es un ingrediente principal del modo de afrontar las pérdidas.

Para evitar confusiones, vamos a aclarar que la sensación de aislamiento es una emoción. Aislarse es una conducta: es indispensable que los que están de duelo dediquen un tiempo a retirarse del mundo para asimilar su pérdida.

La envidia

La envidia identifica un deseo: *Tú también quieres eso.* Por ejemplo, cuando un niño que ha perdido a su madre ve a otros chicos con las suyas, siente una envidia natural: añora estar con su madre él también. La envidia tiene como compañeras a las comparaciones y a los distanciamientos, como veremos en el caso siguiente.

«También ella andaría ya», decía la madre de Dianne

Mi madre y su mejor amiga se quedaron embarazadas al mismo tiempo. La hija de mi madre, Josephine, murió al nacer; su amiga tuvo una hija rubia de ojos azules y sana llamada Marie. Siempre que mi madre veía a Marie, establecía comparaciones para sus adentros: *Esta sería también la primera Navidad de Josephine... Josephine andaría ya también... Hoy sería también el primer día de escuela de Josephine,* y así sucesivamente. Mi madre se pasó años enteros evitando a su amiga y a Marie porque estas le evocaban lo que podía haber sido. Sin embargo, cuando se adaptó a su pérdida, su envidia fue remitiendo y pudo disfrutar por fin de su compañía.

La mayoría de los padres que han perdido a sus hijos sienten envidia en algún momento. Mientras que algunos miran a otro lado para huir de su dolor, otros evitan por completo los lugares donde se reúnen padres e hijos. La envidia suele acabar por desvanecerse con el tiempo y con la adaptación.

El amor

El amor afecta a muchos niveles de nuestro ser: el espiritual, el emocional, el físico y el intelectual. Para la mayoría de nosotros, el amor no es un equilibrio de los cuatro niveles, sino que se desvía hacia uno solo de ellos. La madre Teresa de Calcuta entregaba a los moribundos amor emocional (permitiéndoles expresar su aflicción), amor físico (abrazándolos) y amor intelectual (respondiendo a sus preguntas); sin embargo, les transmitía principalmente un amor espiritual. Los niveles y grados en que amamos son, asimismo, los niveles y grados de nuestro duelo.

Amor altruista

El amor altruista es espiritual, desinteresado e incondicional. Ejemplos del mismo son la madre Teresa de Calcuta y el dalái lama. Su amor es excepcional y difícil de entender, como también lo es su duelo.

«Dianne, tu manera de querer agradar a la gente es irritante...».

Una de mis colegas, que ejercía de moderadora de un seminario de Elisabeth Kübler-Ross, me dijo: «Dianne, tu manera de querer agradar a la gente es irritante...»., y siguió un rato hablando de lo mismo. Yo no dije nada a mi vez, pues sabía lo que era estar en su lugar.

Tuve la buena fortuna de que algunos psicólogos hacían prácticas con unos discípulos del dalái lama, y de Geshe Yeshe Phelgye, que vivió muchos años antes de mi época. En mi primera semana de estudio observé que los monjes anteponían a las demás personas a sí mismos. Ofrecían comida de sus platos a los que habían terminado la suya, dejaban lo que estaban haciendo para ayudar a los demás, y así sucesivamente. A mí me habían enseñado que las conductas como aquellas eran indicativas de codependencia o de «querer agradar a la gente». Así pues, hablé aparte con los psicólogos.

—Si yo me comportase de esta manera, mis colegas me soltarían una buena riña —les dije en voz baja—. Sin embargo, ustedes defienden la conducta de estos monjes. No lo comprendo.

—Siga observando —me susurraron a su vez—. Ellos están en un plano superior al nuestro. Es una cosa que no se puede explicar. Tendrá que entenderlo por su cuenta.

Creo que puedo explicarlo hasta cierto punto. La mayoría de las personas que se comportan con amabilidad lo hacen movidos por un deseo egoísta: quieren ganar algo. El amor altruista es un regalo que se entrega sin egoísmo por un corazón movido por la compasión, para el bien de la persona. No tiene nada que ver con el yo.

El amor emocional

El amor entre familiares y entre amigos se centra en el apego emocional. El desapego es doloroso. Es posible que la mejor explicación sea la ofrecida por Jack McClendon, pintor y maestro.

—Esta madre con su hijo en brazos representa el amor sano —dijo, descubriendo el cuadro que había pintado—. Lo rodea con sus brazos holgadamente, de una manera adecuada para sostenerlo con seguridad, pero sin ahogarlo. Cuando al niño le llegue su tiempo, gateará, andará y acabará por separarse de ella del todo. A ella le afligirá cada uno de los pasos que dé él separándose de ella, pero seguirá amándolo siempre. Las madres no comprenden que el hecho de que hayan parido a sus hijos y los amen no significa que estos sean propiedad suya. El amor no indica posesión en ninguna relación personal. Tenemos que aprender a llegar a un equilibrio entre mantener a una persona y dejarla.

El amor emocional produce tal apego que los que están de duelo suelen aferrarse a su aflicción porque esta les sirve para mantener el apego. (Lo veremos con mayor detalle en «Adaptarse a la pérdida», en el capítulo 7).

El amor físico

El amor que se basa en la atracción física suele ser apasionado, sexual y de poca duración. «Lo tuyo no es amor, es lujuria», se suele decir a esas personas para burlarse de ellas. Pero es una forma de amor que suele traer aparejada su propia forma de aflicción.

«Soy un monógamo en serie, Raymond»

Había tenido una larga lista de novias. «Soy un monógamo en serie, Raymond», decía en broma. Ya había cumplido los cuarenta, y estableció relaciones con una mujer mucho más joven de nuestra parroquia. Como de costumbre, afirmaba: «Es el amor de mi vida». Seis meses más tarde, la joven murió en un accidente de automóvil, y él hizo un duelo intenso por ella. Sin embargo, poco más tarde nos presentaba a su nueva pareja diciéndonos: «Es el amor de mi vida».

El amor intelectual

Algunas personas viven el amor y la aflicción a base de raciocinio, como mi amigo Charles.

«No me puedo casar con ella porque puede salir igual que su madre» (historia de Dianne)

Charles era un intelectual, y desde siempre que yo (Dianne) recuerde, tuvo una larga lista de criterios que debía cumplir una chica para que él pudiera interesarse por ella. Debía ser inteligente, bonita, y debía estar dotada de buena figura y buenos modales; debía ser de buena familia, tener sentido del humor, etcétera. Me llamó una noche, al principio de su último curso de la universidad.

—He conocido a una chica al hacer la matrícula, y creo que saldrá bien —me dijo—. Hemos quedado para el viernes por la noche. Podrás venir tú, ¿verdad?

Charles y yo éramos como hermanos, y yo solía ser el primer «pariente» suyo que conocía a sus proyectos de novias. Cuando nos dirigíamos juntos a la residencia de estudiantes donde vivía ella, me repasó su lista de criterios, comprobando que los cumplía todos, y volvió a hacer lo mismo después de despedirnos de ella. Yo le di la razón: era imponente, en todos los sentidos.

Me llamaba todas las noches para intelectualizar las conversaciones que había tenido con ella y sus relaciones. Después, en la semana anterior a la fiesta de Acción de Gracias, me dijo:

—He pensado invitarla a mi casa para que conozca al resto de la familia; y, si todo va bien, le pediré que se case conmigo.

Tal como él se había imaginado, su familia la aprobó, él le pidió que se casara con él y ella le dijo que sí. Pero, a la semana siguiente, cuando llamó a sus padres para que prepararan la boda...

—A mí me gusta —empezó diciendo la madre de Charles—. Pero ¿y su madre? ¿Te gusta a ti? ¿Te gustaría estar casado con ella?

¿Te gustaría verla delante de ti todos los días, cuando te sientes a la mesa? Ya sabes que las hijas se convierten en sus madres con el tiempo.

A Charles no le gustaba la madre de su prometida, y desde ese punto nuestras conversaciones versaron por entero sobre el comentario de su madre, y Charles repetía: «Bueno, su madre no es Miss Universo». Después de dos días de debates, tomó por fin su decisión: «No puedo casarme con ella, si puede llegar a parecerse a su madre». Y rompió el compromiso. Intelectualizaba constantemente acerca de la madre de ella y de cómo no le había quedado más opción que poner fin a sus relaciones.

En su caso extremo, el amor intelectual es controlador, exigente, apegado, posesivo e insaciable. Cuando termina el amor obsesivo, comienza la aflicción obsesiva, que tiene posibilidades de conducir al desastre.

«Tengo que volver a ganarme su amor, doctor Moody»

Slim tenía poco más de treinta años cuando sus padres empezaron a preocuparse por él. Tenía un amor tan obsesivo que su novia rompió las relaciones con él, y entonces él se puso a perseguirla. Meses más tarde, sus padres consultaron a varios psiquiatras, entre ellos a mí. En nuestras sesiones de terapia no hacía más que repetir, como un mantra: «Tengo que volver a ganarme su amor, doctor Moody. Tengo que volver a ganarme su amor». Cuando tuvo la seguridad de que ella no volvería jamás con él, se quitó la vida. El apoyo por parte de los profesionales puede cambiar las cosas, pero debe llegar a tiempo.

El amor que evoluciona

Existe una forma rara de amor que evoluciona con el tiempo. Suele ser íntima, física, emocional e intelectualmente. Ninguna otra clase de amor establece unos vínculos tan fuertes [2]. Los dos individuos se suelen percibir a sí mismos como si fueran una única persona, y por ello la muerte es devastadora para ellos, como en el caso de Otis.

«Estábamos tan unidos que yo decía a algunos que era hermana mía»

Su amor se fue desarrollando: pasaron de ser vecinos y compañeros de juegos a amigos del alma. «Estábamos tan unidos que yo decía a algunas personas que era hermana mía», cuenta él. Con el tiempo, se hicieron novios cuando eran estudiantes de secundaria, y más tarde se casaron. No pudieron tener hijos, y dedicaron todas sus energías el uno al otro y a su granja. Rara vez se perdían de vista el uno del otro.

Cuando conocí a Otis, con su pelo negro y su piel sin arrugas, me pareció mucho más joven que los cerca de sesenta y cinco años que tenía en realidad. Su mujer tenía un cáncer terminal y parecía mucho mayor. Ninguno de los dos hablaba de la próxima muerte de ella; sin embargo, dedicaban mucho tiempo a los recuerdos y a prepararse. A pesar de todo, Otis no podía prepararse de ninguna manera para la prueba que tenía por delante.

—Estoy como si me hubieran arrancado la mitad de mí mismo —dijo en el funeral de su esposa. En cuestión de pocos meses perdió veintiocho kilos y envejeció quince años. El duelo le resultó especialmente difícil a Otis por la falta de apoyo social que tenía. Hay pocas personas capaces de comprender un amor que evoluciona con el tiempo y que se comparte a los cuatro niveles.

---

[2] Adler, Ronald B., y Neil Towne: *Looking Out/Looking In: Interpersonal Communication.* Nueva York: Rinehart & Winston, 1987.

El arrepentimiento

El arrepentimiento está relacionado con las cuestiones pendientes. El mensaje que nos transmite es: *Ojalá hubiera podido ser de otro modo.* ¿Qué son las cuestiones pendientes? Son una agitación incómoda en la boca del estómago cuando vemos de nuevo a una persona. La persona puede estar viva o fallecida: si ver su retrato, oír su nombre o encontrarnos con algo que nos la recuerda nos produce una sensación interior desazonadora, entonces es que algo ha quedado a medias.

En el corazón de toda cuestión pendiente se encuentra una o varias de las seis afirmaciones siguientes: *Gracias. Te perdono. ¿Me perdonas? Me perdono a mí mismo. Te quiero. Adiós.* En realidad, las cuestiones pendientes son cuestiones que concluyeron. Solo que concluyeron de una manera que a usted no le agrada. Nunca es demasiado tarde para volver atrás, incluso después de que hayan muerto seres queridos. Glen nos cuenta su caso.

«Gracias, papá»

—Mi padre era un modelo para mí —contaba Glen—. Siempre fue comprensivo y cariñoso. Siendo así, ¿por qué me siento inquieto cuando miro sus retratos?

Entre sus reminiscencias sobre su relación con su padre, yo (Dianne) observé que faltaba una de las seis afirmaciones; por eso le pregunté;

—¿Qué es lo que tienes que decirle?

—Gracias. Nunca le di las gracias por muchas cosas —dijo, buscándose apresuradamente la cartera en el bolsillo.

Sacó la foto de su padre, y empezó a decirle: «Muchas gracias, papá. Gracias por estar a mi lado, por haberme enseñado a jugar al béisbol, por haberme ayudado con los deberes de la escuela, por haberme dicho lo orgulloso que estabas de mí, por haber dado importancia y significado a mi vida, por haberme ayudado a aprender a conducir, por...».

Y siguió expresando el agradecimiento de toda una vida. Las muertes repentinas provocan arrepentimientos porque las relaciones personales quedan incompletas. Los privados de seres queridos cuentan que escribir cartas a sus seres queridos o llevar diarios les ayuda a airear sus sentimientos y a atar los cabos que quedaron sueltos. Con todo, recordamos a los lectores que la gente necesita a alguien que refleje sus sentimientos si lo que quieren es resolverlos del todo.

El alivio

Cuando una enfermedad terminal ha provocado sufrimientos prolongados, la muerte suele ser una bendición para todos. Sin embargo, el alivio puede llegar con retraso a los que están de duelo, como sucedió en el caso de Dot. Cuando el hijo de esta murió tras una larga lucha contra el cáncer, una amiga de Dot le dijo: «Ahora es un ángel». Aquellas palabras molestaron a Dot. Tardó varios años en sentir el alivio suficiente para estar de acuerdo y decir: «Sí, ahora es un ángel del cielo, juega y está libre de dolor».

La resignación o la aceptación

La mayoría de los supervivientes sienten resignación en vez de aceptación. La resignación nos transmite un mensaje pasivo: *Se acabó. Ya no hay nada que hacer.* La resignación puede venir acompañada de desesperanza e impotencia.

La aceptación, por su parte, nos aporta elegancia, consuelo y paz. Nos transmite un mensaje activo: No, *se acabó; se acabaron las cosas tal como eran antes.* La aceptación está acompañada de satisfacción con el pasado y esperanza por el futuro. Los supervivientes que creen que volverán a entrar en contacto con sus seres queridos tras su propia muerte corporal tienen mayores posibilidades de alcanzar la aceptación. El caso de la tía Lu nos lo muestra.

«Tengo curiosidad por ver qué pasa entonces»

La tía Lu, joven y tierna, se había resignado tras la muerte de su padre.

—No me gusta, pero la muerte forma parte de la vida —me dijo a mí (Dianne) con un suspiro—. No podemos hacer nada.

Unos cuarenta años más tarde, mantenía su semblante suave de siempre, pero se había convertido en una mujer de mundo.

—No hay que temer a la muerte —dijo en nuestra reunión familiar navideña—. Espero con ilusión volver a estar con mis padres y mis abuelos y conocer a más generaciones de parientes. Tengo curiosidad por ver qué pasa. Supongo que haremos una gran fiesta en el cielo —añadió alegremente.

Hasta aquí hemos estudiado rasgos comunes universales entre las personas que se desarrollan a partir de las pérdidas: son conscientes de las experiencias tempranas que siguen influyendo sobre sus reacciones de aflicción, sobre los efectos del estrés relacionado con la aflicción y sobre sus emociones. Veamos ahora las facetas más individuales de las pérdidas.

IV

Las múltiples facetas de las pérdidas

Las múltiples facetas de las pérdidas.
Todos los cambios producen pérdidas, así
como todas las pérdidas requieren cambios.

ROBERT A. NEIMEYER

N UNCA caen del cielo invernal dos copos de nieve idénticos. Del mismo modo, no hay dos supervivientes que se adapten exactamente del mismo modo a la pérdida de un ser querido. Ni siquiera los hermanos gemelos lloran de una manera idéntica la muerte de su madre, pues cada uno de los dos es una persona única en cuanto a sus pensamientos, sentimientos, creencias, personalidad y la relación que mantuvo con su madre. Cada uno de los dos puede intentar hacerse cargo de en qué modo está afectado el otro, pero ninguno lo comprenderá del todo.

No solo los supervivientes se afligen de modos diferentes, sino que un mismo individuo se aflije de manera diferente por cada pérdida. Esto se debe a que cada circunstancia varía. Además, el superviviente es una persona que cambia constantemente.

La diversidad entre los que han perdido a seres queridos suele producir confusiones. Vamos a analizar, por lo tanto, algunas de las variables, entre ellas la edad, el historial de la aflicción, el modo de la muerte, la dinámica familiar, la personalidad, la relación personal, el significado de la pérdida, el apoyo social y la salud.

La edad del ser querido

La muerte de nuestros padres o de otros antepasados directos nuestros nos produce la sensación de que se ha perdido nuestra historia, nuestra conexión con el pasado. Ya no podemos acudir a ellos para que nos respondan a preguntas tales como: «¿por qué me pusisteis este nombre?, ¿he tenido la varicela?, ¿es verdad que la prima Marty era adoptada?, ¿ha habido casos de diabetes en nuestra familia?, ¿cuántos años tenía la abuela cuando le diagnosticaron el cáncer?, ¿cómo se le curó?, ¿por qué se vino de Italia el abuelo?».

Cuando nos quedamos huérfanos de adultos, recae sobre nosotros la misión de transmitir el legado familiar. Aunque nos afligimos, comprendemos que la naturaleza sigue su curso normal: las personas mayores se mueren primero.

Sin embargo, cuando se muere un niño parece que el universo está desajustado. «¿Por qué?», nos preguntamos. «Se supone que los más jóvenes deben sobrevivir». El duelo por una pérdida tan devastadora suele alcanzar unas profundidades que no se pueden expresar con el lenguaje humano. A los padres privados de sus hijos les resulta difícil seguir adelante debido, en parte, a que se ha muerto también su sentido del futuro. La pérdida les destroza muchas esperanzas, sueños y planes. No hay ningún padre ni abuelo que espere tener que quedarse atrás para transmitir el legado de su hijo o su nieto adorado.

Cuando muere un cónyuge tras muchos años de matrimonio, el viudo o la viuda suele sentir que se ha perdido su presente, además de su pasado y su futuro. La vida se detiene para él o ella. «¿Dónde he estado? ¿Dónde voy? ¿Qué haré ahora?» se pregunta.

La edad de los supervivientes

Hasta los doce años, los niños no comprenden que la muerte es una cosa real y permanente y que les puede suceder a ellos también; a pesar de lo cual, también ellos se afligen. Pasan un rato jugando, después vuelven al duelo; vuelven a jugar, vuelven al duelo, y así sucesivamente. Los niños suelen adaptarse a la pérdida *si* se les permite que sientan y expresen su aflicción. Los jóvenes pueden estar dotados de una buena entereza, *pero solo* si se les apoya como es debido en su duelo.

La entereza se va perdiendo con el tiempo. Cuando las personas van acumulando años y sabiduría, acumulan también aflicción y estrés que reduce su capacidad de adaptación. Por este mismo hecho es más importante todavía aprender a afrontar las pérdidas.

El historial de la aflicción

El historial de nuestra aflicción comienza cuando nacemos, y a partir de entonces cada pérdida afecta a la siguiente. La privación presente es una preparación para el futuro, tal como lo explicó un padre.

«Mi aflicción fue diferente la segunda vez»

Roger sobrevivió a la muerte de su hija en 1989 y a la de su hijo en 1995; ambos murieron por un defecto congénito semejante.

—Después de fallecer mi hija, yo no fui el mismo. La muerte, en sí misma, me cambió, pero aquello era algo que yo no podía controlar. Me prometí a mí mismo que no volvería a sentirme tan impotente: aquello era algo que *sí* podía controlar. Leí todos los libros sobre la aflicción que cayeron en mis manos y asistí a conferencias y a seminarios. La muerte de mi hijo fue una experiencia igualmente difícil para mí, pero mi aflicción fue diferente la segunda vez. Ya entendía mejor lo que pasaba dentro de mí, y fui capaz de encajarlo mejor. Me había desarrollado en muchos aspectos.

La salud mental, emocional, física y espiritual

Nuestra salud mental, emocional, física y espiritual es un factor importante a la hora de afrontar las pérdidas. Cuando las personas ya se encuentran de suyo en una situación de crisis (cuando van a someterse a una operación importante o sufren una enfermedad grave o un embarazo complicado, por ejemplo), pueden optar por dejar su duelo más profundo hasta que se encuentren en una situación más estabilizada. En determinadas circunstancias, es posible que los individuos no alcancen nunca un estado que les pueda permitir adaptarse. A pesar de todo, las apariencias no siempre son unos barómetros exactos, como nos lo muestra el caso de Guy.

«No vemos ningún cambio en él desde la muerte de su madre»

Guy vivía en una población pequeña donde todos lo conocían. Aunque tenía un retraso mental, trabajaba como jardinero en las instalaciones de la universidad, y los fines de semana también cuidaba como voluntario el jardín de su iglesia parroquial. Tras la muerte de su madre, la mayoría de sus vecinos lo veían bien. Sin embargo, algunos manifestaron cierta inquietud por él: «No vemos que haya cambiado en nada. Sigue haciendo su vida como si no hubiera pasado nada». Una enfermera del departamento de psiquiatría de la universidad se hizo cargo de Guy, y un equipo de médicos y psicólogos lo sometieron a una batería completa de análisis y tests físicos y psicológicos. Tenía un coeficiente de inteligencia inferior a la media según los criterios habituales. Sin embargo, al hablar con él saltaba a la vista que estaba muy por encima de lo normal en espiritualidad. Los individuos con menores dotes cognitivas suelen compensarlas desarrollando mayor claridad espiritual. Se dictaminó que Guy estaba sano, y sigue siendo un elemento valioso dentro de su comunidad.

Las influencias culturales

Cuando los partícipes del duelo se han criado en culturas muy diferentes suelen producirse confusiones y malos entendidos.

Un matrimonio de budistas que perdieron a su hijo de pocos meses cuando vivían en los Estados Unidos querían contemplar la cremación del cuerpo del niño. Los directores de los crematorios les explicaron que en aquel estado iba en contra de los reglamentos incinerar cadáveres con la puerta del horno crematorio abierta, pues era peligroso para los presentes. Al cabo de varios días de negociaciones, encontraron un crematorio en un lugar apartado cuyo director accedió a cumplir su solicitud. Los operarios del crematorio, no obstante, se quedaron consternados al ver que los padres se asomaban para ver cómo metían en el horno el cuerpecito.

Uno de los monjes tibetanos que acompañaron al exilio al dalái lama lo explicaba así:

—No ver es engañar a muerte —dijo, cubriéndose la cara con el dorso de las manos—. Deber mirar —añadió tras una pausa, dejando las manos en el regazo.

Las gentes de ciertas regiones de África expresan su aflicción reuniéndose para celebrar ritos llenos de manifestaciones emotivas[1]. Algunos colegas nuestros han dirigido seminarios en esas regiones, y las expresiones de aflicción de aquellas gentes les han parecido re-

---

[1] Recomendamos sobre esta materia el libro de Malidoma Patrice Some: *Of Water and the Spirit*. Nueva York: Putnam, 1994.

frescantes. Sin embargo, no se suelen admitir en ellas a visitantes de otras culturas, pues aquellas manifestaciones de duelo tan intensas les suelen asustar.

Es frecuente que suelan producirse estragos cuando surgen dos culturas contrastadas dentro de una sola familia. Este contraste puede deberse a las diferencias religiosas, como, por ejemplo, las que existen entre los testigos de Jehová y los católicos.

La dinámica familiar

Cada persona representa un papel determinado dentro de la familia. Puede que el padre sea el autoritario; la madre, la cuidadora; una tía, la historiadora; una prima, la mártir, y casi siempre surge alguien que es la estrella de todos los espectáculos. Los papeles familiares resultan más pronunciados durante el duelo.

El autoritario hace de productor-director y se hace cargo de organizar el funeral y los demás detalles de los que considera necesario ocuparse. Mientras tanto, el cuidador o cuidadora se ocupa de que se estén cubriendo las necesidades de todos, el mártir se queja de algún agravio que ha sufrido y la estrella se sitúa donde más destaque y donde la vean y la oigan mejor.

Los papeles que representamos desempeñan una buena parte de nuestra aflicción. El productor está tan absorto en la labor de controlar cada escena, incluso el modo en que cada uno «debe» afligirse, que no puede sentir su propia aflicción ni dejar que los demás sientan la suya. La cuidadora está tan centrada en cuidar de los demás que no es consciente de sus propias necesidades. El mártir está demasiado centrado en sí mismo para preocuparse por nadie más, y la estrella está demasiado ocupada en actuar como para mantener el contacto con su propia pena o con la de los demás. Estos ejemplos pueden ser exagerados o no, pero el lector los entenderá, sin duda.

La pérdida de un miembro de la familia no solo acentúa este dinamismo, sino que deja un hueco en el sistema. En la mayoría de las familias suele aparecer una persona que pasa a cubrir el papel que desempeñaba el difunto, y así se mantiene en marcha el sistema. Por ejemplo, uno de los padres suele ser el autoritario de la familia. A lo largo de los años se ha ido estableciendo de manera natural un orden de autoridad, y el que ocupa el puesto más alto asume de manera inconsciente el puesto que deja vacante el difunto.

En nuestra familia, la tía Lu era la historiadora decana que se ocupaba de conservar la crónica de nuestros antepasados ingleses y escoceses para las generaciones futuras. Cuando murió, intervinimos mi primo Tod y yo. En lugar de dejar todo el peso a una sola persona, nos vamos turnando. El hecho de ser conscientes de los papeles desempeñados dentro de la familia permite a los supervivientes tomar decisiones. Veamos ahora el caso de la familia de Sue.

«Él sabe que yo no soy más que una pobre viuda anciana»

Sue, viuda de edad avanzada, con tres hijos, se representaba a sí misma como a una mártir. Solía quejarse a sus hijas: «Vuestro hermano me pide dinero constantemente, aunque sabe que no soy más que una pobre viuda anciana». Las dos mujeres acudían siempre junto a su madre; la tranquilizaban, la mimaban y se comprometían a protegerla. Su hermano era consciente de la situación, pero no quería poner en una situación embarazosa a su anciana madre ni «montar una escena desagradable» en la familia. Así pues, lo dejaba pasar.

Aquel sistema quedó desarticulado a la muerte de Sue. Ya no estaba la mártir, y no había a quién defender ni proteger. Antes de que alguna de las dos hijas pudiera pasar a asumir el papel de su madre, su hermano las reunió a las dos. Todos acordaron abandonar el antiguo sistema.

Si el dinamismo familiar va a seguir adelante, de manera consciente o inconsciente, alguien debe ocupar el papel que desempeñaba antes el difunto. Esto es deseable y saludable en algunos casos. El sistema es funcional cuando los que participan en él sean felices y estén de acuerdo.

Las relaciones personales

Las relaciones personales no terminan nunca; simplemente, se les ponen etiquetas nuevas. A un plato que tiene dulces se le llama «el plato de los dulces». Si lo llenamos de sopa, lo consideramos «el plato de la sopa». Si ponemos en él comida para perros, se convierte de pronto en «el plato de la comida del perro». Un mismo plato puede cumplir muchas funciones. Del mismo modo, las relaciones personales pueden adoptar muchas etiquetas en función de los papeles que desempeñen. Veamos el caso de Gail.

«Ahora, es mi motivador»

El propietario de la empresa donde trabajaba Gail era «el jefe». Al cabo de dos meses, su etiqueta era la de «amigo» además de la de jefe. Con el tiempo, se convirtió en su «amante». Después de casarse, asumió sus nuevas etiquetas: las de marido, socio, jardinero, chófer, asesor fiscal, programador informático, cocinero, coordinador social, amo de casa y cuidador de la familia. Él sacaba la basura dos veces por semana y ella llevaba la ropa a la tintorería.

Como suele pasar a la mayoría de los supervivientes, Gail no comprendió toda la variedad de personajes que representaba en su relación personal hasta que murió su marido. Tardó un tiempo en identificarse y adaptarse a todo lo que había perdido. En el primer aniversario de la muerte, Gail dijo: «Nuestras relaciones no han terminado; solo han cambiado. Yo no quiero morirme de una enfermedad del corazón como le pasó a él; por eso he empezado a hacer ejercicio, a comer verdura y fruta y a tomar vitaminas. Ya no lo considero mi socio en el negocio familiar. Es mi compañero de ejercicios, mi motivador, la fuerza impulsora que me mueve a estar sana».

* * *

La mayoría de los padres cuentan que la muerte de un hijo es, con mucho, la más devastadora de todas las pérdidas. Una excepción es la de la señora Stuart, cuyo caso ilustra una serie de puntos. En primer lugar, que no hay dos personas que lleven su aflicción del mismo modo. Ya sean hermanos gemelos o no gemelos, cónyuges que han perdido a un hijo, viudos o viudas, cada persona tiene su proceso propio de duelo. En segundo lugar, cada pérdida que sufre un mismo individuo es única. Y en tercer lugar, las relaciones personales ejercen una influencia poderosa sobre la aflicción.

«Ha sido lo más difícil de mi vida»

La vida no ha sido fácil para esta madre de cuatro hijos. Dos de sus hijas murieron, una del síndrome de la muerte súbita de los recién nacidos y la otra de leucemia. Su madre murió años más tarde, y después murió su hijo menor, al que ella llamaba «mi principito».

—¿Cómo le va? —le pregunté al volver a verla.

—Ah, ya sabe que nosotros, los británicos, procuramos mantenernos flemáticos —dijo, mientras los ojos se le llenaban de lágrimas—. Pero la muerte de mi madre casi me dejó hundida. No creí que su pérdida fuera lo peor que me había pasado nunca, pero ha sido lo más difícil de mi vida. Yo la llamaba «mi roca», porque era mi único punto de apoyo fijo. Yo sabía que, aunque mis hijos me dejarían algún día, mi madre seguiría allí. No me imaginaba la vida sin ella. Pienso en ella todos los días y seguiré afligida por ella hasta que me muera.

Diferencias entre los sexos

Los estudios indican que las mujeres y los hombres reaccionan de maneras muy diferentes a la pérdida de seres queridos. Las mujeres se sumen inmediatamente en sus sentimientos y lloran y hacen duelo por sus seres queridos. La aflicción de los hombres, por su parte, se retrasa; los hombres se sumergen en su trabajo, en sus aficiones y en otras distracciones.

Las madres que han perdido a sus hijos se quejan a sus maridos: «Tú no lo querías; si lo hubieras querido, estarías afligido tú también». Los maridos responden: «Eres demasiado emotiva para pensar con la cabeza». Cuando ha transcurrido más de un año, los padres vuelven a encarar su pérdida y se apoyan en sus esposas. Pero en esa época el dolor de la esposa ya es mucho menos intenso, y esta se desquita diciendo: «Yo no te tuve a ti cuando te necesitaba». Antes se creía que las diferencias entre los sexos engendraban tensión en los matrimonios. Se consideraba que la tasa de divorcio era superior a la media entre los padres que habían perdido a un hijo.

En 1997, la organización Compassionate Friends (para padres que han perdido a sus hijos) encargó a una empresa independiente un estudio nacional. Participaron en el estudio 15 000 padres que habían perdido a un hijo, de los que solo estaban divorciados un 12 % [2]. Estas estadísticas recientes dan a entender que la tasa de divorcio entre las parejas que han perdido a un hijo es en realidad inferior a la media.

Muchos maridos afirman que su pena fue tan intensa como la de sus esposas, pero que optaron por no exhibirla, en parte porque no querían aumentar la carga, ya de por sí muy grande, que llevaban estas. Es corriente que los miembros de las familias se oculten su dolor unos a otros.

Existe un contraste biológico y cultural entre el duelo de los dos sexos; pero también es cierto que todos los supervivientes difieren entre sí. Resulta problemático establecer categorías o estereotipos, pues siempre existen excepciones. Además, las pautas de duelo cambian con el tiempo.

---

[2] «New Statistics on Death of a Child Available», *We Need Not Walk Alone,* revista nacional de «The Compassionate Friends», número especial del aniversario de 1999. Pág. 14.

El modo de la muerte

El modo de la muerte (si fue esperada, repentina o violenta) ejerce una influencia poderosa en el proceso de la aflicción.

La pérdida esperada

La muerte no es ninguna sorpresa para los muy ancianos ni para los que sufren desde hace mucho tiempo enfermedades mortales como el cáncer, el Alzheimer y otras. Por una parte, los familiares y los amigos tienen tiempo para despedirse y para empezar a prepararse para la pérdida. Por otra, cuando llega la muerte, las personas que cuidan al enfermo suelen estar agotadas física y emocionalmente. Bastante tienen con aguantar el funeral.

La muerte repentina

Cuando los seres queridos mueren de pronto, sus familiares y amigos tienen más energía para apoyarse mutuamente y hacer duelo. Su duelo, no obstante, es más intenso por tres motivos. No tuvieron tiempo para dar una despedida definitiva. Sienten emociones fuertes, como la pena y el arrepentimiento. Los supervivientes tienen pocas cosas en qué centrar su energía (ya que no disponen de sus seres queridos para dedicarles su tiempo, sus energías, sus pensamientos y sus sentimientos).

La muerte violenta

Toda pérdida produce una aflicción distinta de las demás, pero las muertes violentas crean unas circunstancias muy distintas de las de todas las demás pérdidas. Cuando los seres queridos mueren asesinados o se suicidan, la vida se trastoca de una manera que no pueden imaginar los que no han tenido que vivirlo. Cuando me encontré a mi amiga y colega Judy en su casa oscura fue para mí como el fin de la inocencia.

«Bueno, Dianne, aquí tenemos un problema»

Judy procedía del Japón y medía cosa de un metro y medio, pero tenía un carácter tan digno que parecía el doble de grande. A mi marido Joe y a mí nos gustaba trabajar con ella en la tintorería de nuestra propiedad, y esperábamos con interés las visitas que nos hacía con su perro cuando teníamos el día libre. Un domingo, a última hora de la tarde, Joe me dijo:

—Qué raro. No hemos visto a Judy en todo el fin de semana.

—A mí también me ha parecido raro, pero no la he llamado por si necesitaba un descanso —dije yo.

A la mañana siguiente, cuando no se presentó a trabajar muy de mañana, como tenía por costumbre, llamé por teléfono a su casa. No contestó, y Joe y yo, alarmados, nos apresuramos a ir a su casa. Al llegar, vimos su coche aparcado ante la puerta. Después de llamar a la puerta con los nudillos y de tocar el timbre, descorrí el pestillo y abrí la puerta despacio.

La casa estaba oscura y en silencio, y me invadió una sensación extraña.

—¡Judy! ¡Judy! —la llamé. No se movió nada dentro de su casita.

Me adentré en la casa y reconocí instintivamente el olor de la muerte. Miré a mi alrededor y vi junto al sofá sus sandalias, empapadas de sangre, y la huella de su mano ensangrentada en la puerta, a mi espalda. Mi mente me advirtió: «¡Corre! ¡Corre! ¡Sal de aquí!» pero mi corazón me obligó a buscarla. Seguí por el pasillo el rastro ensangrentado de su mano hasta llegar al baño. Allí estaba en el suelo su cuerpo desmadejado. Entonces dijo Joe con una voz que no le he oído jamás en ningúna otra ocasión: «Llama a la policía».

Mi cuerpo funcionó automáticamente. Me acerqué el teléfono y tomé el auricular, pero mi cerebro no me facilitaba el número de la policía (en aquella época no existía un número centralizado). Joe me quitó el teléfono de la mano, pero dijo: «Ay, ¿cuál es, cuál es? Yo tampoco me acuerdo del número. En todo caso, no deberíamos estar aquí. Es el escenario de un crimen». Salimos y corrimos de una casa a otra, llamando a todas las puertas; pero, como no nos abría nadie, tuvimos que llamar desde el teléfono de Judy.

Al cabo de pocos minutos oímos llegar las sirenas de la policía. El primer agente que llegó se acercó a nosotros, vio que estábamos terriblemente afectados y nos ofreció buscarnos un sitio donde sentarnos y un vaso de agua. Pero entonces intervino el capitán de policía, que se apresuró a separarnos y se aseguró de que a Joe y a mí nos llevasen a la comisaría en coches patrulla distintos para interrogarnos.

Aunque yo tenía el estómago revuelto y estaba en claro estado de conmoción, accedí a dar todos los detalles que sabía acerca de Judy y de cómo la había encontrado aquella mañana. Sin embargo, mi conmoción se convirtió en miedo cuando, hacia las tres de la tarde, el agente investigador que se ocupaba de mí, me dijo: «Bueno, Dianne, aquí tenemos un problema. Existen algunas discrepancias entre su versión de la historia y la de su marido. Tendremos que volver a empezar por el principio».

Siguieron interrogándome mientras entraban y salían de la habitación diversos detectives. Uno de ellos estuvo francamente agresivo. «Sus respuestas no concuerdan con las de Joe», me decía, plantado de pie ante mí. Cuando yo decía: «La vi tendida en el suelo, y entonces Joe dijo que llamásemos a la policía», él replicaba:

—Entonces, ¿fue usted la primera que la vio? Su marido ha dicho a los detectives que fue él.

Hasta entonces, yo me había librado de encontrarme en manos de la justicia de los Estados Unidos, pero ahora no hacían más que venirme a la cabeza casos de personas inocentes que habían sido acusadas, condenadas y castigadas por delitos que no habían cometido. Atontada como estaba por los sucesos de aquel día, solo podía confiar en que mis declaraciones discreparan de las de Joe en detalles insignificantes, y esto mismo nos confirmaron los investigadores cuando nos dejaron marchar.

La impresión de haber encontrado el cadáver de Judy me hizo temer entrar sola en mi casa. Cuando llegamos ante nuestra casa pensé con un escalofrío: «¿Y si hay alguien dentro esperándonos para hacernos algo?».

Una semana más tarde, el destino dio un giro extraño. Cuando llegué a mi casa después del trabajo vi que una agente inmobiliaria estaba retirando los letreros de «Se vende» de la casa de nuestro vecino. La casa llevaba en venta muchos años y pedían por ella un precio muy alto, pero la habían vendido aquel mismo día.

—¿Qué hay? —le pregunté en voz alta.

—La han comprado, y quieren mudarse enseguida —respondió la agente inmobiliaria—, y le puedo asegurar que han pagado bien.

Los nuevos vecinos se pasaron por allí aquella misma noche y vinieron a presentarse.

—Vivíamos en la calle Oak —nos explicó la mujer—, y teníamos enfrente a un asesino. Al principio no era más que un mirón, pero después empezó a seguir a las mujeres de nuestro barrio, entre ellas a Judy, la señora que fue asesinada la semana pasada. Los detectives encontraron las gafas de él y una cajetilla de cigarrillos suya bajo la ventana de Judy, así que estamos seguros de que ella debió de sorprenderlo espiándola, se echaría a gritar y él, asustado, la mató. Hemos tenido que dejar ese barrio.

Cuando hube dejado atrás, hasta cierto punto, la muerte, pude hacer duelo por ella y por mi pérdida de la inocencia. El hecho de vernos expuestos a determinadas circunstancias nos lleva hasta un nuevo nivel de sofisticación, y una vez llegamos a ese punto no podemos volver jamás a nuestra ingenuidad primitiva.

La pérdida de un ser querido por el suicidio

En 1998 se produjeron 30 575 suicidios declarados solo en los Estados Unidos [3]. Cada suicida dejó seis supervivientes o más: un total de cuatro millones de personas de duelo y necesitadas de apo-

---

[3] *Survivors of Suicide Fact Sheet*, American Association of Suicidology, Washington DC, 1998.

yo social. Por desgracia, el estigma social, la vergüenza y el miedo distanciaron a la mayoría de ellos de las redes sociales. Yo (Dianne) lo descubrí de primera mano en 1985.

«Nadie quiere estar enfermo»

Después de que mi cuñada se quitara la vida, me encontré con una amiga de la familia.

—Me he enterado de lo de Peggy, pero me niego a ir al funeral —me dijo de golpe, y se volvió y se dirigió a toda prisa hacia la puerta.

—Espera. ¿Por qué no quieres ir? —le pregunté, persiguiéndola.

—Sería como aprobar el suicidio —dijo, volviéndose hacia mí.

—Y si se hubiera muerto de cáncer, ¿irías?

—Claro que sí —dijo ella con una sonrisita afectada—. Nadie quiere estar enfermo ni morirse de una enfermedad.

—Bueno, pues tampoco quiere nadie estar enfermo de una enfermedad bioquímica ni tener un trastorno mental, y estas son las causas principales de muerte por suicidio —le dije yo.

—Bueno, es que yo no soy partidaria de ir a los funerales de las personas que se han suicidado. Sirve para meter ideas en la cabeza a la gente.

—¿En qué cabezas? ¿De qué gente? —le pregunté yo.

—De cualquiera al que le pueda parecer que eso está bien y se le pueda ocurrir hacer lo mismo —replicó ella.

—¿Me permites que te ponga al día? —le pedí, exasperada.

En los últimos cuarenta y cinco años, la tasa de suicidio mundial ha aumentado en un sesenta por ciento; en el año en curso morirán de esta manera cerca de un millón de personas [4]. Estas cifras nos están obligando a estudiar las causas de los suicidios y los modos de prevenirlos, así como el estigma social y la vergüenza que se asocian a sus consecuencias.

---

[4] Datos de la Organización Mundial de la Salud.

En lo que se refiere a las causas, las principales son los desequilibrios químicos y la depresión. Muchas investigaciones y datos actuales se centran en los individuos que tienen mayores probabilidades de dejarse llevar por impulsos suicidas, así como en la prevención del suicidio[5]. La educación va disolviendo paulatinamente el estigma social, la vergüenza y el miedo que se asocian al suicidio.

Los pedagogos, por ejemplo, van abandonando la expresión anticuada «cometer suicidio», que se remonta a la Antigüedad en Roma y en Inglaterra, donde se consideraba que las personas se suicidaban para evitar pagar los impuestos (lo que era un delito criminal). Se empieza a decir, en cambio, «suicidarse» o «morir por suicidio».

Se ofrece mucha información en bibliotecas, librerías y en Internet. Existen organizaciones tales como la Asociación Americana de Suicidiología, el Centro Nacional de Recursos para la Prevención del Suicidio y Cuidados Posteriores, el Instituto Australiano para la Investigación y la Prevención del Suicidio y la Organización Mundial de la Salud, que proporcionan gran cantidad de información. Al final de este libro, en la sección de Recursos, los interesados en este tema encontrarán una lista de asociaciones, organizaciones, centros de aflicción, libros, publicaciones, páginas de Internet y otros recursos sobre la materia.

Al entenderse mejor el suicidio, irán desapareciendo la negatividad y el estigma social que lo rodean. Mientras tanto, los que han perdido a seres queridos a consecuencia del mismo ya se encuentran rodeados de apoyo. Esta forma de pérdida puede ser más devastadora que ninguna otra, pero también tiene unas posibilidades sin igual de desarrollo para las personas privadas de seres queridos.

---

[5] El Instituto Australiano para la Investigación y la Prevención del Suicidio, dirigido por el doctor Diego De Leo, catedrático de Psicopatología y Suicidiología, prosigue las investigaciones que iniciaron Christopher Cantor y Penelope Slater. En estas se estudiaron los casos de 1 375 personas que se habían suicidado y se examinaron las rupturas conyugales y la paternidad como factores que pueden predecir el suicidio. («Marital Breakdown, Parenthood, and Sucide», *Journal of Family Studies*, vol. 1, núm. 2, octubre de 1995. Págs. 91-102).

El significado de la pérdida

El «¿por qué?» es una pregunta que sale del alma; sin embargo, muchos profesionales de la sanidad recomiendan a los que están de duelo que no se la planteen. «No se pregunte por qué, pues la búsqueda de la respuesta no servirá más que para volverle loco. Es una pérdida de tiempo. No lo sabrá nunca», dicen [6]. Nosotros no estamos de acuerdo. A muchos supervivientes les sienta bien el mero hecho de buscar una respuesta; y el encontrarla es liberador.

«¿Por qué, Dios mío?», preguntaba Dianne

Aunque mi padre tenía el uso de sus facultades mentales, estaba conectado a aparatos y no podía hablar. Llevaba cuatro meses en su cama del Centro Médico de Texas y dependía completamente de los demás. Yo no veía ningún sentido en sus sufrimientos. Mi padre había trabajado de pastor baptista, había dedicado su vida a ayudar a la gente, y yo pensaba dolorosamente: «Dios mío, ¿por qué has consentido que pase esto a un fiel seguidor tuyo, a una persona que podría haber seguido haciendo una buena labor en tu nombre? ¿Por qué has permitido que pase lo que él más temía y que muera como menos quería morir? ¿Por qué?».

Yo recordaba de toda la vida oír decir a mi padre: «Debo mantener mi independencia física, mental y económica hasta el día de mi muerte». Le resultaba tan violento que los demás hicieran cosas por él, que ni siquiera disfrutaba de la Navidad. Siempre que yo le preguntaba: «¿Qué quieres por Navidad, papá?», él me respondía dándome una palmadita en la cabeza y diciéndome:

—Ay, cariño, cómprate un vestido bonito o algo así. Ese es el regalo que quiero.

---

[6] Dianne Arcangel: «Tribute to Karlis Osis», *Journal of the American Society for Psychical Research*, n°. 90, 1996. Págs. 228-230.

Cuando, a pesar de todo, le daban regalos, se sentía tan incómodo que se sonrojaba. Por decirlo de una manera sencilla, tenía un ansia neurótica de independencia.

«¿Por qué? ¿Por qué? ¿Por qué ha muerto así?», exclamaba yo en los muchos seminarios a los que asistí en los años que siguieron a su muerte. Hasta que una mañana me desperté y vi las cosas con claridad perfecta. Tenía en la mente recuerdos de la congoja de mi padre cuando el personal del hospital le llevaba la comida, el agua, la medicación, etcétera. Tenía en la cara una tensión que podíamos percibir todos: las enfermeras, los fisioterapeutas, sus compañeros de habitación, sus amigos y sus familiares. Sin embargo, en sus últimas semanas vi que se le iba disolviendo su incomodidad. Por fin, el día anterior a su muerte, esperando la llegada de los que cuidaban de él, se ablandaba al oírlos llegar. Mi padre había aprendido por fin a recibir. Había vencido el mayor de sus miedos. A mí, como a la mayoría de los supervivientes, me consoló y me alivió el haber descubierto mi respuesta al «¿por qué?».

La búsqueda de una respuesta al «¿por qué?» constituye una parte importante del proceso de aflicción de muchos supervivientes, pero no del de otros. Algunos padres que han perdido a sus hijos han dicho que no saben por qué vinieron al mundo sus hijos ni por qué murieron como murieron, a pesar de lo cual ellos habían encontrado un significado en su pérdida. Una madre me escribió lo siguiente por carta:

«No me preguntaba por qué»
«Mi marido y yo queríamos desesperadamente tener un hijo. Cuando nació nuestro hijo nos quedamos encantados, pero cuando murió Carter se nos partió el corazón de aflicción. Fue muy doloroso. Aun después de que nacieran nuestros otros hijos, yo seguía teniendo un agujero en el alma. Todos los años, en el aniversario de la muerte de Carter, yo me deprimía tanto que pensaba en suicidarme. Mi aflicción hacía sufrir a mi marido y a mis otros hijos. Paulatinamente, a lo largo de

diez años, fui librándome de mi aflicción y de mi depresión. «No me preguntaba por qué vino Carter ni por qué había muerto. Yo sabía, simplemente, que había estado aquí y que ahora mi marido, mis hijos y yo somos personas mejores gracias a ello. Me sentía agradecida por haberlo tenido en nuestras vidas el tiempo que lo tuvimos. Hoy sigo pensando en él, pero no siento aflicción. Solo agradecimiento».

La historia personal

Cada nueva muerte vuelve a activar los sentimientos previos de pérdida. Si no nos han enseñado a afrontar la muerte de una manera efectiva, la historia de nuestras aflicciones puede causarnos problemas. Pero esto tiene un lado bueno: así como el ayer influye sobre el hoy, el día presente influirá sobre el de mañana. El acto de leer este libro está generando un futuro más saludable para usted y para sus seres queridos.

La personalidad

La reacción del individuo a la pérdida depende en parte del tipo de su personalidad. Hay personas con tendencia a la aflicción. Estas personas establecen apegos fuertes, y cualquier separación les produce penas y nostalgias profundas. No sabemos en qué medida es esto innato y en qué medida es aprendido; en todo caso, a las personalidades de este tipo les resulta difícil adaptarse a las pérdidas.

Los tipos introvertidos contrastan con los extravertidos en el modo en que afrontan las pérdidas. Mientras que los introvertidos suelen tener solo uno o dos amigos íntimos, los extravertidos los tienen en multitud. Así, los extravertidos pueden recurrir a una red de apoyo numerosa... y el apoyo social es un elemento importante para afrontar las pérdidas.

También existe un contraste entre las personalidades estoicas y las dramáticas. Los tipos estoicos hacen afirmaciones breves y poco emotivas, como, por ejemplo, «la vida sigue». Sus opuestos manifiestan sus emociones de manera llamativa y suelen exclamar: «No lo superaré nunca, jamás». Sin embargo, estas manifestaciones no reflejan necesariamente sus sentimientos auténticos. Paradójicamente, es frecuente que los individuos estoicos «no lo superen nunca», y para los dramáticos a veces «la vida sigue» como de costumbre.

Hay personas que tienen un fuerte apego a las cosas. Sufren cuando les hacen una raya en el Mercedes o cuando les sale mal un negocio, más que cuando pierden una relación personal. Sin embargo, tras la pérdida de un ser querido próximo, estos individuos suelen invertir sus prioridades: sus relaciones personales se vuelven más importantes que sus posesiones. La mayoría de estas personas vuelven a su ser anterior con el tiempo; pero, hasta entonces, es inútil intentar predecir el proceso de su aflicción.

El materialismo

El materialismo y el miedo a la muerte van de la mano. Cuanta más riqueza y posesiones acumulen las personas, más probable es que griten a la hora de la despedida. Tienen tanto que perder que rechazan todos los aspectos de la pérdida, incluso la privación. Constituyen la excepción aquellos que tienen una igualdad de riqueza espiritual y material.

La religión

Los supervivientes suelen apoyarse en las doctrinas religiosas para introducirse algo de razón en el caos de la aflicción. Más allá de los sermones y de las escrituras sagradas, buscan en su congregación o comunidad religiosa esperanza, compasión y consuelo.

Por desgracia, lo que se encuentran a veces los que están de duelo es miedo y persecuciones.

Nos han llegado relaciones de malos tratos religiosos desde el comienzo de la historia. Muchas personas han sufrido a manos de sus compañeros de fe, precisamente cuando más necesitadas estaban de sustento espiritual. La religión se convierte en un maltrato emocional, intelectual y espiritual cuando despoja a los individuos de su libre albedrío. Tal como relató Geri Colozzi Wiitala, los cuidados espirituales se pueden encontrar dentro de la religión organizada o fuera de ella.

«Empecé a tener más curiosidad que miedo»

Tras la trágica muerte de su hija Heather, Geri quiso leer algo acerca de la vida tras la muerte. Sabía que en su religión, basada en la Biblia, estaban prohibidas tales lecturas, de modo que pidió permiso a las autoridades religiosas. Le dijeron que leer cualquier cosa de carácter místico iba en contra de sus creencias, y le ordenaron que se abstuviera de hacerlo, so pena de ser expulsada de su iglesia. «Empecé a tener más curiosidad que miedo», cuenta Geri, y optó por explorar la espiritualidad sin las bendiciones de su iglesia [7]. Las pérdidas de seres queridos pueden destrozar las creencias religiosas o pueden reforzarlas.

Nos suelen preguntar: «Pero ¿soy yo religioso? Creo en Dios, pero no voy a la iglesia». Se considera religiosas a las personas que asisten a algún tipo de religión organizada o que practican una doctrina. Entre ellos se cuenta a los que prefieren practicar su fe en su propio hogar, o se ven obligados a ello por circunstancias tales como una enfermedad.

---

[7] Geri Colozzi Wiitala contó su historia en *Heather's Return: The Amazing Story of Communications from Beyond the Grave,* Virginia Beach, Virginia, A. R. E. Press, 1996.

Otra pregunta que hace la gente es: «¿Me vendrá bien asistir a un lugar de culto? [iglesia, sinagoga, templo, mezquita, etcétera]. Según los resultados de cierto estudio [8], a las personas que asisten a servicios religiosos y tienen creencias espirituales sólidas les resulta menos problemática la aflicción. Las personas opuestas, las que no asisten a servicios religiosos o no albergan creencias espirituales encuentran difícil la privación. Se encuentran en un término medio las personas que asisten a la iglesia sin convicciones espirituales fuertes, y las que tienen creencias espirituales fuertes pero no van a la iglesia.

La espiritualidad

La espiritualidad es un derecho con el que nacemos: venimos al mundo como seres espirituales. La espiritualidad es recordar que existe algo mayor que el yo. Las personas que tienen una iluminación espiritual llevan sus vidas con compasión, respeto, conciencia, serenidad y alegría. Confían en que el mundo está evolucionando como debe; por ello, se sienten en paz con el mundo, con los demás y con su propio yo. Para ellos, la vida, la muerte y el duelo se producen a un nivel diferente, como en el caso de Dee.

—Usted es religiosa, ¿verdad? —preguntó a Dee su médico—. Lo veo en el modo en que ha llevado la muerte de su hijo. Las personas religiosas afrontan mejor las pérdidas.

—No, no voy a la iglesia —respondió ella. El temple espiritual de Dee se debía a que creía en algo muy superior a ella, a que vivía con buen corazón y haciendo buenas obras.

La espiritualidad se puede enterrar u olvidar con el tiempo, como en el caso de Babe.

---

[8] Gamino, Louis A.: *Why "Just Get Over It" doesn't work*, 2000.

«¿Qué va a hacer Dios con una vieja pecadora como yo?»

Babe pidió que la visitara un capellán del hospital, no por cobardía, sino porque estaba confusa. Se estaba muriendo de cáncer de pulmón, y me preguntó:

—Dianne, ¿qué va a hacer Dios con una vieja pecadora como yo?

Incorporada como estaba, apoyada en un montón de almohadas, siguió diciéndome trabajosamente:

—No he ido nunca a la iglesia. Cuando mi marido nos abandonó, trabajé en el puerto, en dos trabajos a la vez, solo para poder dar comida, ropa y cobijo a mis hijos y a mí. No tenía tiempo para mí ni para nada, solo para mi familia. Empecé a fumar antes de saber que no me convenía, y también fui una perdida durante algún tiempo. ¿Qué será de mí cuando me muera?

Antes de hundirse entre sus almohadas, Babe tuvo fuerzas para decir:

—Dios sabe que nunca quise hacer mal a nadie, pero ¿qué hace con la gente como yo?

Mientras ella me miraba, tendida, yo pensaba: *Hiciste lo mejor que pudiste.* Por fin, levantó un poco una mano y, señalándome con el dedo, dijo con dificultad:

—Hice lo mejor que pude, ¿sabes?

Durante las semanas siguientes hablamos mucho. El sentido del humor de Babe y su fuerza interior eran mucho mayores que su cuerpo, de metro y medio, que se debilitaba rápidamente.

—Debo vivir hasta el mes que viene, cuando vuelve de Holanda mi hijo —dijo penosamente. Pero no parecía posible que aguantara hasta entonces, y de hecho me llamaron a su lado al día siguiente. Babe se estaba muriendo y nadie esperaba que sobreviviera veinticuatro horas más.

A primera hora de la mañana siguiente volvieron a llamarme a su casa.

—¡Dianne! ¡Ven aquí! ¡Date prisa! —exclamó una voz alegre cuando entré por la puerta.

Yo casi no daba crédito a mis oídos ni a mis ojos: ¡era Babe! Hablando con soltura, empezó a contarme:

—Sentí en plena noche que me fallaban los pulmones. Intentaba respirar y no podía. Comprendí que había llegado *eso*; pero no había visto todavía a mi hijo, así que empecé a pedir ayuda a gritos, aunque no en voz alta, ¿sabes? Suplicaba: «Por favor, por favor, ay, por favor, no me puedo morir todavía». Entonces vi algo allí mismo —dijo, señalando hacia su izquierda—. Apareció una mano gigante que me pasó bajo la espalda y me levantó, por debajo de los pulmones. Me entró una gran bocanada de aire, así —dijo, respirando hondo para hacerme una demostración—. La mano me empujaba la espalda y me soltaba, hasta que empecé a respirar yo sola. Era la mano de Dios. Me salvó. Me otorgó mi último deseo —concluyó, haciendo una pausa para sonreír—. Dios sabe que viví de la mejor manera que pude, y ahora sé que me dará la bienvenida en su casa.

El hijo de Babe llegó de Amsterdam varias semanas más tarde, y ella murió en paz rodeada de toda su familia.

La faceta espiritual, además de olvidarse, puede quedar bloqueada por emociones fuertes. ¿Ha intentado usted participar en una oración solemne mientras se sentía indignado? El perdón, como la oración, es un acto de espiritualidad.

«Ya no podía considerarlo responsable»

Tammy no era capaz de perdonar a su marido. Este había discutido con la hija de los dos aquella noche, la misma noche en que la hija adolescente acabó despeñándose intencionadamente desde un espigón del puerto al mar en su descapotable. Tammy reprimió su ira durante varios años, dejando que se convirtiera en resentimiento y amargura. Por fin, asistió a un seminario de una semana en el que gritó y maldijo.

—Aquello significó un giro en mi vida —dijo después—. Ya no podía considerarlo responsable. Él había intervenido en la muerte de ella, pero la que llevaba el coche era nuestra hija. A mí me resultaba muy difícil afrontarlo.

Las familias tienen sus desacuerdos. Los padres suelen discutir con los hijos por sus diferencias, así como los maridos con las esposas, pero no es normal que las discusiones tengan como resultado el fin de una vida. El perdón puede consistir en perdonar a alguien por no haber sido quien necesitábamos que fuera. Así podemos aceptar las cosas como son y seguir adelante.

Sentarse sobre cubos de lágrimas bloquea el desarrollo espiritual, como lo bloquea el reprimir la ira.

«No vivo, me limito a existir»

—Todo el sentido de mi vida murió con mi marido —dijo Ellen—. No vivo, ciclo, me limito a existir. No he llorado desde que él se fue; llorar es una cosa que no se hace en esta familia, sencillamente.

Le pasé una almohada y le pregunté:

—¿Qué querrías decirle?

Ella hundió la cara en la almohada y sollozó:

—Quiero que vuelvas. Quiero que vuelvas.

Meses más tarde, recibí una tarjeta suya. «Gracias por la charla y la almohada». Ellen había dejado atrás su crisis espiritual y volvía a vivir.

El apoyo social

La posibilidad de trascender las pérdidas depende del apoyo social. Los supervivientes tienen la necesidad de evocar sus recuerdos, y suelen repetir una y otra vez las mismas historias. Mi abuela era un caso típico.

«Raymond, ha muerto tu abuelo Waddleton»

En el pueblo de Porterdale, en el estado de Georgia, los vecinos eran como miembros de la familia.

—Raymond, ha muerto tu abuelo Waddleton —me dijo mi madre una mañana al despertarme.

Yo era un chico de once años, pero todavía lo recuerdo. La señora Crowel y la señora Day se hicieron cargo de las tareas domésticas de la abuela para que ella pudiera evocar sus recuerdos con libertad. Todos los miembros de la comunidad vinieron de visita, trayendo comida, con los corazones dispuestos a escuchar y a compartir sus propios recuerdos.

Como los pueblos como este han ido desapareciendo, los supervivientes recurren hoy en día a los grupos de apoyo y a los profesionales. Tenemos mucho personal cualificado en nuestra especialidad, y su asistencia puede beneficiar de una manera u otra a la mayoría de las personas que han perdido a seres queridos.

El apoyo profesional

Llamamos «facilitadores de la aflicción» a los profesionales que facilitan el viaje de la aflicción educando a los supervivientes y enseñándoles a sortear sus pensamientos y sus sentimientos. Proponemos al lector que elija a un psicoterapeuta que trabaje a partir de una perspectiva opuesta a la suya. Por ejemplo, si usted es una persona dada a los sentimientos, entonces un psicoterapeuta cognitivo podrá aportarle pensamientos racionales. Si usted es un intelectual, entonces un psicoterapeuta que se centre en los sentimientos apoyará su desarrollo emocional. El desafío fomenta el desarrollo. Algunos supervivientes necesitan una confrontación. No obstante, es mejor dejar la confrontación en manos de profesionales. Y así llegamos a un aspecto importante de la privación: la comunicación. Pasemos al capítulo siguiente: cómo dar y recibir condolencias.

V

Cómo dar y recibir condolencias

Cómo dar y recibir
condolencias.
Bienaventurados los que lloran,
porque ellos serán consolados.

MATEO, 5, 4.

JILL, sentada en una playa de Creta, contemplando las olas que le salpicaban los pies, vio a una niña pequeña que entraba y salía alegremente del agua. Animada por los juegos despreocupados de la niña, Jill la saludó cuando se acercó a ella.

—Hola —respondió la pequeña—. ¿Qué haces aquí?

—Estoy mirando el mar, nada más —dijo Jill—. ¿Y tú?

—Estoy de vacaciones —dijo la niña, agitando los brazos.

—¿Cuántos años tienes? —le preguntó Jill.

—Cuatro —respondió ella, enseñándole cuatro dedos.

—¿Y cuándo cumples los cinco?

—Hummm —dijo la niña, reflexionando.

Después, puso los brazos en jarras y respondió:

—Cuando haya terminado de tener cuatro.

—Ah, claro —dijo Jill, sonriendo. *Claro, claro,* pensó.

Colin Caffell relató en uno de los «Seminarios sobre la Vida, la Muerte y la Transición» de Elisabeth Kübler-Ross este cuentecillo que había pasado a su amiga Jill. Observó que en un mundo perfecto todos entenderíamos los plazos de la vida; todos entenderíamos que la aflicción sigue un ritmo natural, igual que el envejecimiento. Sin embargo, en la mayoría de las culturas se ahoga el duelo. A los supervivientes les preguntan: «¿Cuándo dejarás de estar afligido?». «¿Cuándo empezarás a salir?». «¿Cuándo empezarás a salir con hombres?». «¿Cuándo tendrás otro hijo?».

—Cuando haya terminado de estar de duelo por lo que he perdido, claro está.

En este capítulo estudiaremos cómo se comunican las personas tras la pérdida de un ser querido, y empezaremos por los que ofrecen sus condolencias. Casi siempre lo hacen con buena intención; sin embargo, pueden llegar a decir cosas ofensivas o que hacen daño. Puede ser por decirlas en un momento inoportuno o por decir cosas inadecuadas. O tal vez proyectan sus propios sentimientos sobre el que está de duelo.

El momento oportuno

Es fundamental elegir el momento oportuno en función de la circunstancia y del proceso psicológico del superviviente.

Considerar la circunstancia

Cuando la aflicción es aguda, las emociones están en carne viva. En muchos casos, los que están de duelo no aspiran a más que a tenerse de pie. En nuestras sesiones con los grupos de apoyo, recomendamos a los asistentes: «Si se encuentran con otras personas que hayan perdido a seres queridos, no se acerquen a ellas a preguntarles por su pérdida. Si ven a alguien en un restaurante, puede que a esa persona no le apetezca más que comer, y no que le recuerden su aflicción. Saluden a la persona que haya perdido a un ser querido como saludarían a cualquiera: «Hola, ¿cómo está?», y dejen que sea la persona la que marque el rumbo de la conversación». El caso siguiente nos muestra cómo no debemos abordar a un superviviente.

«No me apetecía hablar...»

Darlene entró en mi despacho tan revuelta como el tiempo de aquella tarde.

—He tenido que venir a contárselo —dijo, mientras empujaba la puerta con el pie para cerrar de un portazo—. Estaba hablando con una persona en la parroquia cuando apareció Sue —Sue y ella habían sido compañeras en un grupo de apoyo a los afligidos en el *hospice*—. Me miró con esos ojos penetrantes que tiene —siguió contando Sue—, y me soltó: «¿Cómo ha ido todo? ¿Han pillado al que mató a tu hijo?». Me reventó que me dijera aquello. No me apetecía hablar de ello en esos momentos, pero tampoco supe qué decir. De modo que me quedé allí plantada y le conté todo lo que quería saber ella.

Los buenos modales exigen sensibilidad en las comunicaciones, y no solo con las personas que acaban de perder a seres queridos. La falta de oportunidad constituye siempre una invasión de la intimidad, como en el ejemplo siguiente.

«¡Eh! ¡Dianne!»

Después de pasarme todo el día atendiendo a pacientes con enfermedades terminales, tenía que alimentar mi cuerpo y mi alma. Cuando llevaba mi bandeja de comida hacia un rincón apartado de la cafetería del *hospice*, oí que me llamaba desde el otro extremo de la sala una antigua participante en un grupo de apoyo: «¡Eh! ¡Dianne!». Me quedé encantada al oír su voz y me volví para dirigirme hacia ella.

Pero entonces señaló el grupo de mujeres que estaban con ella en su mesa y me gritó:

—Les he contado la muerte de tu padre y cómo encontraste un significado en ella. Ven, siéntate con nosotras y háblales de ello.

—Oh, no, ahora no —dije yo, y me dirigí apresuradamente al rincón tranquilo.

«Pero no quiero que nadie me pregunte por mi pérdida»

—Quisiera que escribieses mi caso en tu libro —me han dicho varios amigos y familiares míos—, pero no quiero que nadie me pregunte por mi pérdida. Cámbiame el nombre, el sexo, la ocupación, el lugar de residencia o lo que haga falta para garantizar mi intimidad.

Hemos renunciado a publicar todos los casos en que no se podían eliminar ciertos detalles sin que la historia perdiera su significado, o aquellos que parecían demasiado personales para servirnos de ellos. Toda persona tiene derecho a su intimidad.

Tenga en consideración el proceso de la persona

Recomendamos a los que están de duelo que tengan cuidado con las personas con que se tratan durante varias semanas después de su pérdida, pues la mayoría de las personas no comprenden el proceso de la aflicción. Por ejemplo, entre las personas que ofrecen sus condolencias son pocas las que se dan cuenta de que el superviviente suele estar necesitado de cuidados físicos y emocionales inmediatamente después de su pérdida. Entre las personas que ofrecen sus condolencias, las que más se valoran son las que prestan también ayuda práctica, llevando o trayendo a los parientes del aeropuerto, por ejemplo, segando el césped, ocupándose de los animales domésticos, o simplemente haciendo compañía al que está de duelo. El pastor religioso de mi madre, por su parte, no supo sintonizar con mi proceso.

«Se acabaron las despedidas, Dianne»

—Será la última muerte que conocerá —dijo el pastor—. Tú no tendrás que volver a despedirte de ella nunca más. Se acabaron las despedidas, Dianne, porque no habrá más separaciones. Ya está contigo para siempre.

Sus palabras me frustraron, porque yo quería despedirme de ella muchas veces más. Ver la cabecita de mi madre asomada a la ventana de su cocina mientras yo salía de su casa con mi coche significaba un mundo para mí. Yo quería tenerla conmigo en este plano físico. Sin embargo, algunos años más tarde recordé las expresiones del pastor y las aprecié. Sus palabras habían sido correctas, aunque prematuras. Las habría recibido bien si me las hubiera dicho cuando yo hubiera avanzado algo más por el camino de mi aflicción.

En resumen, es menos probable que se produzcan problemas de comunicación cuando las condolencias se presentan en el momento y en el lugar adecuados y cuando lo que se dice está coordinado con el proceso del superviviente. La clave para el trato con las personas privadas de seres queridos es la sensibilidad.

Las afirmaciones inadecuadas

Aunque las afirmaciones inadecuadas son molestas, los que las hacen son personas que están haciendo todo lo que pueden. El hecho de saber que no hablan con malicia puede servir para aliviar el escozor que producen. Los que acaban de perder a un ser querido suelen caer entre personas que no tienen experiencia con las pérdidas, como en el caso siguiente.

«Qué día tan bonito»

La luz del sol, la brisa del campo y aquel prado cubierto de campánulas solazaba a Robert. Cogió una flor y se la llevó a su abuela.

—Qué día tan bonito, abuela —dijo, levantando los ojos hacia las colinas que tenían a su alrededor.

—No tiene nada de bonito —gruñó ella, y siguió caminando con la cabeza baja, sin ver el dolor que oscurecía el rostro de su joven nieto. Acababan de enterrar a su marido, de modo que en aquel día no había ninguna belleza. Si bien ella tenía las emociones demasiado en carne viva para apreciar las intenciones de Robert, todos los demás comprendían que él no pretendía nada más que consolarla. Al fin y al cabo, el entierro no había sido de esos tan fríos, tristes o fúnebres que suelen verse en las películas...

Los recién privados de seres queridos notan cuando las circunstancias empiezan a abrumarlos. Entonces se buscan alguna manera de dejar para más tarde su duelo. Algunos se sumergen en el trabajo, se ponen a pintar habitaciones, a ordenar armarios o a terminar proyectos. Otros se dedican a la naturaleza y plantan árboles o cuidan de sus jardines. Yo (Dianne) afronté mi aflicción en un principio combinando ambos tipos de trabajo.

«Qué pena...»

El mes de enero es el ideal para plantar rosales en Texas. Mi madre y yo acabábamos de comprar seis para el jardín de ella el día antes de su muerte. Después del funeral, mientras yo daba vueltas por la casa sin rumbo, me acordé de pronto de los rosales. Me pareció que me consolaría, de alguna manera, al sentir la tierra en mis manos y terminando aquel proyecto nuestro, de modo que busqué las herramientas en su garaje y me puse a plantar los rosales. (Los supervivientes saben por instinto lo que necesitan). Por primera vez tras su muerte me sentí serena y totalmente en paz.

Acababa de colocar el último rosal en su agujero y me disponía a tomar la pala cuando se acercó una vecina. Aquella mujer joven, conocida por todos por su carácter áspero y crudo, adoptó una postura dramática. Se quedó plantada ante mí con los brazos en jarras y los pies muy separados y dijo con una sonrisita afectada:

—Qué pena que no hiciera usted eso cuando su madre estaba viva y podía disfrutarlo.

Teniendo en cuenta que yo siempre había cumplido con creces mis deberes de hija, la vecina tuvo suerte de que no la enterrara en el jardín y fuera a dar parte de su desaparición.

En toda situación es mejor tener en cuenta la fuente antes de reaccionar, por el propio bien de uno mismo y de todos los afectados. En aquel caso, yo sabía que era una persona insensible, y no tenía ninguna intención de establecer relación alguna con ella. Lo único que quería era mantener mi serenidad; por ello, me levanté y entré en la casa.

La proyección

La proyección no es más que juzgar a los demás en función de nuestras propias percepciones. Las personas que se proyectan dan por supuesto que los demás individuos piensan y sienten igual que ellos. Entre los que suelen caer más en esta falta se cuentan las personas que ofrecen sus condolencias y que tienen experiencia de pérdidas. Dicen: «Lo comprendo», y «sé como te sientes». Es imposible. Nadie conoce la vida interior de otra persona. Nadie comprende los sufrimientos y las penalidades que puede producir una pérdida a otra persona. Cuando las personas que ofrecen condolencias dicen «ya lo sé» o «lo comprendo» a las personas que quieren apoyar, se distancian de ellas.

«Lo comprendo»

La madre de Jenni falleció a los cincuenta años de edad tras una breve enfermedad. Jenni asistió, meses más tarde, al funeral de la madre anciana de una amiga suya.

—Lo siento —dijo—. Perder a una madre es casi más de lo que puede soportar una hija. Lo comprendo. Sé exactamente cómo te sientes.

—No, no lo sabes —le dijo su amiga—. Mi madre había pasado muchos años sufriendo. Padecía mucho, y ahora doy gracias de verla libre de sus padecimientos por fin. No hay por qué sentirlo.

Juzgar a los demás en función de nosotros mismos puede provocar desilusiones, aun cuando ofrecemos nuestras condolencias.

A Raymond le cortaron su proyección

Mientras nos vestíamos para asistir al funeral, miré por la ventana de nuestro dormitorio y vi que aquella noche había caído un manto de nieve.

—¡Oh, no! —dije a mi mujer—. Ha caído la primera nevada de la temporada. Pobre Bill: nieve, el día que tiene que enterrar a su hija. Esto lo hará mucho más insoportable todavía para su mujer y él. Se sentirán abrumados.

Durante el largo viaje hasta el cementerio, mi mujer no dejó de hablar de la hija pequeña de Bill y del trágico accidente de automóvil en el que había perdido la vida, y yo repetía:

—Y ahora, qué terrible... con tanta nieve.

De pie ante la tumba, recibiendo la nieve en la cara, intenté acopiar palabras para manifestar mis condolencias y lamentar aquel tiempo tan desafortunado. Antes de que hubiera tenido tiempo de hacerlo, la mujer de Bill exclamó:

—¡Oh! ¡Qué día tan perfecto! Está nevando para Emily. El otro día, por la mañana, dijo que le hacía ilusión que nevase, y aquí tiene la nieve, como ella quería.

Una cosa que parece desafortunada a una persona puede consolar a otra. Para ofrecer condolencias debemos salir de nuestro mundo y entrar en el de la otra persona.

Entrar en el mundo del otro

Hacia finales del siglo XX, el movimiento por la conciencia de la aflicción introdujo nuevas normas de etiqueta respecto de la pérdida de seres queridos. Se aconsejó a las personas que presentaban condolencias que la única frase adecuada era «Lo siento». A consecuencia de ello, esta frase ha llegado a ser en muchos casos, como «Buenos días», una mera fórmula de cortesía en vez de expresar una verdadera condolencia. Además, no siempre es adecuada para las circunstancias.

«Oh, no, Dianne, no lo sientas»

Cuando conocí a Linda, había vuelto a matricularse en la universidad para sobrellevar la muerte de su marido.

—Estábamos muy enamorados —se quejaba—. Después de dieciséis años de felicidad conyugal, ahora me siento muy sola. Murió hace tres años, y sé que no superaré nunca que el cáncer me lo llevara. Era un hombre maravilloso.

Linda se compró libros que trataban de la aflicción, que traía a clase y consultaba durante los dos cursos siguientes. Se fue convirtiendo en una mujer muy independiente, y una mañana nos sorprendió al anunciarnos:

—He conocido a un hombre maravilloso, y nos vamos a casar dentro de dos semanas. He venido para despedirme, pues voy a dejar las clases.

Pasaron el verano y el otoño antes de que Linda volviera a aparecer. Se quedó en la puerta del laboratorio, mirando a un lado y otro, y después se acercó a mí discretamente, con la cabeza baja.

—Ay, Dianne, ha pasado una cosa terrible el domingo —susurró, inclinándose hacia mí desde el otro lado de la mesa—. A mi marido se le rompió el corazón cuando estábamos haciendo el amor. Llamé a una ambulancia, pero no sirvió de nada. Murió casi en el acto.

Sabiendo lo afectada que se había quedado Linda tras la muerte de su primer marido, y que la capacidad de adaptación se reduce con la edad, me figuré que debía de estar destrozada. Me dolió de todo corazón.

—Ay, cuánto lo siento —le dije.

Ella se echó hacia atrás con una sonrisita y exclamó:

—¡Oh, no, Dianne, no lo sientas! Murió haciendo lo que le gustaba. Además, he estado pensando en ese antiguo dicho: «Los hombres se mueren antes porque las mujeres tienen derecho a pasar unos años buenos». Pues te diré que he pasado la mayor parte de mi vida casada y estoy cansada de tener relaciones. Desde ahora quiero ser dueña de mi vida.

—Entonces, ¿por qué dices que «ha pasado una cosa terrible»? —le pregunté.

—Al principio fue la impresión de que muriera de esa manera —respondió ella, mordiéndose el labio inferior—. Después, tener que explicárselo a los sanitarios. Y ahora la gente no hace más que preguntarme cómo murió. Me da mucha vergüenza. Te lo imaginas, ¿verdad? Las preguntas de la gente: eso es lo terrible. Pero esta vez fue una buena muerte —añadió, y volvió a asomarle en los labios la sonrisita.

En esta conversación se ponen de relieve diversos puntos que hemos cubierto hasta ahora. El modo de la muerte influye sobre la aflicción; cada pérdida tiene sus circunstancias únicas; el superviviente se aflige y se desarrolla tras cada pérdida, pero de una manera distinta; la aflicción tiene cosas imprevisibles que pueden tomar por sorpresa tanto al superviviente como a los que le expresan su condolencia; un «lo siento» no siempre es adecuado para la situación. El caso de Linda nos lleva al punto siguiente. Yo estaba dispuesta a entrar en su mundo y empatizar con ella, pero ella quería condolencia. ¿Cuál es la diferencia?

¿Condolencia o empatía?

Las personas que se conduelen ofrecen cariño y compasión. Te dicen: «Ay, pobrecito. Te has pillado el dedo con la puerta». Las que empatizan, sienten el dolor como cosa propia. Exclaman: «¡Ay! ¡Qué daño!» y se tocan el dedo.

Aplicándolo a la privación, las personas que ofrecen su condolencia intervienen en la pérdida y se llevan la mitad de la carga del superviviente. Al hacerlo, experimentan cambios y se desarrollan. No todos los individuos son capaces de hacerlo ni están dispuestos a ello, y no todos los supervivientes lo quieren ni lo desean. La elección entre la condolencia y la empatía depende de las dos personas.

Terminología

Las investigaciones y la educación sobre la pérdida de seres queridos nos ha llevado a comprender mejor la aflicción. Sin embargo, como en la mayoría de los campos de estudio en desarrollo, la aparición de conceptos nuevos plantea problemas nuevos. Estudiaremos en un capítulo posterior algunos malos entendidos y malas interpretaciones sobre las teorías acerca de la aflicción; pero, de momento, nos ocuparemos de la cuestión de la comunicación. Mientras el «lo siento» se convertía en la frase hecha de los que presentaban condolencias, el «cierre» se convertía en la palabra clásica de los profesionales de la sanidad.

El «cierre»

Las heridas profundas y abiertas son terriblemente dolorosas y vulnerables a la infección. Los médicos se sirven de todos los medios para reparar y cerrar la zona afectada en cuanto sea posible. Así protegen las células sanas y ponen en marcha el proceso de la curación, que se produce a su tiempo. Los asesores especializados en la aflicción tomaron el término «cierre» de la medicina, y al principio era una metáfora útil. Cuando se produce la herida profunda de la pérdida, la psique necesita protección ante nuevas lesiones, necesita atar cabos sueltos y precisa un tiempo precioso para reconstruirse.

La historia de Dianne. (Continuación)

Los privados de seres queridos suelen vivir numerosos cierres con cada pérdida, y este fue, ciertamente, mi caso (el de Dianne). En cuanto nuestros vecinos nos describieron las circunstancias del asesinato de nuestra amiga Judy y nos dijeron quién había sido el asesino, noté que empezaba a cerrarse mi herida abierta. Ya no me sentía asustada ni vulnerable. Habiendo resuelto esta parte de nuestra angustia, por primera vez desde la muerte de Judy, pude sentir el duelo por lo que había perdido. Algunos años más tarde tuve una nueva sensación de cierre cuando atraparon al asesino de Judy.

El *cierre* nunca debe de ser el final de la aflicción, como cerrar una puerta. Sin embargo, han existido personas que lo han usado de este modo o de alguna otra manera errónea, y ahora hay muchas personas privadas de seres queridos que se echan para atrás al oír esta palabra. Hubo un caso en que, pocos momentos después de morir un niño de pecho, el médico dijo a la madre: «Es el momento de echar el cierre a esto».

La verdadera condolencia requiere entrar en el mundo de la otra persona sin hacer evaluaciones, juicios de valor ni dar consejos; sin embargo, en las afirmaciones de cierre se incorporan estas tres cosas. La mayoría de los asesores ya solo las usan para debatir entre ellos.

Las condolencias por carta y correo electrónico

Las cartas escritas a mano, entregadas a mano y leídas mientras se tocan con la mano tienen muchos puntos a su favor. Muchas personas que han perdido a seres queridos afirman que conservan entre sus recuerdos personales más valiosos las cartas que contienen recuerdos especiales de su familia y sus amigos.

Ahora que contamos con el correo electrónico, tan rápido y cómodo, muchas personas empiezan a enviar sus condolencias por medios electrónicos en vez de enviar tarjetas o cartas convencionales.

Las condolencias electrónicas solo son adecuadas cuando la persona que las envía ha recibido a su vez la noticia de la enfermedad o de la muerte por correo electrónico *enviado por el afectado*. Una colega mía llamada Rhea y yo nos intercambiábamos mensajes electrónicos con frecuencia. En mis épocas de pérdida se convirtió en una de las personas que más me apoyaron, y siempre por nuestro medio de comunicación habitual.

Lo que recomendamos nosotros es enviar una tarjeta o una carta para manifestar las condolencias y seguir después en contacto por correo electrónico o por teléfono.

El apoyo en Internet

Desde hace muchos años, las personas que están de duelo han dicho que escribir a máquina les aliviaba enormemente. La llegada del ordenador ha permitido avanzar un paso más en este sentido. Los supervivientes pueden teclear en sus ordenadores, desde su hogar, y encontrar apoyo social. En los últimos seis años han aparecido en Internet multitud de páginas diseñadas por los privados de seres queridos y dirigidas a ellos. Por ejemplo, la que construyó Tom Golden en recuerdo de su padre, titulada «Crisis, Grief and Healing» (Crisis, Aflicción y Sanación), cuya dirección es www.webhealing.com. Actualmente recibe unas 500 000 visitas al mes de personas de todo el mundo.

Los supervivientes pueden crear homenajes *online* para sus seres queridos en «Link for Lights» (www.1000deaths.com). Otras páginas que proporcionan lugares de homenaje, canales de chat, apoyo por e-mail, direcciones y otros servicios son las tituladas «A Place to Remember, Griefet y Angel Babies».

No obstante, en el mundo de la privación hay de todo, como en todas partes: entre todas estas personas dedicadas y dignas de admiración existen otras menos honradas. Tenga cuidado con los servicios *online* costosos. En nuestra sección de Recursos facilitamos la dirección de algunos sitios de Internet gratuitos o muy económicos (en la fecha en que escribimos estas líneas) que ofrecen servicios de la misma calidad que los que piden honorarios exorbitantes.

Conserve la sencillez

La sencillez es la clave del buen gusto, y no cabe duda de que esta regla se aplica también a la expresión de condolencias. La sencillez y una presencia callada pueden aportar un consuelo tremendo. Los supervivientes recuerdan durante mucho tiempo a los amigos que les hicieron compañía y les dejaron estar de duelo tranquilamente.

Los vecinos de Raymond

Tras la muerte de mi hijo recién nacido, el matrimonio que vivía en la casa de al lado vino a visitarnos a mi esposa y a mí. En vez de encargar a la floristería que nos enviaran flores, nos trajeron personalmente un hermoso ramo y nos lo entregaron. Su gesto y su presencia silenciosa nos consoló tanto que me pregunté si ellos habrían sobrevivido también a la muerte de un hijo. A los que no han sabido lo que es necesitar el silencio les resulta difícil guardarlo.

«Estaba dormida»

—Después del funeral de mi marido, me llamó una mujer de mi parroquia para preguntarme cómo estaba —dijo Ellen—. Cuando me eché a llorar, me dijo: «Voy para allá». Se sentó a mi lado mientras yo sollozaba en mi sillón, hasta que me quedé dormida. Cuando me desperté, a la mañana siguiente, ella estaba dormida en el sofá. Fue uno de los actos de bondad mayores que ha tenido nadie conmigo, y ahora yo hago lo mismo con otras viudas.

«Acaba de hacerlo ya, Dianne»

Doc ejerció de pastor durante más de veinte años en una iglesia importante de la capital, y ahora que estaba ingresado como paciente en nuestro *hospice*, me iluminaba con regularidad. Un día que fui a visitar a Doc estaba sufriendo muchos dolores por una infección en la pierna. Cuando me disponía a marcharme, nos tomamos de la mano.

—Le agradezco el tiempo que hemos pasado juntos hoy —le dije por fin—. Estaré pensando en usted.

—Y yo en usted —respondió él.

—¿Quiere que rece una oración antes de marcharme? —le pregunté.

—Acaba de hacerlo ya, Dianne —respondió él.

Está claro que no es necesario que expresemos nuestros pensamientos de una manera complicada para que sean eficaces a la hora de manifestar nuestras condolencias o de elevar oraciones.

El apoyo práctico

También se pueden expresar las condolencias atendiendo a asuntos prácticos. A la vuelta del funeral de mi madre nos encontramos con que alguien había segado el césped del jardín, y todavía no sabemos quién nos hizo aquella buena obra. Cuidar de los niños pequeños, atender al teléfono, preparar la casa para recibir visitas o traer y llevar al aeropuerto a los parientes son tareas que pueden servir para manifestar nuestra condolencia.

Si bien el apoyo social es un aspecto necesario del duelo, las personas que expresan sus condolencias pueden pasarse de la raya. Veamos ahora cómo pueden reaccionar las personas ante las expresiones de condolencia inadecuadas.

Cómo reaccionar ante las afirmaciones molestas

Algunas afirmaciones carentes de sensibilidad pueden resultar tan ofensivas que obligan a los que están de duelo a reaccionar con ira. Cuando los que expresan sus condolencias intentan explicarse o defenderse, la cosa suele ponerse peor. La consecuencia suele ser que las relaciones entre las personas quedan deterioradas o destrozadas irreparablemente.

«Las relaciones personales son insustituibles»

Jerry era un hombre atractivo, encantador, y cantaba tan bien como Elton John; pero el recuerdo que dejó no fue el de su belleza ni el de su talento de cantante, sino el de su carácter. El verdadero carácter de una persona se manifiesta en el modo en que trata a sus visitantes inesperados. Por muy enfermo que se encontrara Jerry, siempre atendía maravillosamente a los que se presentaban a visitarle sin previo aviso y a los que le llamaban por teléfono. Antes de fallecer de una complicación asociada al sida, Jerry transmitió su sabiduría a su madre, que estaba consternada por haber roto accidentalmente uno de los animales de cristal de su colección.

—No pasa nada —dijo Jerry—. Recuerda, mamá, que lo importante en la vida son las relaciones personales, no las cosas. Si rompes un objeto, puedes arreglarlo o comprarte otro nuevo; pero si lo que se rompe es una relación personal, aunque se le puede poner un parche, no volverá a ser la misma. Y las relaciones personales son insustituibles.

Las relaciones personales dependen de la comunicación. Por desgracia, las personas que quieren expresar sus condolencias son capaces de hacer unas afirmaciones tan ofensivas que, en aquel momento, lo único que quiere el superviviente es quitárselos de encima. Muchas relaciones personales terminan de este modo. Vamos a considerar las intenciones de ambas partes.

Las intenciones de los que expresan condolencias

Todos los seres humanos del mundo llevan consigo la aflicción. Sin embargo, muchos mantienen una actitud ingenua o poco desarrollada acerca de las pérdidas. En otras palabras, tienen el desafío de la aflicción.

Las personas que expresan su condolencia con afirmaciones inadecuadas están suplicando, en realidad: *No te aflijas; no lo soporto.* Lo que pretenden es evitarse su propia incomodidad, inspirada por el miedo (a que salga a relucir su propia aflicción), por la imaginación (de las pérdidas que podrían sufrir ellos en el futuro), la inquietud (por su propia mortalidad) y la inocencia (pues no han tenido experiencias que les hayan enseñado el modo de comportarse).

Las afirmaciones tales como «Eres joven, puedes volver a casarte», «Pero tienes más hijos» o «Vaya, cómprate otro perro y ya está» dan a entender que los seres queridos se pueden usar y tirar. Los tópicos tales como «Ya no sufre», «Alégrate de haberlo tenido tanto tiempo», «Alégrate de que ya esté con Dios», «Ya se te pasará con el tiempo» y «No llores, él no querría que estuvieras triste» devalúan la pérdida. También pueden producir vergüenza: transmiten el mensaje *Haces mal en afligirte.* Recuerde: cuanto más fuerte sea la afirmación que le hace esa persona, más necesitada está de evitar su propio dolor. En general, las personas que expresan sus condolencias dicen lo que ellas mismas necesitan oír.

Las afirmaciones «Tienes que tomarte las cosas con calma», «Tienes que dejar de trabajar tanto», «Deberías hacer ejercicio» son proyecciones en las que los hablantes expresan sus propias necesidades. No sabemos nunca lo que necesita otra persona; por eso, sería más justo decir: «Necesito que te tomes las cosas con más calma», «Quisiera que dejaras de trabajar tanto» o «Creo que deberías hacer más ejercicio».

Cuando los que presentan sus condolencias dicen: «Debes seguir viviendo tu vida», «Tienes que salir más» o «Deberías dejar de afligirte», están expresando en realidad sus propias necesidades. Necesitan que el superviviente siga viviendo su vida, que salga más o que deje de afligirse, pues tienen en su corazón la necesidad inconsciente, que es (o era) la de seguir adelante con sus vidas, salir más o dejar de afligirse.

Las intenciones de los que están de duelo

Como superviviente, el modo en que reaccione usted a las afirmaciones ofensivas depende de su intención. ¿Quiere mantener una relación personal con la persona que le ofrece las condolencias? Si la respuesta es afirmativa, ¿qué clase de relación? ¿Le vale la pena? El incidente que relatamos a continuación me ha tenido desconcertada (a Dianne) durante años enteros, pero sirve para ilustrar que la falta de comunicación conduce a una ausencia absoluta de relación.

«Tendrás que disculparla»

Yo asistía a una reunión cívica, y una voluntaria muy respetada por todos me abordó y me dijo:

—Hola, Dianne, me llamo Tanya. Siento mucho presentarme de esta manera, pero necesito que alguien me ayude en un proyecto navideño para la escuela elemental. Me lo encargaron en el último momento. ¿Podrías venir a mi casa mañana para ayudarme como voluntaria?

—Desde luego. Te ayudaré con mucho gusto —dije yo—. Podré ir de doce a tres.

Al día siguiente me pareció muy acogedor su jardín lleno de flores, sus carillones eólicos y el timbre de la puerta de su casa, que tocaba la melodía *He trabajado en el ferrocarril*. Resultó más acogedora todavía la acogida de Tanya, que abrió la puerta y soltó un chillido de placer, diciendo:

—¡Qué amable has sido de venir! ¡Pasa! ¡Pasa!

Señaló las sillas y la mesa plegables que estaban en el cuarto de estar y me dijo:

—Siéntate, traeré las cosas y algo de beber.

Tenía las cortinas cerradas, de modo que no entraba ninguna luz al cuarto, pero había una lamparilla que arrojaba la luz suficiente para que yo viera los espacios donde habían estado colgadas unas fotografías. Aquel interior tan lúgubre contrastaba tanto con el exterior que me invadió una sensación extraña.

Tanya volvió con una caja de piezas de fieltro y empezó a darme instrucciones con tono autoritario.

—Esto es fácil, aunque lleva su tiempo. Solo tenemos que pegar todas estas piezas...

Sin levantar la vista de los materiales, siguió describiéndome con detalle cómo quería que se hiciera el trabajo. Mientras trabajábamos, intenté entablar conversación, pero ella no parecía interesada, de modo que contuve mi boca de extravertida y atendí a nuestra tarea. Transcurrió una hora sin nada más que relatar, hasta que de pronto Tanya levantó la vista y me soltó:

—Mi hijo se mató.

Me relató entonces su muerte y las consecuencias complicadas de la misma, y yo le dije:

—Qué tragedia. No entiendo por qué pasan cosas malas a la gente buena.

Cuando dije esto, ella se levantó y salió de la habitación.

Pasó un rato sin que regresara, y yo empecé a figurarme cosas. *Estará buscando algo que necesitamos para el proyecto, o puede que esté buscando una foto de su hijo para enseñármela.* Dieron las tres, la hora a la que me tenía que marchar. Su larga ausencia me preocupaba, y pensé si podría haberla molestado mi comentario. Recogí mis cosas y me disponía a llamarla por su nombre cuando oí que se abría la puerta trasera.

—Hola, Dianne —me dijo su marido—. Ya veo que has venido. ¿Dónde está Tanya?

—No lo sé —respondí, dirigiéndome hacia la entrada—. Tengo que marcharme, pero quería despedirme de ella.

—Espera un momento, veré qué le pasa —dijo él. Volvió a aparecer a los dos minutos y me susurró—: Tendrás que disculparla.

—Me temo que la he ofendido —dije mientras salía.

—Ah, son cosas suyas —me dijo él, acompañándome hasta mi coche.

—Haz el favor de decirle que le ayudaré a terminar el trabajo con mucho gusto.

—Sí, se lo diré, y muchas gracias —respondió él, despidiéndose con la mano.

Pasé varias semanas sin poder dejar de pensar en Tanya. *Puede que le vinieran ganas de llorar y que quisiera estar a solas en su cuarto, o quizá encontró unas fotos y se sintió abrumada.* Pensé también en la actitud de su marido, que estaba como de vuelta de todo. Sin embargo, había una pregunta por encima de todas las demás. «¿La habré ofendido con lo que dije?». Yo tenía veintiún años y había sobrevivido a muchas pérdidas, pero todavía no había pasado por nada de aquella magnitud. Sabía que seguía siendo una ingenua y una indocumentada, y si había cometido alguna falta quería que me diera la oportunidad de enmendarla. Estaba dispuesta a aprender, a desarrollarme y a ser amiga suya, pero no volví a verla nunca más.

Me encontré a su marido en varias reuniones sociales, y él siempre se acercaba a conversar conmigo. Yo le preguntaba a veces: «¿Cómo está Tanya?». Él respondía siempre encogiéndose de hombros y diciendo: «Ah, ya sabes». Pero yo no lo sabía. Yo no había sido más que una transeúnte en su vida.

Muchas relaciones personales concluyen por tropiezos en la comunicación. Por lo tanto, lo primero que debe considerar usted a la hora de responder a una persona que le presenta sus condolencias es si quiere conservar una relación con esa persona, y, en su caso, de qué tipo.

Los tres tipos básicos de relaciones personales

Existen tres tipos básicos de relaciones personales. Los transeúntes son los encuentros pasajeros. Los conocidos intercambian pensamientos e ideas. Las relaciones interpersonales tienen más profundidad. Para que la relación personal resulte gratificante emocional, espiritual, física e intelectualmente, ambas personas deben comunicarse de manera abierta y sincera.

Responder de manera consecuente

Cuando estamos de duelo, se cruzan brevemente en nuestro camino algunas personas que nos ofrecen sus condolencias (personal del hospital, empleados de correos, floristas, abogados que gestionan el testamento, etcétera). No nos conocen; por ello, solo pueden ofrecernos unas condolencias imprecisas, inadecuadas en muchos casos. Si pretendemos tenerlos como transeúntes, podemos recordar su gesto de amabilidad y dejarles que sigan su camino.

Otras personas que ofrecen sus condolencias son los conocidos (compañeros de trabajo, profesores, jefes, compañeros de estudios, amigos del difunto, clérigos, etcétera). Mantienen unas relaciones más próximas con nosotros que los transeúntes, a pesar de lo cual también pueden hacer afirmaciones inadecuadas. Suelen decir «Le llegó la hora», «No estés triste» o «Ya es un ángel». Si tenemos la intención de mantener estas relaciones personales, podemos absorber sus gestos bienintencionados y agradecerles que hayan pretendido apoyarnos. Podemos decirles: «Gracias por interesarte».

Las relaciones interpersonales son mucho más próximas, cada una hasta su grado correspondiente (son los padres, el cónyuge, los hijos, los nietos, los amigos íntimos o cualquier persona con quien compartamos vínculos emocionales estrechos). Aunque nos conocen bien, pueden pronunciar palabras que nos hieran hondamente, como por ejemplo: «No estés triste», «Puedes tener otro», «Ella no habría querido que lloraras».

La pérdida es causa de desarrollo. Si queremos que florezcan nuestras relaciones más íntimas, entonces nuestros familiares y amigos deben desarrollarse con nosotros. Hay respuestas como, por ejemplo: «Pero estoy triste y tengo necesidad de afligirme»; «Quizá pueda tener otro, pero no será este»; «Esto ha sido devastador para mí y tengo derecho a llorar lo que he perdido», que les brindan la oportunidad de aprender algo acerca de nuestra pérdida, de cómo nos afecta y de lo que pueden hacer para apoyarnos. Las relaciones interpersonales exigen que cada una de las dos partes se descubra a la otra.

«*Tienes una actitud repelente*»

Gloria recibió una llamada de un hospital de otro estado. Le dijeron que su hijo había sufrido un accidente grave cuando esquiaba y que se encontraba en estado crítico. Lo más probable era que no sobreviviera; en cualquier caso, quedaría minusválido. Gloria se sintió sumida en un caos; por ello, acudió inmediatamente a su amiga Nancy, que había perdido a un hijo muchos años atrás. Gloria describía entre lágrimas la situación cuando Nancy gritó de pronto:

—¡Basta! ¡Tienes una actitud repelente! Debes pensar positivamente.

—Pero ¡estoy afligida por lo que hemos perdido! Aunque no muera, quedará minusválido, y era tan buen...

—¡Basta! —volvió a interrumpirla Nancy—. La medicina moderna hace milagros en estos tiempos. Tienes que quitarte de encima esa actitud repelente tuya. Domínate.

—Nancy me dejó atónita al principio —recordaba Gloria más tarde—. Pero, después, cuanto más intentaba hablar yo, más ruidosa y más nerviosa se ponía ella. Por fin, lo vi claro. Nancy seguía sufriendo demasiado dolor por su hijo como para ser capaz de sentarse a mi lado y oírme hablar del mío. En el camino de vuelta a mi casa, no dejé de recordar aquel viejo dicho: «No podemos llevar a nadie más lejos de donde hemos llegado nosotros». Me di cuenta de que no conocía a una sola persona que hubiera llegado hasta el otro lado de la aflicción. ¿A quién debía acudir?

—¿Qué intenciones tienes respecto de tu relación con Nancy? —le pregunté.

—Me propongo que seamos siendo amigas —me dijo ella—. Pero ya no será nunca una amistad íntima, ya que ella no quiso dejarme que compartiera con ella mi aflicción.

La comunicación abierta es clave para conservar las relaciones personales. Sin embargo, conservar estas relaciones no es lo que más interesa a todos.

Saber cuándo es el momento de dejarlas

Las relaciones personales significativas son mutuas y de apoyo. La aflicción produce cambios, y los cambios pueden ser difíciles. Si usted, como superviviente, tiene claro que unas relaciones personales van a obstaculizar su desarrollo, entonces puede que haya llegado el momento de dejarlas, al menos por ahora.

Lo mismo puede decirse si usted es la persona que presenta condolencias o apoyo. Es posible que llegue a descubrir en algún momento que, aun habiendo hecho todo lo que ha podido, lo que hace no llega a satisfacer nunca al que está de duelo. Recuerde: es este el que tiene que seguir el proceso. A veces, una persona tiene que dar salida a mucha rabia, odio o amargura, y maneja inconscientemente a otras personas para que se las alimenten. Si usted se deja enredar, entonces tendrá usted que seguir también el proceso. Puede que tenga que retirarse usted una temporada, o quizá indifinidamente. El duelo sano fomenta el desarrollo de todos los que participan en él. Vamos a estudiar ahora la aflicción saludable, comparándola con la malsana.

VI
Funcional y Disfuncional

*Llorar es reducir el
dolor de la aflicción.*

WILLIAM SHAKESPEARE, *Enrique VI*

L A aflicción cubre un espectro tan amplio y personal que los especialistas se han debatido largo tiempo con su terminología. He aquí veintiséis términos que representan solo una lista parcial de los calificativos que hemos oído aplicados a la aflicción cuando obstaculizaba el desarrollo: anormal, afligida, atípica, cargante, crónica, compleja, complicada, conflictiva, continuada, desestablecida, desordenada, desorganizada, disfuncional, extendida, deteriorada, mal adaptada, morbosa, neurótica, patológica, problemática, prolongada, guardada, inacabada, malsana y no resuelta.

Nosotros hablaremos de aflicción *disfuncional* o *malsana*, pues la aflicción saludable tiene su función. Permite a los supervivientes reconocer, sentir e integrar aquello que aman, pero de lo que ahora carecen. La aflicción malsana prolonga el sufrimiento, interrumpe las actividades normales o impide vivir plenamente la vida. Estudiaremos ahora algunas señales o síntomas que caracterizan la disfunción.

La aflicción fijada

La aflicción saludable tiene un flujo, un proceso continuado natural, y es posible detenerse a descansar, a cargarse de energías o a hacer balance sin interrumpir ese flujo. Sin embargo, la aflicción fijada hace que los supervivientes se queden atascados en un punto.

Inmediatamente después de la pérdida, por ejemplo, los que están de duelo dejan de acudir al trabajo o a sus actividades diarias para ocuparse de una serie de tareas, tales como organizar el funeral, atender a asuntos legales y económicos, organizar la ejecución del testamento, etcétera. Si bien la mayoría de los supervivientes vuelven a su rutina diaria en un plazo de una semana, otros necesitan más tiempo. Esto se vuelve problemático si los privados de seres queridos se deslizan hacia un aislamiento malsano, prolongado.

Los privados de seres queridos también puede desarrollar la fijación de contar su caso. El duelo necesita una voz. Es frecuente que las personas no sepan cómo se sienten hasta que se oyen a sí mismas decirlo; por lo tanto, cuanto más manifiestan sus sentimientos los supervivientes, más deprisa se normalizan sus emociones. Por desgracia, no obstante, algunas personas privadas de seres queridos cuentan su historia sin expresar cómo se sienten. Para dejar atrás la pérdida es preciso dar una salida a las emociones.

«¿Por qué no me contaste más cosas, Dianne?»

Algunos amigos míos, al leer el borrador de este libro, me han preguntado:

—Dianne, ¿por qué no me contaste más cosas de la muerte tan terrible de tu padre... las escaras abiertas que tenía, su fiebre, y que sabía que aquel error lo mataría sin que él pudiera hacer nada más que quedarse allí tendido? ¿Por qué no me contaste que si los médicos te informaron de la sobredosis fue porque el compañero de habitación de tu padre era médico y te lo iba a revelar él? ¿Por qué no me contaste...?

—Hace dieciséis años, yo necesitaba oírme a mí misma resolver aquella prueba emocional que estaba sufriendo —respondí—. Ya no tengo esa necesidad, y no serviría de nada a los lectores. Doy gracias al cielo por que me hayáis permitido expresar mis sentimientos; pues hay algunas personas que perdieron a un familiar hacia la misma época y que siguen contando sus casos. Su aflicción no se mueve: son *ellos* los que se mueven: de pariente en pariente, de amigo en amigo, de conocido en conocido.

* * *

No infravalore nunca la virtud de sanación de oírse a sí mismo pronunciar las palabras que identifican sus sentimientos: «Y estoy rabioso con ellos por eso», «Estoy muy triste sin ella», o «Ahora estoy decepcionado por lo que hicieron». Las personas que se quedan fijadas en sus historias no expresan los sentimientos que las acompañan.

La negación

Las personas afrontan los traumas por muchos medios, el más común de los cuales es la negación. La función de la negación es proteger la psique de una crisis tan intensa que no se puede absorber en un principio. Cuando el impacto de la muerte de un ser querido es abrumador, la negación sirve para aliviar el peso total del golpe. Al cabo de algunas semanas, empieza a intervenir gradualmente la realidad. Con el tiempo, se absorbe plenamente la pérdida y la mente y el cuerpo recuperan el equilibrio. Si bien la negación es saludable al principio del duelo, puede volverse disfuncional si se prolonga.

La negación nos defiende del dolor o de la incomodidad bajo una de sus dos formas, la negación consciente o la inconsciente. Estudiemos primero la negación consciente.

La negación consciente

Cuando la negación es consciente, los individuos distorsionan la verdad de manera intencionada. Un niño pequeño pretende librarse de la mirada de desaprobación de su madre asegurándole: «¡No he sido yo el que se comió los bizcochos!». Un criminal, bien consciente de su culpabilidad, grita para defenderse: «¡Yo no fui!».

También los que están de duelo se defienden de la verdad, y de aquí pueden surgir problemas. La mente inconsciente absorbe todos los pensamientos y afirmaciones de manera literal, incapaz de distinguir la realidad de la ficción. Los engaños conscientes invitan a la negación inconsciente, que puede conducir a autoengaños de inadaptación, como en los dos casos siguientes.

«Lo asesinaron»

Después de que se suicidara el marido de Ruth, esta empezó a responder a los que le preguntaban por su muerte diciéndoles: «Lo asesinaron». Cuando siguió diciendo a la gente que a su marido lo habían matado, su negación consciente se fue convirtiendo poco a poco en negación inconsciente (no creer en la realidad de una situación). Manteniendo que la muerte de su marido había sido un asesinato, se inventó una historia del crimen y se presentó en la comisaría, donde exigió que se abriera una investigación. Se recurrió a un capellán de la policía, que remitió a la viuda con delicadeza a un grupo de ayuda *SOS* (Supervivientes del Suicidio). Allí recibió la ayuda y el apoyo que necesitaba, y acabó por aceptar su pérdida.

«Ah, no, doctor Moody, está en Ohio visitando a unos parientes»

Douglas estaba acogido en una residencia de ancianos cuando le diagnosticaron la enfermedad de Alzheimer. Los psiquiatras de la residencia trasladaron al anciano a una clínica geriátrica donde trabajaba yo (Raymond). Nuestro equipo de médicos sometió a Douglas a más análisis psicológicos y médicos, que indicaron todos ellos que Douglas estaba sano y no tenía síntomas de enfermedades. Sin embargo, los internistas volvieron a diagnosticarle la enfermedad de Alzheimer «por la incapacidad del paciente para recordar los hechos pasados y por su aislamiento social». Al oír la revisión de su caso, eché una mirada a su historia clínica, en la que se ponía de manifiesto que el viudo se empeñaba en que su mujer estaba en Ohio, cuando en realidad había muerto seis meses antes. Anoté su número de habitación y fui a investigar.

Abrí la puerta con cuidado y vi a un caballero de noble aspecto que estaba de pie ante la ventana abierta. No tenía la mirada apagada que suele ser característica de los pacientes de Alzheimer: le brillaban los ojos y me sonrió al mirarme.

—¿Es usted Doug B.? —le pregunté prudentemente, para asegurarme de que se trataba del paciente en cuestión.

—Sí —respondió él, indicándome la silla que estaba frente a la suya—. ¿Se quiere sentar?

Me acerqué y lo observé con cuidado en busca de algún indicio de que tuviera Alzheimer. Tenía un periódico a su lado, que me sirvió perfectamente para emprender una conversación con la que podría poner a prueba su memoria a corto plazo. Debatió conmigo los últimos sucesos con una memoria casi perfecta. Como no advertí en él nada que se saliera de lo corriente, cambié de conversación y pasé a hablar de asuntos de historia mundial. Me sorprendió lo bien que se expresaba, y que recordase algunos datos mejor que yo mismo. Por fin, le pregunté:

—¿Le gusta vivir aquí?

Me dijo que le gustaba, sobre todo la fisioterapia, los cuidados de las enfermeras y las comidas.

—¿Y su familia? —le pregunté.

—Vienen a verme más que antes —dijo con una sonrisa.

—Tengo entendido que su mujer ha fallecido —dije, para sondearle más.

Él levantó las cejas y ladeó la cabeza: no cabía duda de que mi pregunta le suscitaba tanta curiosidad como la que yo tenía por su respuesta.

—Oh, no, doctor Moody, está en Ohio, visitando a unos parientes —me dijo.

Hice más investigaciones, y quedé convencido de que Douglas se estaba retirando socialmente para evitar que le preguntaran por su mujer. Solo se desviaba de la realidad en negarse a reconocer su muerte, lo que era un autoengaño de inadaptación.

Su caso concluyó de manera positiva. Cambiamos su diagnóstico al de «aflicción con complicaciones» y lo enviamos a sesiones de terapia de grupo. Allí, la realidad de la muerte de su esposa fue atravesando por fin su coraza de negación. La última vez que vi a Douglas estaba rodeado de amigos, y es la imagen suya que guardaré con mayor aprecio.

Veamos ahora un caso distinto del de Ruth y Douglas, el del doctor B. Sirve de ejemplo de que cuando las circunstancias son demasiado dolorosas o personales como para revelarlas, es mejor negarse a discutirlas que distorsionar la verdad.

«Hay cosas de las que no hablo nunca»

Raymond y yo impartimos durante algunos años clases de «Formación de facilitadores para profesionales sanitarios». Los cursillos de tres días se centraban en diversos materiales didácticos, pero también constituían parte inseparable de ellos las revelaciones personales. Cada cursillo comenzaba con las presentaciones, en las que hacíamos a los asistentes tres preguntas: «¿Cómo se llama? ¿Dónde vive? ¿Y qué lo trae por aquí?». Los asistentes a los cursillos solían responder a esta última pregunta contando las pérdidas personales que había sufrido, y que les habían llevado a cobrar interés por ese terreno de estudio.

Estaba anocheciendo y llegaba el nuevo grupo de cursillistas. Raymond y yo descubrimos en la lista de asistentes el nombre de un psicólogo destacado, que era además padre que había perdido a un hijo.

—El doctor B aportará profundidad a nuestro trabajo juntos en este fin de semana —nos dijimos.

Nos reunimos con los cursillistas en el cuarto de estar de Raymond, donde nos presentamos con el ruido de la lluvia en el tejado como música de fondo. El doctor B fue el último que tomó la palabra.

—Me llamo Don, vengo de Canadá —dijo; e hizo una pausa antes de seguir hablando, como si se estuviera asomando a lo más hondo y sagrado de su ser interior—. Y hay cosas de las que no hablo nunca.

A continuación, respondió a nuestra última pregunta sin superar el límite de lo que podía ponerlo incómodo.

En cada grupo surge un tema o esencia único. El doctor B marcó el tono de aquel grupo: fuerza, sinceridad y autorrespeto. Aportó profundidad al fin de semana, pero no compartiendo su pérdida, sino compartiendo su valor. En efecto, hay cosas demasiado sagradas para divulgarlas, o que no resultan adecuadas en determinados momentos y lugares. El respeto a la intimidad de la persona es saludable.

La negación inconsciente

La negación inconsciente consiste en olvidar la realidad, huir de ella o no creerla. Todos dejamos de recordar alguna cosa durante varios segundos, minutos u horas. Nos olvidamos de que nos hemos cortado un dedo hasta que tomamos un tenedor para comer, y entonces... «¡Ay! ¡Se me había olvidado!» Las vendas sirven para cubrir las heridas abiertas y protegerlas.

La negación tiene una función muy semejante a la de una venda. Cuando el impacto pleno de la muerte de un ser querido es tan intenso que la psique no lo puede absorber, la persona recién privada suele ponerse a gritar, entre una niebla de incredulidad: «¡No, no puede estar muerto!». Muchos se quedan tan aturdidos que pierden todas las emociones; por ello, se preguntan: «¿Por qué no siento nada? ¿Por qué estoy vacío por dentro?». Los supervivientes generan un sistema de defensa saludable y oportuno, que van dejando caer después trozo a trozo. Veamos los casos siguientes.

«¡Oh, no! ¡No puedes dejar a papá!»

El funeral militar de Giusseppe y el servicio religioso concluyeron cuando se retiró del ataúd la bandera de los Estados Unidos, que fue entregada a su hijo mayor, Joseph. Joseph pasó varios días con su madre, entre recuerdos, y después se marchó del pueblecito donde vivía ella, en el estado de Nuevo México. Cuando regresó a su casa, en Texas, tuvo las reacciones de aflicción normales para su edad, su sexo, su historia de aflicciones, su personalidad y las relaciones que había mantenido con su padre.

Varios meses más tarde, en una mañana de mucho trabajo en su oficina, atendió una de las muchas llamadas que recibía por teléfono.

—Diga.

—Joseph, me vuelvo a vivir a Texas... —empezó a decir la voz de su madre.

Aunque su madre siguió explicándose, él tuvo un pensamiento horrible que le impidió oírla: *¡Oh, no! ¡No puedes dejar a papá!* La negación distanció a Joseph de la realidad durante un par de segundos. Después, impresionado por el hecho de haberse olvidado por un momento de que su padre había muerto, se estremeció. «Qué sensación tan extraña».

«¿Qué haces?»

Después de salir de tiendas por Dublín y de visitar a unos amigos, Terri hizo el largo viaje de vuelta a su casa en tren. Mientras se guisaba la comida, puso en la mesa de la cocina platos, tazas y cubiertos para dos, como de costumbre. Mientras servía el té en la taza de su marido, oyó que este le decía:

—¿Qué haces, niña querida?

Terri se hundió en su silla y lloró por primera vez desde la muerte de él cuatro meses antes. Aquella noche durmió bien.

—Se me ha quitado de los hombros una carga —dijo al día siguiente a una amiga suya, terapeuta especializada en aflicción.

Los episodios de negación pueden producir situaciones incómodas para los que están de duelo, pero es frecuente que confundan a los transeúntes, como en el caso de Orah.

«¿Te encuentras bien?»

Esperaba su turno en una larga cola de clientes ante la caja. Orah se había quedado viuda tres meses antes, y su visita semanal al supermercado había terminado como siempre durante treinta años: comprando cigarrillos para su marido. Bajó la vista y vio la palabra «Cigarrillos» impresa en el cartón que llevaba en los brazos. *De modo que esto es lo que se siente cuando se vuelve una loca*, pensó.

Mientras repasaba los recuerdos de toda una vida, la sorprendió una voz.

—¡Eh! ¡Querida! ¿Estás bien? —le preguntaba en voz alta el cajero, que había sido amigo de su difunto marido.

Orah levantó la vista y vio que ya no estaban los demás clientes, y que el cajero miraba fijamente el cartón.

—Ah... llevas... cigarrillos —balbuceó el cajero.

A ella se le sonrojaron las mejillas pálidas.

Negar la profundidad de la pérdida

Los supervivientes suelen negar, o los demás les niegan, la profundidad de su dolor estableciendo comparaciones. Son especialmente vulnerables a ello los padres que han perdido a un hijo por un aborto involuntario. Los padres establecen vínculos con el niño desde el momento en que piensan en tenerlo. Sus esperanzas y sus sueños se truncan con los abortos involuntarios; sin embargo, algunos se preguntan: «¿Cómo puedo ponerme de duelo, si no lo he tenido?». Suelen compararse con otros padres que han perdido a sus hijos: «¿Quién soy yo para sentir lástima de mí mismo, si el hijo de él se mató?», o bien: «Ahora están solos, no tienen otros hijos». Del mismo modo, las personas que presentan sus condolencias quitan importancia a la pérdida diciéndoles: «Podéis tener otro hijo», o «Sería peor si lo hubiéseis llegado a conocer», o bien «Tenéis otros niños en casa».

Los privados de seres queridos suelen comparar sus pérdidas. «Por lo menos, mi hermano no murió en un accidente terrible»; «El marido de ella tuvo una muerte larga y dolorosa»; «Mi tío había estado casado treinta y cinco años, no como yo, que solo había vivido tres años con mi mujer»; «Pero él estaba más unido a su padre». Los que presentan condolencias hacen lo mismo: «No eres el único que ha perdido a su mujer»; «Hay más viudas en el pueblo»; «Mi madre murió cuando yo tenía dos años; tú, al menos, has tenido a la tuya todo este tiempo». Jamás hay que descontar el dolor de nadie. Las personas se desarrollan a base de reconocer la profundidad de su dolor y de sentirlo.

«Deberías estar contenta»

El hijo de ella se estaba muriendo en el hospital.

—¿Cómo está? —le preguntó un amigo suyo (padre que había perdido a un hijo). Hablaron durante unos minutos, hasta que la madre se echó a llorar. El hombre le dijo:

—Todavía tienes a tu hijo. Deberías estar contenta de que siga contigo.

Así terminaron sus relaciones de amistad.

Otro síntoma que indica que la aflicción se ha vuelto disfuncional es cuando se considera que la muerte es reversible.

La reversibilidad de la pérdida

Los niños pequeños suelen decir: «Se despertará». Para ellos, la muerte es temporal, como el sueño. La mayoría de los adultos han de soportar momentos en los que ellos mismos esperan el regreso de sus seres queridos.

«¡Ah! Volverá esta tarde»

Una tarde, viendo el telediario de las cinco, la viuda pensó de pronto: *¡Ah! Volverá en cualquier momento.* Saltó de su butaca, preparó apresuradamente la cena y se sentó a esperar la llegada de su marido. La tarde transcurrió como cualquier otra, hasta que ella comprendió: *No va a volver. Murió el mes pasado.* La mayoría de los individuos privados de seres queridos abren los ojos al carácter irreversible de la muerte. De lo contrario, su aflicción va camino de la disfuncionalidad.

Los objetos que nos traen recuerdos

En el modo en que tratamos los objetos que fueron de nuestro ser querido se reflejan nuestros valores, nuestra aflicción y las relaciones que mantuvimos con el difunto. Estudiaremos cuatro categorías de objetos: *de transición, recuerdos, salvavidas* y *rechazados.*

Los objetos de transición

Los objetos de transición se conservan durante cierto tiempo. Dormir con la camisa vieja del padre, usar el coche de la madre o ponerse el anillo del hijo nos trae recuerdos y sentimientos de apego. Es importante mantener las cosas familiares y evitar los cambios grandes. Por ejemplo, vivir en el mismo domicilio ayuda a los viudos, a las viudas y a los padres que han perdido a un hijo a procesar lo que han perdido.

Además de los artículos que fueron de la persona querida, existen otros objetos que también se conservan. En muchos *hospices* se deposita una rosa roja sobre la cama tras la muerte del paciente. Es poco frecuente que los familiares vuelvan a entrar en la habitación, pero cuando lo hacen suelen pedir que les dejen conservar la flor. Es costumbre que los asistentes a los funerales conserven una flor tras el acto.

Un clavel

La enfermera de mi padre puso un clavel en un florero de cristal, junto a su cama. Dejó escrita también ante el florero una bendición en una tarjeta. Tres semanas más tarde, el día que murió él, la flor seguía irradiando su fragancia y todo su color. Yo la conservé durante algunos años como símbolo significativo.

Los objetos de transición benefician a los privados de seres queridos, dentro del proceso de «mantener, soltar». Estos objetos solo se conservan temporalmente, y existen otros que se convierten en recuerdos.

Los objetos que sirven de recuerdos

Los objetos que sirven de *recuerdos* son los que los supervivientes conservan permanentemente. Las fotografías, los documentos, las joyas y los artículos domésticos suelen servir de vínculos. A muchas personas les agrada adornar sus casas con los retratos de sus antepasados, comer con la cubertería de la familia y dejar estos objetos a sus sucesores. Muchas generaciones aprecian su legado a través de la conexión física que les aportan los recuerdos, y en estos casos los recuerdos son significativos para todos.

Los recuerdos también pueden ser significativos para los que han perdido a un animal de compañía. Es frecuente conservar un pequeño recuerdo, pero los retratos y las lápidas conmemorativas suelen perdurar como vínculos visuales entre los seres humanos y sus queridos compañeros animales.

Los objetos salvavidas

Cuando los privados de seres queridos se interesan demasiado por los objetos que sirven de recuerdo, estos se convierten en salvavidas y no ejercen una función saludable. Se considera que los objetos se convierten en salvavidas en tres casos: cuando se conservan para que los seres queridos difuntos los puedan usar a su vuelta; cuando *son* los seres queridos difuntos (en opinión de los privados de seres queridos), o cuando hay un interés emocional tan grande por ellos que, caso de que se perdieran, los robaran o se destruyeran, la aflicción del superviviente sería igual a la de su pérdida primitiva. Dos casos de salvavidas son los de Georgia y Jan.

«Así sigue vivo James»

Georgia solía tener un carácter abiertamente tierno y afectuoso, pero durante el funeral de su marido tuvo una actitud estoica. Varios días más tarde, sus familiares observaron que había reunido todos los retratos de su marido que tenía enmarcados y los había colgado en el cuarto de estar de su casa. No es demasiado raro que las viudas recientes hagan cosas así. Sin embargo, a la semana siguiente observaron que había sacado del álbum familiar todas las fotos en que aparecía él y las había dejado en una mesa. Una semana más tarde, había pegado todas las fotos en las paredes de la habitación.

En la visita siguiente, la galería fotográfica de Georgia incluía recortes de prensa, fotos de carnet y dibujos de su marido difunto. Al cabo de poco tiempo, su cuarto de estar era un enorme *collage*.

Cuando sus familiares le preguntaron por las imágenes, Georgia se cruzó de brazos y murmuró con tono agresivo:

—Me gusta tenerlas así. Así sigue vivo James.

«Jan quiere momificar la casa»

Antes de que naciera Jan, su padre tuvo que trasladarse al extranjero. Jan fue la única compañera de su madre, que la crió dándole el pecho hasta los cuatro años. Tras el regreso del padre, la pareja tuvo otros cuatro hijos, pero Jan y su madre siguieron siendo inseparables.

Jan siguió viviendo con su madre, aun después de casarse y de tener tres hijos. Los hijos de Jan se hicieron adolescentes, pero aunque ellos crecían, la casa no daba de sí. Jan se vio obligada por primera vez a comprarse una casa propia, pero se compró una que estaba en la misma calle. Las dos mujeres siguieron siendo compañeras constantes de sol a sol.

La madre de Jan, de unos setenta y cinco años, ingresó en el *hospice* con una enfermedad terminal. En su lecho de muerte, dijo a su hijo (hermano de Jan) que se llevara un cuadrito que estaba en el porche trasero de su casa. Lo había pintado ella misma cuando estudiaba Bellas Artes. A la muerte de su madre, el hijo no dio ninguna importancia a habérselo llevado, pero Jan montó en cólera.

—Al llevarte ese cuadro, has cambiado la casa —gritó, amenazándole con el puño—. Traelo aquí.

Inmediatamente después del funeral, Jan compró a sus hermanos la casa de su madre y se aseguró de que todo quedara exactamente igual que lo había dejado la madre, por dentro y por fuera. Después se puso a buscar febrilmente un cuadro igual que el que se había llevado su hermano para sustituirlo; pero, al no encontrarlo, volvió a insistirle:

—Ese cuadro lo robaste. Déjalo en el porche, que es su sitio.

—Jan quiere momificar la casa —explicó el hermano a los demás. Hasta la fecha, Jan no se ha desarrollado todavía para convertirse en un ser humano independiente y plenamente funcional. Los objetos salvavidas le permitieron introducirse del todo en el papel de la difunta: se ponía la ropa de su madre e incluso asumió su personalidad. En vez de transmitir un legado familiar maravilloso, transmitió disfuncionalidad; ahora, Jan y su hija son a su vez inseparables y las dos custodian la casa y su contenido. Intentaron transmitir esa misma pauta a la nieta de Jan, pero aquella forma de vida le pareció forzada a la joven, que se negó a seguir con ella.

Nos suelen preguntar: «¿Cómo sabré si estoy demasiado interesado por mis recuerdos?». Nosotros invitamos a los que nos hacen la consulta a que se formulen las preguntas siguientes: ¿Con qué propósito conservo este objeto? ¿Cómo me siento cuando lo miro? ¿Qué representa para mí el artículo? ¿Cuánto de mí mismo está depositado en él? Si se pierde o se destruye el objeto, o lo roban, ¿sería devastadora la pérdida?

La mayoría de los supervivientes llegan a comprender en algún momento que el vínculo que une para siempre es el amor. Es lo único que no se puede perder, destruir o robar nunca.

Los objetos rechazados

Cuando la relación personal fue tormentosa, o la muerte fue turbadora, los supervivientes suelen descartar todos los objetos que puedan servir de recordatorios. Sin embargo, más tarde desean haber conservado ciertos objetos. Cuando nos consultan acerca de la conveniencia de tirar los recuerdos, invitamos a los que nos hacen la consulta a que se formulen las preguntas siguientes: ¿Con qué propósito rechazo estos artículos? ¿Cómo me sentiré si los conservo? ¿Cómo me sentiré cuando ya no estén? ¿Y si los quiero más tarde? Al guardar los objetos, los supervivientes conservan posibilidades para el futuro.

Asumir las características del difunto

Otra manera en que los que están de duelo suelen mantenerse conectados con sus seres queridos es absorber ciertas características del difunto. Incorporar en nuestra personalidad rasgos positivos de los seres queridos fallecidos se llama *integración*, que significa unir lo que está separado. Veamos los tres ejemplos siguientes.

«Se acabaron las despedidas, Dianne»[1]

—Se acabaron las despedidas, Dianne. Se acabaron las separaciones, pues ella está ahora contigo para siempre.

Esto dijo el pastor en el entierro de mi madre. Sus palabras me produjeron frustración, pues yo quería estar con ella, en el plano físico. No quería quedarme atrás para tener que llorar las muchas cosas que echaría de menos y no volvería a tener nunca más.

Mi madre habría sido capaz de dibujar los planos de un edificio de apartamentos con su máquina de coser; sin embargo, yo no supe nunca coser en línea recta. Tres años después de la muerte de mi madre tuve que coser el dobladillo de una falda nueva y me senté a su máquina, esperando que tendría que pasarme allí horas enteras con problemas de todas clases. Con gran sorpresa por mi parte, no obstante, en cuanto pisé el pedal, estaba cosiendo perfectamente, sin desviarme.

—¡Es verdad! ¡Es verdad! —grité, dando palmadas de gusto—. Se acabaron las separaciones. Está siempre conmigo.

Sentí por primera vez la ventaja de haber acabado con las despedidas.

---

[1] Adaptado de «Tribute to Karlis Osis», de Dianne Arcangel, *Journal of the American Society for Psychological Research*, pág. 228.

«No veo el momento de enseñarte esto, Raymond»

Ben era un hombre grueso que solía ponerse pantalón corto, con el que se le veían claramente las marcas de nacimiento en forma de mariposa que tenía en la pierna izquierda. Su hijo Bill y yo nos criamos juntos y fuimos amigos íntimos toda la vida. Puedo dar fe de que ni Bill ni ningún otro miembro de su familia lucía unas marcas como las de su padre. Tras la muerte de Ben, Bill, que tenía cincuenta años, se pasó una tarde por mi casa.

—No veo el momento de enseñarte esto, Raymond —dijo, subiéndose la pernera izquierda de los pantalones.

Allí, en la pantorrilla, de manera repentina e inexplicable, le habían aparecido las mismas marcas en forma de mariposa.

El bigote de Fred

Fred, colega mío en la universidad, aborrecía cualquier clase de pelo en la cara, pues afirmaba que era sucio, incluso el pequeño bigote de su padre. Dos semanas después de la muerte de su padre, Fred se estaba lavando las manos en los lavabos de caballeros. Echó una mirada al espejo y vio con sorpresa que llevaba un bigote idéntico al de su padre. Había asumido sin proponérselo una característica de su padre, que además antes le había parecido desagradable.

—El pelo en la cara ya no significa para mí una falta de limpieza en estos tiempos —dijo, riéndose.

Estos tres casos demuestran una integración saludable. Absorber las características de los difuntos puede realzar la vida, en vez de resultar disfuncional. Veamos ahora, no obstante, unos casos de integración malsana.

Reproducción de los síntomas patológicos

Los trastornos médicos se pueden reproducir en los supervivientes. En la mayoría de los casos suelen ser breves y no vuelven a presentarse. Sin embargo, si prosiguen los síntomas, pueden causar problemas.

Tom sufrió graves dolores en el pecho y falta de aliento después de que su hermano muriera de un ataque al corazón. Se sometió a varios análisis médicos que no encontraron ninguna causa para sus molestias, pero el dolor persistía y se volvía más intenso. Tom acudió como último recurso a la psicoterapia, que puso de manifiesto que no había tenido duelo por su hermano. Sus síntomas físicos desaparecieron por completo cuando aprendió a expresar su pena profunda.

Buscar al difunto

La búsqueda inconsciente es un rasgo normal de la privación. Los recién privados buscan a sus seres queridos como si esperaran verlos aparecer en cualquier momento: en el centro comercial, en el supermercado, en la iglesia, en los aeropuertos y en otras partes.

«¿A quién estás buscando?»

Un grupo de viudas se paseaba por un centro comercial, y observaron que una del grupo se comportaba como si buscara a alguien.

—¿A quién estás buscando? —le preguntaron.

Cuando ella reconoció que no podía dejar de mirar por si veía a su marido, se preocuparon por ella al principio, pero después recordaron que también ellas habían buscado a los suyos casi de la misma manera.

«Esto no es buena señal»

Tras la muerte de su marido, Margie se pasó por el departamento de Bellas Artes de un colegio universitario local. Habló con el señor McClendon, director del departamento y que también trabajaba como psicoterapeuta, y le preguntó si la aceptarían allí. Él le aseguró que sería bienvenida, como cualquier otro de los estudiantes adultos que volvían a la universidad después de haber criado a una familia.

Margie se matriculó en una clase de escultura, y el primer día se puso a amontonar arcilla delante de ella.

—¿Qué hace? —le preguntó el señor McClendon.

—Siempre he pensado que sería bonito tener una escultura de tamaño natural —contestó Margie, mirándolo desde detrás de su montaña de arcilla.

—¿Ha trabajado alguna vez con arcilla? —le preguntó el señor McClendon.

Se quedó atónito cuando ella le dijo que no sabía nada de arte, pero que quería crear un busto realista de su marido difunto.

—¿Por qué no empieza con un proyecto sencillo, un cuenco pequeño, por ejemplo? —preguntó el profesor.

—Pero yo no quiero hacer más que esto —respondió ella, mientras seguía amontonando arcilla en la mesa.

—Está bien; siempre la recordaré como la alumna que empezó por lo más difícil —dijo él con un suspiro.

Margie completó su proyecto a final de curso, gracias a la ayuda y a la paciencia del señor McClendon. Se matriculó de nuevo en los cursos siguientes y siguió creando reproducciones realistas de su marido difunto. Después de tres años de asistir a la universidad, invitó a los profesores y a los alumnos a que acudieran a su casa para celebrar la fiesta de Acción de Gracias. Estos vieron con sorpresa las esculturas del marido difunto en la casa cerca de las ventanas.

—Esto no es buena señal —suspiró el señor McClendon—. Está fijada en la fase de búsqueda de la aflicción.

Se llevó a Margie aparte y le hizo unas preguntas.

—Sentía nostalgia de mi marido —reconoció ella—. Me pareció que poner una escultura de él en nuestra casa sería como volver a traerlo a mi vida de alguna manera. No fue así, pero me gustaba verla allí, ante la ventana del cuarto de estar. Desde la calle parecía como si estuviera viendo la televisión. Así que hice otra y la puse en el otro lado de la casa, en nuestro dormitorio. Parecía bueno para protegerme, pues la gente que pasaba por delante de la casa se creería que había un hombre dentro. Así que volví a las clases e hice otra escultura para el porche de atrás. Esta fiesta se la dedico a usted. Con ella quiero decirle «gracias» y «adiós», pues ya no necesito estas esculturas para que me protejan. La que estoy haciendo ahora es para regalársela a usted.

—Me encantará tenerla —dijo el señor McClendon, aliviado—. La pondré en mi despacho y me acordaré de usted siempre que la vea.

El ejemplo de Margie ilustra varios puntos. En primer lugar, que la aflicción funcional sigue un curso natural. Como la mayoría de los individuos privados de un ser querido, Margie dejó de buscar a su marido con el transcurso de los años. En segundo lugar, que el apoyo social es importante. El profesor de Bellas Artes fue, sin saberlo, una fuente importante de consuelo para su alumna. Por otra parte, nadie debe hacer juicios sobre el aspecto externo de la aflicción de otra persona. Al señor McClendon le pareció que las esculturas eran malsanas, como síntomas de aflicción disfuncional; sin embargo, fueron unos hitos saludables para Margie, que iba reconstruyendo su vida tras su pérdida.

Confundir a los demás

Los individuos privados de un ser querido cometen con frecuencia el error de confundir a otras personas con sus seres queridos fallecidos. Los reconocen en personas desconocidas que esperan en el aeropuerto, que pasan en coche por una calle o que están sentadas al otro extremo de una sala. Si la pérdida fue más traumática, los seres queridos suelen aparecer en serie: un día son el cajero del supermercado, al día siguiente son un asistente de vuelo y al otro día son una voz que suena en un altavoz. Cada episodio solo dura un segundo o dos, pero las oleadas de pena que lo siguen duran mucho más tiempo.

En muchos casos, los individuos privados relatan que sus atisbos no fueron meros incidentes de confusión de personas, sino experiencias místicas. Están seguros de que sus seres queridos se manifestaron momentáneamente en el cuerpo de otra persona; es decir, que su espíritu se sirvió del campo de energía de otro ser humano para materializarse. Los escépticos replican a esto: «Eso es creer en la magia, como la reencarnación. Esas personas tienen tal anhelo por recuperar a sus familiares que se inventan escenas en las que parece que han vuelto».

Emociones disfrazadas

Las personas aprovechan la muerte de sus seres queridos, sin saberlo, como medio para explotar sus sentimientos. He aquí un ejemplo de culpa disfrazada de aflicción.

«¿Qué te pasa?»

Dot estaba muriéndose, en coma tras una larga lucha contra el cáncer, en casa de su hija menor, Pam. Pam había dedicado casi toda su vida a cuidar de Dot y siempre había hecho lo que fuera mejor para su madre. Cuando los médicos le consultaron si debían aplicar maquinaria para prolongar artificialmente la vida de Dot, Pam acudió en busca de consejo a los amigos más íntimos de su madre y a su pastor religioso. Todos acordaron que la anciana ya había sufrido bastante y que cualquier intento de prolongar su vida no serviría más que para provocarle más sufrimientos. Por lo tanto, Pam firmó todos los documentos necesarios, renunciando a que se tomaran medidas drásticas de ese tipo.

Cuando se acercaba la muerte, se reunieron alrededor del lecho de Dot sus allegados más íntimos. De pronto, la otra hija de Dot irrumpió en la habitación donde se estaba derrochando tanto amor y se puso a gritar a los reunidos:

—¿Qué están haciendo a mi madre? ¿Cómo se atreven? ¡No consentiré que le hagan esto! ¡Exijo que reciba todos los cuidados médicos posibles! ¡Qué insensible eres, Pam! ¿Qué te pasa? ¿Es que no tienes conciencia?

Aquella hija vivía en otro continente y solo había visitado a su madre en otras dos ocasiones en los últimos quince años. Jamás se había hecho cargo de ella en ningún sentido. Intentaba disimular su sentimiento de culpa haciéndose la hundida por el dolor. Sin embargo, todos los presentes comprendieron su comedia.

Las reacciones en los aniversarios

Los aniversarios de ciertos sucesos (de los cumpleaños, la fecha de la muerte, festividades y otras ocasiones dignas de ser recordadas) pueden suscitar reacciones tales como sensaciones leves de tristeza o de depresión. En algunos casos pueden provocar sensaciones corporales abrumadoras o fenómenos inexplicables, como en los ejemplos siguientes:

«¿Significa algo este día?» —preguntó Raymond

Los cuatro hermanos, solteros y sesentones, seguían viviendo juntos en la granja familiar. Cuando el más joven, varón, empezó a sentir dificultades para respirar y dolores torácicos, sus hermanos lo llevaron a toda prisa a urgencias. Nuestro equipo de especialistas en medicina interna lo examinó a fondo sin encontrarle ningún trastorno físico; supusieron, por tanto, que la causa de sus síntomas era psicológica, y me llamaron a mí (Raymond).

Escribí la fecha, «12 de diciembre de 1965», en la cabecera del impreso y empecé a entrevistarlo. Cuando me vi incapaz de encontrar ninguna psicopatología en aquel hombre amable y delicado, repasé con desesperación su historia clínica. Me llamó la atención una fecha, «12 de diciembre»: era la de su último ingreso en urgencias, cuando había tenido los mismos síntomas y le habían dado el alta sin diagnóstico ni tratamiento.

Reuní a toda la familia junto a su lecho y les pregunté:

—¿Significa algo especial el 12 de diciembre?

—Nuestra madre murió ese día —respondieron a coro.

Mientras los supervivientes pueden desatender la reacción propia de un aniversario, como sucedió en este caso, las terceras personas pueden reconocer la relación.

«Todo cambió al acercarse el aniversario de su muerte»

Greg y Pat estaban tan unidos que solo se separaban para ir a trabajar. Un día, cuando Greg llegó a su trabajo, recibió una llamada telefónica. La noticia era devastadora: su amada Pat se había matado en un accidente de tráfico terrible con incendio, camino de su trabajo. Greg intentó afrontarlo dedicándose a supervisar todos los aspectos de su funeral, hasta cavando en persona la tumba de Pat.

«Tardó un día entero», según me relataron por carta sus amigos y compañeros de trabajo. «La cavó en el suelo arcilloso, duro y rocoso, con su propio pico y pala y con sus manos. Pero decía que era algo que tenía que hacer él mismo y él solo. Su conmoción inicial se convirtió en depresión profunda. Parecía como si Greg pasara casi todo su tiempo metido en aquel hoyo oscuro con su esposa. Pero al ir pasando los meses, también se le fue pasando la tristeza. En el trabajo parecía el de siempre, salvo cuando recibía llamadas de los abogados acerca de un seguro de vida de un millón de dólares que iba a percibir. En esas ocasiones se ponía a echar pestes, recordando el accidente, pero la ira se le pasaba pronto.

»Todo cambió al acercarse el primer aniversario de la muerte de ella. Perdió el interés por todo, hasta por el asunto pendiente del seguro. Después, el mismo día del aniversario, Greg se mató en un extraño accidente de automóvil con incendio, cuando venía camino del trabajo. Hasta la fecha seguimos debatiendo si se trató de un accidente o de un suicidio».

Yo (Dianne) era la asesora psicológica profesional de Greg, y me resultaba difícil de creer que aquel veterano pudiera poner fin a su vida de aquella manera. En vista de ello, investigué su muerte consultando los atestados policiales y hablando con sus parientes. Todo indicaba que Greg había intentado evitar la colisión, pero nunca sabremos con seguridad si fue un accidente, un suicidio, o quizá un giro del destino.

Esto nos lleva a considerar las cosas inexplicables, de las que existen, por cierto, casos históricos. John Adams y Thomas Jefferson [2] murieron ambos el 4 de julio de 1826, fecha en que se cumplía el cincuenta aniversario de la Declaración de Independencia, de la que ambos habían sido firmantes. Se dice que cada uno de los dos habló del otro el día de su muerte.

Además de los hechos misteriosos que se encuentran en la historia pública, es posible que usted encuentre datos interesantes en la historia de su propia familia. Preparando un árbol genealógico para mi hija, yo (Dianne) descubrí que algunos miembros de mi familia habían muerto el mismo mes de su nacimiento. Mi abuela nació y murió en diciembre, otro abuelo nació y murió en junio, y así sucesivamente. ¿Se figuran lo tranquilos que estamos en mi casa cuando se aproximan nuestros cumpleaños?

Los familiares suelen contar casos de parientes que murieron en una misma fecha, aunque de otro año, y del mismo modo. Una viuda contaba, por ejemplo, que su marido se había matado en un accidente exactamente igual que el que había costado la vida a su hijo, en el mismo punto y justo un año más tarde. Del mismo modo, un nieto contaba el caso de su abuela viuda, que había fallecido de un ataque al corazón en la fecha y hora exacta y en la misma playa en que había muerto su marido de un infarto años atrás.

---

[2] Segundo y tercer presidente de los Estados Unidos, respectivamente. (*N. del T.*).

«Veinticuatro años justos tras la muerte de mi hijo»: el caso de Raymond

El 3 de junio de 1970 nació mi primer hijo, pero era tan pequeño que no sobrevivió más de treinta y seis horas.

«Mi madre lo vio durante su breve vida y estaba presente cuando murió. Muy afectada, tuvo duelo por su primer nieto, el niño al que tanto apego había cobrado durante nueve meses. El 4 de junio de 1994, veinticuatro años justos tras la muerte de mi hijo, murió mi madre».

En este caso se encierra algo más. Los estudios realizados sobre los hermanos indican que el primer hijo que nace se identifica con el padre, el segundo con la madre, el tercero con la pareja, el cuarto con la familia, y la serie vuelve a empezar con el quinto hijo. Mi hermano Randy fue el tercero en nacer y se identificó con nuestros padres, con la pareja. «Papá y mamá esto, papá y mamá aquello»: este era su lema. Toda su vida se centró siempre en ellos.

Aunque Randy era un tipo duro, con veinte años de servicio en la policía, jamás se enfrentó a mi padre. En realidad, jamás llegó a separarse de mi padre ni de mi madre. Se casó una vez, se divorció y se volvió a vivir con ellos.

El día que murió nuestra madre, en la cara de Randy se leía la desesperación y el desánimo. Al año siguiente, en aquella misma fecha, sufrió un grave ataque cardiaco. Tras una operación de *bypass* coronario quíntuple y tres meses de hospitalización, regresó a la casa paterna. Allí murió cuando solo faltaban veinte minutos para el tercer aniversario de la muerte de nuestro padre.

«¿Por qué ese adelanto de veinte minutos?», nos preguntábamos mis parientes y yo. «¿Por qué no esperó Randy a que se cumpliera el momento justo de la muerte de nuestro padre?». Después, todos los miembros de la familia Moody lo comprendimos con claridad. Él siempre daba prioridad a nuestro padre. Si hubiera muerto al mismo tiempo que él, se habría estado poniendo a su altura.

La preparación

Las fechas de los aniversarios pueden plantear problemas, pero existen muchas soluciones. La clave es la conciencia y la preparación. Muchos supervivientes han considerado problemático el primer aniversario de la muerte y han preparado actos que les ayudaran a suavizar sus recuerdos, como por ejemplo un viaje a una cultura muy ajena a la suya propia.

«Decidí irme en avión a Las Vegas»

—Decidí irme a pasar la Navidad en Las Vegas, en Nevada — contaba una viuda de una pequeña comunidad rural—. Quería vivir algo completamente diferente de mi estilo de vida. Además, no dejaba de pensar en el suicidio, y por eso me pareció que en Las Vegas encontraría luz y actividad a todas horas. Resultó perfecto, pues nadie se fijaba en mí cuando lloraba, y aquella ciudad loca me levantó el ánimo. Volví a mi casa con el ánimo completamente cambiado.

Otros individuos privados de seres queridos hacen viajes al extranjero.

—Mi mujer y yo solíamos pasar los veranos viajando por carretera —explicaba un viudo—. Yo había querido siempre trabajar como voluntario en unas excavaciones arqueológicas, pero a mi mujer no le atraía la idea. Después de su muerte, yo me ponía fatal en el verano, sintiendo lástima de mí mismo. Hasta que en junio pasado me sumé a unas excavaciones en México, y aquello significó un cambio radical.

Recorrer la tierra de mis antepasados, Inglaterra, Escocia y el país de Gales, significó mucho para mí (Dianne). Exploraba los caminos secundarios, hablaba con la gente y descubrí muchas cosas acerca de mi legado familiar.

También se puede encontrar un significado muy especial al trabajo como voluntario. Cierto viudo de edad avanzada dedicó su tiempo a un refugio para personas sin hogar en la primera fiesta de Acción de Gracias que pasaba sin su esposa. Se pasó tres días ayudando a preparar y a servir quinientas comidas a base de pavo. Como estaba solo y sabía escuchar, muchas personas compartieron con él sus historias personales. Contagió su interés por el proyecto a su familia, y ahora el viudo pasa las fiestas de Acción de Gracias y las Navidades en el refugio con la mayor parte de su clan familiar.

Existen muchas otras maneras de ayudar a los supervivientes a llevar su carga. El hecho de hablar y escribir suele servir para que salgan a relucir conscientemente los problemas, y sirve a los supervivientes para ordenar sus sentimientos. Los actos conmemorativos también pueden ser significativos. Muchos hospitales y grupos de apoyo a los privados de seres queridos organizan ceremonias a la luz de las velas o de otro tipo durante la temporada de Navidad. En la mayoría de los casos, la conciencia y la preparación son beneficiosas para los supervivientes en los momentos especiales.

La réplica de una pérdida

Una pérdida anterior se revisa cuando tiene una réplica posterior. La muerte de un abuelo desencadena los recuerdos de otros abuelos fallecidos. Estar de duelo por un hermano hace que vuelvan a surgir los sentimientos asociados a la pérdida de otro. Las personas que han querido a muchos compañeros animales puede quedarse consternadas por la muerte de un animal de compañía porque la pérdida presente desencadena los recuerdos de las pérdidas de todos los anteriores.

La replica de una pérdida resulta especialmente problemática cuando no se pudo estar de duelo por la primera pérdida. La muerte de John Kennedy hijo desencadenó una oleada emocional en todos los Estados Unidos. ¿Por qué? Porque muchos ciudadanos revisaron la muerte de su padre, una pérdida por la que no nos habían permitido tener el duelo debido. Estudiaremos esta cuestión en el capítulo siguiente, «Adaptarse a la pérdida».

VII

Adaptarse a la pérdida

Pero no había por qué avergonzarse de las lágrimas,
pues las lágrimas daban testimonio de que un hombre
había tenido el mayor valor,
el valor de sufrir.

VICTOR E. FRANKL

¿VOLVERÁ a parecerme normal mi vida algún día? ¿Cuándo dejaré de sentirme así? ¿Qué puedo hacer para acelerar mi recuperación? ¿Cómo puedo volver a sentirme completo? ¿Cuál será mi calidad de vida? Todo depende de la adaptación.

Para algunos individuos privados de seres queridos, adaptarse significa aprender a vivir con la aflicción. Otros, sin embargo, acaban por dejar atrás su pena. Vamos a estudiar los dos casos, empezando por las pérdidas famosas de los Kennedy y de la princesa Diana. Veremos después los funerales, las teorías sobre la aflicción, el equilibrio, el estrés y los rituales.

La influencia de los Kennedy

El 22 de noviembre de 1963, la gente contemplaba en las pantallas de sus televisores en blanco y negro el paso del desfile presidencial por las calles de Dallas. Al día siguiente vieron legiones de ciudadanos reunidos ante el Hospital Parkland y oyeron por fin la noticia trágica. El presidente John Fitzgerald Kennedy había muerto, víctima de la bala de un asesino. Habían matado al presidente de nuestra nación en lo mejor de su vida, cuando iba a cara descubierta e indefenso.

Miles de personas salieron a la calle. Muchas más se reunieron ante los televisores para ver pasar el ataúd del presidente asesinado, envuelto en una bandera. Las ruedas del armón sonaban rítmicamente, y el clac, clac, clac de los cascos del caballo sin jinete, Black Jack, se hacía eco de la realidad: «Sí, sí, sí», es verdad: ya no está.

Jacqueline Kennedy, la mujer más fotografiada del mundo, presentaba una nueva imagen de lo que es perder a un ser querido. El velo negro de la viuda cubría su cara sin lágrimas; al fin y al cabo, los Kennedy no deben llorar. «El dechado de lo que es una mujer con clase»; «Valiente y fuerte ante la muerte»; «Digna de ser imitada por los viudos y viudas»; «Un modelo perfecto para los afligidos»: todo esto dijo de ella la prensa. Los medios de comunicación se hicieron lenguas de su «dignidad» y de su «elegancia» en la pérdida de su marido a manos de un asesino.

En una época en la que habíamos empezado a comprender la importancia del duelo activo, sobre todo en los funerales, donde se cuenta con apoyo abundante, la cara estoica de Jacqueline Kennedy siguió apareciendo en la televisión, en las revistas y en los libros. Como modelo social que era, se convirtió en símbolo, en modelo de rol para los supervivientes, despojándonos así de nuestro duelo.

Muchas imágenes se quedaron cristalizadas en el tiempo, y puede que la más patética fuera la del joven John Kennedy haciendo un saludo militar al ataúd de su padre, envuelto en la bandera. Él, y la imagen, se convertirían en catalizadores que llevarían a otro nivel el ritual del duelo.

El sábado 17 de julio de 1999 se anunció que el avión de John Kennedy había desaparecido. Seis días más tarde se encontraron en el fondo del mar su cuerpo, el de su mujer y el de su hermana. El funeral de John y su entierro naval fueron ceremonias privadas, sin presencia de los medios de comunicación ni del público, ni siquiera de eclesiásticos[1].

Los ataúdes representan una trascendencia del pasado y hacia el futuro. Sirven, además de al cadáver, para dar a los partícipes en el duelo algo en que centrar su aflicción. En el caso de John Kennedy, el público no tuvo ninguna de las dos cosas; por ello, las manifestaciones de condolencia solo se centraron en el pasado. La imagen conmovedora de John, de tres años, haciendo un saludo militar al ataúd de su padre volvió a convertirse una vez más en el centro focal. Salieron a relucir de nuevo aquellos sentimientos tan antiguos, y esta vez los medios de comunicación se vieron obligados a mirar al pasado.

Se conoció por fin, más de treinta y cinco años después del asesinato, la lucha de Jaqueline Kennedy tras la muerte de su esposo. Según se contó, solo el mar fue testigo de su aflicción. La joven viuda salía a navegar en un yate privado en muchas ocasiones para apartarse de las miradas del público, y, asomada a la borda, gritaba y sollozaba. Por otra parte, estaba preocupada por su hijo menor, temiendo que también él quedara atrapado por la imagen pública de los Kennedy. Jacqueline puso a John en manos de Eric Erikson, psiquiatra de fama mundial que animaba a sus pacientes a que expresasen sus sentimientos. Una vez, John se lesionó una rodilla esquiando, y su tío le dijo: «Los Kennedy no lloran». John, con las manos en la rodilla, respondió entre lágrimas: «Este Kennedy sí llora»[2]. También se conocieron entonces relaciones de su aflicción tras la muerte de su madre.

---

[1] Carlson, Margaret (2 agosto de 1999), «Farewell, John», Nueva York, revista Time, vol. 154, núm. 5, págs. 33, 34.

[2] Adler, Jerry: 1999, «There's Just the Three of Us», Nueva York, revista Newsweek, His Life and the Kennedy Legacy, número conmemorativo, Pág. 36.

Las consecuencias de su muerte ejercieron influencia sobre el ritual de duelo en los Estados Unidos. La muerte de la princesa Diana también influyó, y a escala todavía más amplia.

La influencia de Diana

Las muchas circunstancias dramáticas que rodearon la vida y la muerte de Diana conmovieron a millones de personas de todas las clases sociales. Era una joven corriente con multitud de problemas, pero consiguió cosas extraordinarias. Diana dependía de una red de personas que debían protegerla y mantenerla a salvo, y todas le fallaron. Era portadora de esperanza e idealismo, y su muerte dejó un vacío de desilusión y pena.

En una cultura en la que no era costumbre mostrar lágrimas, su muerte produjo unas manifestaciones de duelo que no se habían visto jamás hasta entonces entre los británicos. La actitud estoica de la familia real mereció la repulsa por parte de su pueblo como tampoco se había visto jamás hasta entonces. Muchos corazones de todo el mundo se abrieron por la pena. Diana, ser humano auténtico y princesa de cuento de hadas, se convirtió en símbolo internacional del martirio.

Los funerales de Diana y de los Kennedy son ejemplos a gran escala del modo en que los funerales marcan el tono del duelo e influyen sobre nuestra capacidad para adaptarnos.

Los funerales

Los funerales brindan a los supervivientes una oportunidad para reflexionar sobre el modo en que la vida del difunto afectaba a la de ellos mismos; para ponerse de duelo por lo que han perdido; para abrazar lo que conservarán como más querido y para recibir apoyo. Sirven de ritos de paso, y son la piedra angular del duelo que queda por delante.

«No es más que un montón de lloriqueos falsos», dijo la hermana de Dianne

Cuando yo (Dianne) era pequeña, ansiaba recibir palabras de consuelo en los funerales, pero oía muy pocas. Los clérigos leían unos cuantos pasajes bíblicos, hacían comentarios difusos sobre el difunto, daban la mano a los supervivientes y se marchaban. Así sucedió hasta que asesinaron a Angela, amiga de mi hija. Su velatorio y su funeral en una pequeña comunidad afroamericana estuvieron impregnados de emoción y de sensibilidad.

Mi madre y yo quisimos honrar la vida y la muerte de mi padre de una manera similar. Pedimos a un pastor baptista jubilado, hombre de una profundidad enorme, que oficiara el entierro y el funeral de mi padre. Sin embargo, antes de que se enviaran las esquelas, mi hermana exigió:

—Nada de funeral, ni de ataúd abierto. Todo eso no es más que un montón de lloriqueos falsos. Ya sabes lo poco que me gusta eso, Dianne. Si se hace así, no iré.

Nos resignamos a celebrar un breve servicio religioso junto a la tumba y todos lo llevamos de la mejor manera posible. Cuando salíamos del cementerio, un amigo de la familia al que conocíamos desde hacía más de cincuenta años me llevó aparte.

—Qué funerales tan raros hacéis los blancos —murmuró, frunciendo el ceño y sacudiendo la cabeza—. ¿Cuándo os afligís? ¿Quién os ayuda?

—Lo siento, Johnny —le dije—. Ni mi madre ni yo lo habíamos querido así.

Tras la muerte de mi madre al año siguiente, mi hermana volvió a imponer el mismo servicio religioso breve junto a la tumba. Sin embargo, yo celebré por mi parte una ceremonia en el tanatorio, con familia, amigos, flores, ataúd abierto y lágrimas. Combinamos el duelo con la celebración de la vida. Entonces comprendí los beneficios tan profundos que aportaba todo esto, pero llegué a comprenderlos mejor cuando empecé a trabajar con Sonja.

«¿Cómo lo recordarán?»

Tenía una esencia celestial, como no la había visto yo en persona alguna. Sonja era la persona ideal para desempeñar el papel de capellán de *hospice*. Visitaba a las familias, escuchaba sus recuerdos. «¿Cómo lo recordarán?», les preguntaba a veces. «¿Cuál es su recuerdo favorito de él?». «¿Qué les gustaba hacer juntos?». Después, durante el funeral, se dirigía a cada persona y evocaba sus recuerdos. Con ello, el servicio religioso se convertía en un retrato de la vida del difunto y de sus amores. Además, los supervivientes se quedaban muy conmovidos al oír evocar sus sentimientos y sus recuerdos personales. Sonja hacía de cada ocasión un homenaje a los vivos y a los difuntos. Los funerales como estos se convirtieron en faros que guiaban con luz a los que estaban de duelo.

Teorías

Las teorías o modelos de la aflicción han contribuido a la adaptación. Todas las teorías y modelos que existen actualmente se basan en las primitivas que concibió la célebre psiquiatra Elisabeth Kübler-Ross. Vamos a ver su modelo y algunos errores que han surgido en la interpretación de su obra.

Las Cinco Etapas de la Pérdida, de Kubler-Ross

Elisabeth [3] presentó el primer modelo de la aflicción en su libro fundamental *Sobre la muerte y los moribundos*. Según descubrió, los individuos tienen cinco reacciones de aflicción, que ella llamó

---

[3] La llamamos informalmente «Elisabeth», por su nombre de pila, en vez de por su apellido, Kübler-Ross, pues ella lo prefería así.

«etapas». Son las siguientes: negación, ira, negociación, depresión y aceptación. Su Teoría de las Cinco Etapas pasó a ser el modelo internacionalmente aceptado para la comprensión de las pérdidas. Por desgracia, algunos psicoterapeutas empezaron a servirse de él sin haber leído ni comprendido su libro. A consecuencia de ello, recibió muchas críticas por parte de algunos profesionales de la sanidad, por tres motivos principales [4].

La objeción principal surgió cuando algunos profesionales supusieron que Elisabeth quería decir que los individuos privados de seres queridos siguen, literalmente, una secuencia de cinco etapas sucesivas. En consecuencia, determinaban en qué «etapa» se encontraba el paciente e intentaban guiarlo por las que quedaban, siguiendo una progresión lineal. Le decían, por ejemplo: «Usted se encuentra en la etapa de negación: ahora toca la de la ira». «Ya ha pasado bastante tiempo en la etapa de negociación. Es hora de pasar a la de la depresión, y cuando complete esta, llegará la aceptación». En la práctica, se colocaba a cada paciente en un cajetín del clasificador de aflicciones, con su etiqueta identificativa.

Elisabeth desarrolló su teoría a partir de su formación como psiquiatra. Al examinarla, resulta evidente que presentó las etapas como mecanismos a los que recurren las personas para afrontar los traumas o las crisis. Por desgracia, el nombre se prestaba a errores, pero estos se pueden obviar sustituyendo el término «etapas» por el más flexible de «estados».

Los individuos conocen diversos estados de aflicción, que pueden coexistir, saltarse por entero, producirse de manera intermitente o repetirse.

En segundo lugar, los críticos se quejaban de que el modelo de las etapas despreciaba el carácter único de la aflicción. Lo consi-

---

[4] Adaptado de Arcangel, Dianne, 1997: «The Wheel of Live Review», *Journal of the American Society for Psychical Research,* vol. 91, núm. 4, Págs. 353-356, octubre de 1997.

deraban una plantilla de aflicciones. Hay que decir, en defensa de Elisabeth, que el duelo de cada persona es muy variable; por ello, es imposible aplicar un solo patrón a todos los que están de duelo. De hecho, no es realista aplicar un modelo normalizado para una misma persona.

La tercera objeción a la teoría de las Cinco Etapas la propusieron especialistas en pérdida de seres queridos que alegaban que era demasiado pasiva. Según ellos, cuando muere un ser querido, los que quedan atrás sienten una pérdida de control. El concepto de las etapas acentúa este sentimiento de pérdida de control. Les hace decir: «He sufrido una muerte, ahora tengo que sufrir la aflicción». Elisabeth explicó que la aflicción es un proceso en evolución continua que brinda posibilidades de desarrollo. Sin embargo, no facilitó sugerencias concretas sobre el modo de conseguir ese desarrollo.

Las tendencias actuales sobre la pérdida de seres queridos intentan distanciarse del modelo mal entendido y mal aplicado. Con todo, Elisabeth Kubler-Ross merece ser valorada enormemente. Su labor sigue beneficiando a muchas personas. Además, abrió la puerta de la tanatología (el estudio de la muerte y del hecho de morir).

Tras la publicación de *Sobre la muerte y los moribundos*, las universidades y facultades empezaron a ofrecer estudios sobre la muerte. En 1978, más de 938 universidades ofrecían cursos de educación sobre la muerte, solo en los Estados Unidos [5]. Las aulas se llenaban a rebosar y los alumnos tenían que apuntarse a listas de espera para matricularse en los cursos siguientes. Los norteamericanos saltaron para asomarse a la puerta de la muerte, y después retrocedieron y volvieron a cerrarla de un portazo. No querían probar por adelantado su fallecimiento inevitable. Pero ahora que han pasado cuatro décadas, hay una nueva generación de estu-

---

[5] Robert A. Niemeyer: Death Anxiety Handbook: Research, Instrumentation and Application, Washington DC, Taylor & Francis, 1994.

diantes que se matriculan con interés en una versión evolucionada de aquellos primeros cursos. Florecen los estudios de la Vida Tras La Muerte (donde se investiga lo que está más allá de los umbrales de la muerte). Los estudiantes volverán a conocer la labor pionera de Elisabeth Kübler-Ross.

Planteamientos activos

Los psicoterapeutas desarrollaron una serie de planteamientos activos para resolver la aflicción. Sus modelos orientados a objetivos establecen determinados pasos para reconstruir la vida tras la pérdida. El modelo de tareas de William Worden fue uno de los primeros, y todavía se considera esencial.

Las cuatro tareas del duelo

William Worden [6] encontró una solución ante la actitud pasiva que se derivaba del modelo de cinco etapas de Kübler-Ross. Mientras que la teoría de Elisabeth se basaba en las emociones, la de Worden parte de un planteamiento más cognitivo que requiere cumplir cuatro tareas.

En la primera tarea, los supervivientes aceptan la realidad de la pérdida; es decir, comprenden que la muerte es permanente e irreversible. La segunda tarea es trabajar con el dolor emocional. Worden nos recuerda que es mucho menos difícil soportar el dolor de la pérdida cuando se produce que afrontarlo más adelante.

---

[6] William Worden, que fue catedrático de psicología en la facultad de Medicina de Harvard, es el autor de Grief Counseling and Grief Therapy: A Handbook for the Mental Healt Pratitioner. Escribió este libro para los profesionales de la sanidad, pero puede ser beneficioso para los individuos que quieran adoptar un planteamiento más activo y cognitivo tras la muerte de un ser querido.

Según su tercera tarea, los supervivientes se adaptan al entorno. Hace falta tiempo para darse cuenta de lo que se ha perdido. Una esposa podía servir de chófer y contable a su marido, su marido podía estar haciéndole de cocinero y jardinero a ella. Ninguno de los dos es consciente de cuánto han llegado a depender del otro, hasta que muere uno. La adaptación suele requerir cambiar las redes sociales, las aficiones o los intereses. Muchos viudos y viudas se quejan de que no solo han perdido a sus cónyuges, sino también a su círculo de amigos. Los padres que pierden a sus hijos se ven apartados de las funciones escolares, los campeonatos deportivos, los recitales de música y otras actividades.

La tarea final consiste en seguir adelante. Los supervivientes reconocen su pasado y lo integran, y después siguen adelante para vivir el hoy y el futuro.

Problemas con el duelo orientado a los objetivos

Las perspectivas orientadas a los objetivos sufren críticas porque siguen pasos secuenciales. No obstante, algunos individuos con determinados tipos de personalidad necesitan estructura y orientación. Son personas que no toman nunca una foto sin hacer antes un curso de fotografía, o al menos sin leerse un manual de instrucciones. Como supervivientes, prefieren los procedimientos organizados paso a paso.

Con todo, este método plantea dos problemas. Uno de ellos es que se centra principalmente en la pérdida. Los seres humanos obramos por uno de estos dos motivos: porque queremos ganar algo o porque queremos perder algo. O perseguimos algo o nos apartamos de algo. Si los supervivientes quieren apartarse de su aflicción, tienen presente en todo momento la pérdida, que es precisamente de lo que se quieren apartar. Por el contrario, si los supervivientes quieren perseguir un ideal, su centro de enfoque pasa a ser el futuro, aquello en lo que quieren convertirse.

El segundo problema de los procesos orientados a los objetivos es que estos planteamientos parecen demasiado limitadores a muchos supervivientes. Todo objetivo requiere seguir pasos o planes sistemáticos, centrados todos ellos en el resultado final. Primero se completa el paso uno, después el paso dos, después el tres, y se sigue adelante con el proyecto.

No existe un camino único del duelo que sea apropiado para todas las personas. Los que han cubierto su viaje a través del puente de la aflicción dicen que es imposible guiarse por un mapa. Además, por muchos conocimientos que se adquieran, cada superviviente seguirá trabajando con la aflicción a su manera. Vamos a considerar, por tanto, un planteamiento más flexible y creativo.

El proceso orientado a las intenciones

Un proceso orientado a las intenciones se dirige hacia un ideal futuro. Los supervivientes afirman sus intenciones, como, por ejemplo: «Reconstruiré mi vida», «Trascenderé esta pérdida», «Me desarrollaré con fuerza y elegancia», «Daré significado a mi vida», «Recordaré mantener el equilibrio en mi vida». Después, van fluyendo con la vida mientras esta se despliega. El viaje por el valle de la aflicción, a través del puente y subiendo la montaña, es tan significativo como el resultado final, que es vivir en la cumbre.

El equilibrio

La vida está en equilibrio cuando se cubren nuestras necesidades físicas, emocionales, intelectuales, sociales y espirituales. Nuestros cuerpos necesitan alimento, descanso y ejercicio. Nuestros sentimientos necesitan ser reconocidos y airearse. Nuestras mentes y nuestros cerebros necesitan estímulo intelectual. Necesitamos conexión social e interacción con otras personas. Recibimos alimento espiritual de la creatividad, el juego, la relajación, la música, los rituales, la oración, la meditación, etcétera. La pérdida afecta a los cinco aspectos de nuestro ser; sin embargo, la mayoría de los individuos descuidan uno o más de ellos. Uno de los aspectos de la adaptación sana es mantener el equilibrio en la vida.

Yo (Raymond) afrontaba mis pérdidas a base de intelectualizar. Como soy consciente de que mi mente pesa más que mi esencia emocional aconsejo a todos los que están de duelo: «Llore. Le sentará bien».

Yo (Dianne) soy lo opuesto de Raymond. Rijo mi vida por el corazón y el espíritu. Por eso acudí al conductismo y a la terapia cognitiva en un intento de mantener equilibrada mi vida durante la privación. A veces tenía el cerebro tan sobrestimulado que llegaba a dolerme.

Aunque son pocas las personas que mantienen un equilibrio perfecto en sus vidas, el hecho de apuntar a esa intención contribuye a la resolución de la aflicción.

Afrontar el estrés relacionado con la aflicción

El estrés de la aflicción afecta a todos los aspectos de nuestro ser. Para aliviar este tipo de estrés se recurre al «exorcismo», la acción física acompañada de palabras o sonidos. El «ejercicio» está motivado por la fuerza de voluntad, mientras que el «exorcismo» está motivado por un sentir de las emociones de manera tan profunda que es preciso hacer algo para proyectar la energía hacia delante. Cada uno de nosotros podemos aprender a liberar a nuestra manera el estrés relacionado con la aflicción.

«Tengo que dar salida a esto»

Uno de los primeros pacientes que me asignaron (a Dianne) fue un caballero de edad avanzada que me recordaba a mi padre. La tarea de cuidarlo me traía buenos recuerdos. Una tarde, aparecieron en la puerta su mujer y su hija, que avanzaron abrazadas la una a la otra hasta que llegaron junto a su cama. «Ay, cielo, te echo de menos», le dijo su mujer con voz desmayada y con el mismo acento sureño que tenía mi madre. Acariciándolo de la frente a la barbilla, siguió mimándolo exactamente igual que hacía mi madre con mi padre. La hija de los dos sujetaba el codo de su madre y contenía las lágrimas. Aquello era una reproducción perfecta de escenas de mi pasado: el paciente era mi padre; la mujer era mi madre; su hija era yo. Tenía dentro de mí un estrés abrumador. *Tengo que dar salida a esto,* pensé, y fui corriendo al comedor de personal.

Allí tomé el primer trapo que encontré y me puse a limpiar las mesas con vigor. Mientras las limpiaba, di voz a la energía que fluía desde dentro de mí. «Te odio por haber muerto así, papá. Te odio porque estuvimos solas en nuestro sufrimiento. Si hubiésemos conocido instituciones como esta...», etcétera. Cuando hube dejado brillantes las mesas, ataqué con el mismo vigor los espejos. Seguí dando salida de mi cuerpo a la energía y a los sentimientos. Cuando llegué a sentirme completamente aliviada, el comedor de personal estaba inmaculado.

Entonces volví a la habitación del paciente y pude servirle a él y a su familia tal como se merecían. Mi manera de afrontar el estrés es crear cualquier actividad que me sirva para sacar mi energía. Si las circunstancias no son las adecuadas para exorcizar mi estrés en ese momento, entonces lo hago en cuanto me es posible.

La clave para liberar el estrés relacionado con la aflicción es la intención. Toda acción no es más que una actividad física estéril si no va acompañada de un sonido de alguna clase que resulte liberador emocionalmente.

Las actividades exorcizadoras

Cuando yo (Raymond) era niño y vivía en el pueblo de Porterdale, en el estado de Georgia, el medio de transporte principal que usaba todo el mundo era ir a pie. A mis nueve años, siempre que me sentía nervioso me echaba a correr. Cuando supe lo que era el estrés, correr se convirtió en mi manera característica de resolverlo. Cuando me hice viejo, empecé a caminar otra vez por el bien de mis rodillas, y sigue siendo mi actividad preferida. Nada me detiene, ni el mal tiempo ni la falta de sitio. Hasta cuando estoy de viaje, aparto los muebles de mi habitación del hotel, subo el volumen del televisor y me pongo a pasear vigorosamente de un lado a otro. Estoy convencido, como muchos supervivientes, de que esta actividad deportiva me ayuda a afrontar el estrés y las pérdidas.

Se dice que algunas personas corren por los cementerios. Corren y lloran a la vez, sin que les presten atención los vigilantes ni los visitantes. Otros practican otros deportes, como el golf, el tenis o el squash. La pelota es un elemento significativo. Los que están de duelo identifican a la pelota con la fuente de su estrés. «Yo me figuraba que la pelota eran mis problemas», explicaban varios viudos. «Tomaba la pelota y decía en voz alta qué era lo que me producía el estrés. Después, cuando le daba con la raqueta, gruñía: "¡Hum!", y la veía alejarse. Sentí, en efecto, que aquella energía contaminada antigua me dejaba en muchas ocasiones: era una sensación victoriosa».

Existe un deporte nuevo que beneficia a los individuos privados de seres queridos. Se llama BI RAK IT[7] y es un juego parecido al squash, que se juega con una raqueta en cada mano. Fomenta la interacción entre los dos hemisferios cerebrales. El juego del BI RAK IT influye sobre la química cerebral y el sistema nervioso central, lo que significa que sirve para algo más que para dar salida al estrés relacionado con la aflicción. Es también un método eficaz para la modificación de la conducta. Nuestra elección entre ser diestros o zurdos tiene algo de conductista, y el BI RAK IT tiende a redirigir los

---

[7] Monica McCormick (2000). El doctor Everett McCormick, médico de Florida, creó y desarrolló esta actividad. www.BIRAKIT.com.

prejuicios conductistas, lo que sirve para aumentar el aprendizaje. Como el duelo es aprendido, es posible que el BI RAK IT ayude a los privados de seres queridos a integrar algunos de los cambios que acompañan a la vida después de una pérdida.

Las actividades exorcizadoras van más allá de las actividades deportivas. Se ha visto en muchas películas a maridos que sueltan maldiciones mientras cortan leña, y a esposas que dan rienda suelta a su ira a gritos mientras dan golpes a una alfombra para quitarle el polvo. Algunos supervivientes han descubierto que trabajar la arcilla en el torno de alfarero les servía de descarga eficaz para su estrés; otros prefieren cavar en el huerto; otros, tocar el piano. Casi cualquier movimiento físico que vaya acompañado de sonido es liberador. Recuerde su intención, y compruebe periódicamente que su método esté exorcizando el estrés de su cuerpo de manera eficaz.

Vamos a ver ahora otros caminos que han servido a los individuos privados para adaptarse a su pérdida y afrontar su estrés.

El descanso

Los niños no han aprendido a forzarse. Cuando se ponen enfermos, se acuestan, y así se reduce mucho el tiempo que tardan en recuperarse. Los pequeños también se toman descansos en su duelo; es decir, dedican unos ratos a afligirse y otros a jugar. Nosotros los adultos, en cambio, nos forzamos. Cuando estamos enfermos o afligidos, seguimos de pie. Tomarse un tiempo libre del duelo es saludable.

Una de las maneras en que pueden encontrar un descanso los privados de seres queridos es retirarse de la vida social. Todo nuestro ser necesita ratos de intimidad para reflexionar, relajarse y repararse. A algunas personas les gusta retirarse con un libro, mientras que otras prefieren los vídeos, la música, los baños calientes o la playa. En cualquier caso, es fundamental pasar ratos libres alejado del estrés y del duelo.

Nutrir el alma

El alma está hecha de alegría, humor y creatividad, y tienen la necesidad de reabastecerse en las épocas de aflicción. Resulta especialmente terapéutico el arte. El terapeuta de la aflicción, Colin Caffell daba arcilla a sus pacientes y les invitaba a «sacar lo que sentían dentro». Así externalizaban sus emociones, y el objeto que creaban les proporcionaba una representación visual de su pena. Muchos de los que participaban en sus sesiones afirmaban que trabajar la arcilla, además de terapéutico, era muy divertido.

Sin embargo, a los recién privados les puede parecer de mal gusto divertirse. No solo se preguntan si volverán a reírse alguna vez, sino que los diálogos complicados suelen ponerles los nervios de punta. Uno de los modos en que yo (Dianne) nutrí mi alma y volví a traer el humor a mi vida fue sentarme con una fuente grande de palomitas de maíz y unos vídeos de Bette Midler.

Algunos supervivientes vuelven al entretenimiento favorito de su infancia como, por ejemplo, la pintura, tocar el piano o ver dibujos animados, y les sirve para nutrirse. Yo mismo (Raymond) sigo retirándome a mi habitación con historietas del Pato Donald y el Tío Gilito, como las que me leía mi abuela cuando yo era pequeño.

Otros cuentan que participan en actividades que se perdieron de niños. «Mis padres me tenían prohibido comer helados y cualquier otra clase de comida basura», explicaba un psicólogo. «Si la pedía, me castigaban. Así que, cuando murió mi padre, me fui en coche al McDonald's y pedí para mi niño interior un menú infantil con helado de postre. Allí sentado, con casi cuarenta años de edad, disfruté enormemente invitando a mi pequeño a una cosa que había querido durante tantos años».

Al nutrir al niño se reabastece el alma.

Crear rituales

Los rituales nos dan un sentimiento de transformación. Nos sirven para observar y fomentar nuestra devoción a un propósito más elevado. No es preciso que sean complicados ni que tengan algo en común; en vez de ellos, pueden ser un autorreconocimiento que celebre nuestro rito de paso.

«Sigue en el momento»

A Terri Huber le parecía casi imposible seguir viviendo la vida después de que su hijo Alex se matara en un accidente de automóvil. Necesitaba un instrumento que le permitiera vivir; por ello, creó un mantra que le daba orientación. En los momentos difíciles pensaba: *Sigue en el momento* [8]. Además de aquel ritual personal de ella, los miembros de la familia empezaron a escribir, y vieron con sorpresa que de sus textos salía un libro que ha ayudado mucho a los padres privados de sus hijos.

Muchos supervivientes son partidarios de escribir. Algunos escriben poesías, cuentos, cartas o diarios. El estrés de la aflicción les sale del cuerpo, pasando por el brazo y bajando por la mano, hasta llegar al papel. La tinta que queda en el papel les aporta una representación visual de lo que dejaron atrás. Otros escritores prefieren los procesadores de textos, pues aseguran que el ritmo, el sonido y el tacto del teclado les exorciza mejor que escribir a mano.

Se pueden crear rituales espontáneamente, sobre la marcha.

«Me tomaré un momento para pensar en papá»: el ritual de Dianne

Mis padres se construyeron una casa en una finca que tenían en las estribaciones de los montes Ozark. En el bosque que había a espaldas de la finca estaba una cárcel estatal. Hubo varios casos de

---

[8] Huber, Terri: *No Time Out from Grief: Surviving the Death of My Son,* NE, Writers Club Press/iUniverse.com, 2000.

fugas de reclusos, y mi padre se compró por fin un revólver Smith & Wesson del calibre treinta y ocho: era la primera vez que alguien en la familia tenía un arma de fuego. Mi padre palidecía cada vez que hablaba del revólver, pero aprendió a cargarlo y a disparar.

Después del funeral de mi padre, mi madre me preguntó:

—¿Qué vamos a hacer con eso? Me da miedo hasta sacarlo del cajón —añadió, señalando con un gesto de la cabeza el escritorio de mi padre.

—A mí también —contesté yo. Y ninguna de las dos volvimos a hablar del tema... hasta el otoño.

En un seminario sobre la aflicción nos dijeron: «Una de las maneras de afrontar la pérdida es hacer frente al mayor de tus miedos». Mi miedo era aquel revólver pequeño, o en realidad cualquier arma de fuego. Las odiaba. Dio la casualidad de que al salir, observé un cartel del departamento de policía. Empezaban aquella tarde su cursillo de manejo de armas para mujeres.

Mi madre se quedó atónita cuando le dije que pensaba ir. Cuando abrí el cajón ella se quedó en un rincón y las dos estábamos muertas de miedo. Envolví el revólver en una toalla gruesa y fui en mi coche a la comisaría. Cuando llegué, estaba tan aterrorizada que no me atreví a llevarlo, de modo que decidí crear un ritual. Me dije a mí misma: «Cada vez que toque este revólver, me tomaré un momento para pensar en papá y en cómo superó él el mayor de sus miedos. Celebraré mi esfuerzo por haber intentado adaptarme a la vida sin él».

Con gran sorpresa por mi parte, este acto de devoción acabó por resultarme agradable, y brillé en las clases de manejo de armas. Cuando terminó el cursillo de seis semanas, los agentes de policía me dijeron:

—Tiene usted dotes naturales para el tiro con revólver. El mes siguiente se celebra aquí un campeonato, y nos gustaría que participase. *¿Qué te parece, papá?*, me dije al aceptar la invitación.

El día de la competición me sentí incómoda y fuera de lugar. La mayoría de los participantes llegaban en furgonetas y en caravanas que eran por dentro como pequeñas armerías. Cargaban sus armas, se ponían guantes y gafas especiales para disparar y hablaban en una jerga casi incomprensible. Probaban sus diversas armas de fuego y al final se quedaban con los Magnum 357 con mira telescópica o con otras armas todavía más potentes.

Mi incomodidad se disolvió cuando recurrí a mi ritual. En posición, dispuesta a empezar a disparar, me agaché para tomar el revólver de mi padre. No tenía miedo. Aunque estaba regocijada y quería ir a celebrarlo, me quedé a terminar la competición por respeto a mis maestros, que estaban a mi alrededor. Ganar el segundo premio con el pequeño revólver de mi padre fue la guinda que remató la tarta con la que se celebraba aquel hito.

Los rituales nos ayudan a señalar una transición. El ritual de Terri reafirmaba su decisión de vivir; el mío era un homenaje a mi padre y a mí. Los rituales no precisan fanfarrias ni público: lo único que precisan es significado.

Y nos vamos volando al sur

Llegaba el primer frente frío y las lluvias de otoño. Yo (Dianne) viajaba hacia el este por la carretera interestatal 10, con tanta impaciencia por llegar a mi destino como las bandadas de aves que volaban sobre mí. Cuando cruzaban la carretera, muy altas, admiraba la naturaleza de su viaje y la fuerza de sus cuerpos que les permitía hacer aquel vuelo. Con el transcurso de las horas, y a cada bandada que pasaba, advertí que se formaban subgrupos por detrás de las formaciones principales. Los que iban atrás se esforzaban por seguir volando en línea recta. Por fin, vi la silueta de la ciudad de Houston sobre el cielo del atardecer y la estuve contemplando... hasta que un ave agotada me pasó por delante del parabrisas. Yo me aparté de la carretera y la vi aletear, intentando seguir a su bandada, hasta que aterrizó por fin en un prado verde. *Bien hecho —pensé—. Tu vuelo no ha sido fácil ni elegante, y no has llegado con los demás, pero lo has conseguido. Has llegado.*

Y lo mismo sucede con los individuos privados de seres queridos. El viaje puede ser elegante, o puede ser lento y laborioso. A pesar de todo, la mayoría llegamos de una manera u otra. Nos recuperamos o trascendemos la pérdida.

VIII

Trascender la pérdida

Lo que no me destruye, me refuerza.

NIETZSCHE

L A muerte de un ser querido próximo suele provocar unos sufrimientos inconcebibles. El modo en que dejamos atrás nuestra pérdida no es ni bueno ni malo, ni correcto ni incorrecto; sin embargo, nuestra calidad de vida depende de que avancemos. En la mayoría de los casos, los supervivientes acaban por recuperarse o por trascender la pérdida. Explicaremos la diferencia entre ambas cosas siguiendo el viaje de la aflicción por una curva en forma de distribución estadística.

La aflicción traza su curva

La personalidad se mantiene eminentemente estable a lo largo de toda la vida; es decir, nuestros conceptos y opiniones varían, pero nuestros valores y creencias centrales se mantienen iguales. Antes de la muerte de un ser querido, los individuos siguen un intervalo continuo personal (representado por **x**).

Figura 1. *La personalidad suele fluir a lo largo de un intervalo continuo.*

Se produce una pérdida

La muerte de un ser querido interrumpe esa progresión continua. Genera cambio en la personalidad de los supervivientes. Entramos en un periodo de transición que suele durar de cuatro a seis años.

Figura 2. *Se produce una pérdida.*

La privación temprana

Las personalidades cambian durante la privación. Los individuos afrontan sus sentimientos, los racionalizan o bien empiezan a distorsionarlos en forma de rabia, amargura, negación, fobias, etcétera.

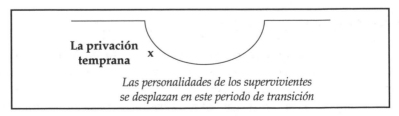

Figura 3. *La privación temprana.*

El punto central de la privación

Cuanto más liberan sus sentimientos los supervivientes mientras están en el valle de la aflicción, más se desarrollan. En el punto central, el viaje de la aflicción llega a su mayor hondura.

El punto central del viaje a la aflicción
Se está restaurando la vida

Figura 4. *El punto central de la privación.*

La transición empieza a completarse

Más allá del punto central, el cambio de la personalidad empieza a completarse. Es posible que hayan cambiado determinados conceptos y opiniones, notablemente en muchos casos.

La transición empieza a contemplarse
Se reconstruye la vida tras la pérdida

Figura 5. *La transición empieza a completarse.*

La personalidad se estabiliza

La duración media de la transición es de entre cuatro y seis años; no obstante, algunos supervivientes cuentan que la suya solo duró un año, mientras que otros afirman que les duró diez años o más. En cualquier caso, el cambio de la personalidad queda completo con el tiempo. Los supervivientes han restaurado su vida hasta llevarla a una normalidad de algún tipo. Mantienen sus mismos valores, creencias e ideales centrales y su modelo personal del mundo se ha mantenido intacto.

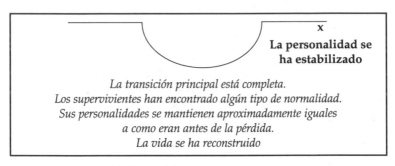

x
La personalidad se ha estabilizado

La transición principal está completa.
Los supervivientes han encontrado algún tipo de normalidad.
Sus personalidades se mantienen aproximadamente iguales
a como eran antes de la pérdida.
La vida se ha reconstruido

Figura 6. *La personalidad se estabiliza.*

La trascendencia

Mientras que algunos supervivientes reconstruyen o restauran sus vidas, otros viven una trascendencia. La trascendencia es un renacer espiritual. Requiere descender a lo más hondo del valle de la pena, lo que no están dispuestos a hacer o no pueden hacer algunos supervivientes.

La trascendencia en el punto central

Si bien los trascendentes (los que están alcanzando la trascendencia) recuperan algunos aspectos de sus yos anteriores, sus personalidades básicas quedan afectadas permanentemente. Sus valores, creencias e ideales centrales, así como sus conceptos e ideas, se están iluminando. Su modelo del mundo se está enriqueciendo.

Encuentran una normalidad nueva que tiene mayor calidad. Se están desarrollando y seguirán desarrollándose más allá de la persona que eran en el momento de la muerte.

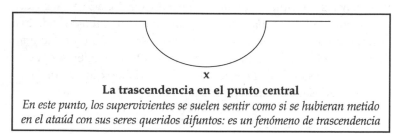

x
La trascendencia en el punto central
En este punto, los supervivientes se suelen sentir como si se hubieran metido en el ataúd con sus seres queridos difuntos: es un fenómeno de trascendencia

Figura 7. *La trascendencia en el punto central.*

La trascendencia más allá de la pérdida

Las personas que han trascendido más allá de la profundidad de su dolor empiezan a sentirse elevados por encima de su yo anterior. Se vuelven más fuertes, más bondadosos consigo mismos y con los demás, y saben apreciar mejor la vida. Han adquirido sabiduría, compasión, comprensión y amor incondicional. *Los trascendientes se sienten elevados por encima de su yo anterior.*

x
La trascendencia
*Sus valores, creencias e ideales centrales están más iluminados.
Encuentran una nueva normalidad enriquecida*

Figura 8. *La trascendencia más allá de la pérdida.*

La tragedia de un corazón endurecido

Si bien la mayoría de los supervivientes se convierten en seres humanos, una proporción mínima de ellos se amargan. Por desgracia, la normalidad significa para ellos quedarse hundidos y fijados en el pozo de la desesperación, la ira, la amargura o la pena. En la mayoría de los casos, estos supervivientes son personas que carecen de creencias espirituales, de un significado apasionado en sus vidas o de capacidad de adaptación. Además, puede que tengan miedo a su propia mortalidad, que sufran estrés prolongado o que tengan personalidades con tendencia a la aflicción. Otros pueden ser personas con mala salud en el momento de la pérdida o que se quedaron traumatizados permanentemente por la muerte.

x
Fijado en la aflicción
Los que sufren se quedan en el valle

Figura 9. *Fijado en la aflicción.*

Modelos personales

Los privados quedan cambiados para siempre tras la muerte de un ser querido próximo. Cada uno de nosotros definimos en qué nos convertiremos, creando nuestro propio modelo individual, personal, del duelo.

Nosotros, los autores, tenemos personalidades y puntos de vista muy diferentes. Yo (Raymond) soy un varón pensador, intelectual. Yo (Dianne) soy una mujer intuitiva, guiada por los sentimientos. Aunque los dos hemos encontrado la trascendencia, llegamos a ella por caminos muy distintos.

La trascendencia de Raymond

Mi modelo de la trascendencia es diferente del de Dianne, y puede que sea muy diferente del que posea el lector. Aunque algunas de mis pérdidas eran esperadas y otras fueron completamente espantosas, las afronté de una misma manera básica.

El dibujo siguiente es un modelo de mi aflicción el día que nació mi primogénito, el 4 de junio de 1970. El círculo representa todo mi yo, y la parte interior oscurecida representa mi aflicción. Se aprecia que mi pena llena el círculo casi por entero.

Figura 10. *Mi modelo personal de aflicción el 4 de junio de 1970. El círculo, que representa todo mi yo, estaba lleno de aflicción casi por entero. Solo quedaba sin afectar por la muerte de mi hijo primogénito la parte pequeña de la izquierda.*

Junio de 1970

En 1990 ya concebía mi pérdida en términos de círculos interiores y exteriores. El círculo interior representaba mi aflicción. El círculo exterior, todo mi yo, se había ampliado más allá de mi yo anterior. La muerte de mi hijo ya no era abrumadora. Se había convertido en un componente más de mi ser, junto con otras pérdidas y sucesos vitales.

Figura 11. *El círculo interior, que representaba mi aflicción, seguía igual que el día de la muerte de mi primogénito. Sin embargo, se había vuelto mucho más claro e indefinido. El círculo exterior, que representaba a todo mi yo, se había desarrollado alrededor de aquella pérdida.*

Mi modelo de trascendencia personal en 1990

Tal como sucede a la mayoría de las personas, cada nueva pérdida tiene un efecto amplificador. Mi aflicción se vuelve más intensa porque el pasado sale de nuevo a la superficie. En enero de 1996, por ejemplo, cuando mi hermano Randy exhaló su último suspiro, mi mente volvió a una escena de unos cincuenta años antes.

Yo volvía a ser un niño pequeño y miraba una manta azul celeste. Mi madre levantó una esquina de la manta para que yo atisbara a mi hermanito recién nacido, pero yo no vi más que la cabeza calva y las orejas de Randy.

Después, volví a visitar con los ojos de la imaginación nuestro pueblo natal y me imaginé que mi vida maravillosa en Portsdale, en el estado de Georgia, era eterna.

Ahora, además del duelo por la muerte de Randy, añoraba a aquellos personajes maravillosos de nuestra infancia.

Existen otras circunstancias, ajenas a la muerte de un ser querido, que pueden intensificar mi aflicción. Cuando mis demás hijos se graduaron, yo pensé en su hermano y en lo que habría podido llegar a ser. Después, cuando me estaba preparando para la boda de Avery en 1999, se aproximó el aniversario de la muerte de mi primogénito. Entre las muchas pérdidas que me daban vueltas por la cabeza destacaba la del fracaso de mi matrimonio con su madre. Dibujé lo siguiente para representar mi aflicción de esa época.

Mayo de 1999

Figura 12. *Mi aflicción en mayo de 1999. Cuando me estaba preparando para la boda de Avery, se aproximaba el aniversario de la muerte de mi primer hijo. Yo sentía entonces mayor aflicción que el día de su muerte. Una aflicción intensa llenaba el círculo interior, dejando solo una zona diminuta a la izquierda.*

La aflicción por mi primogénito seguirá constituyendo siempre una parte de mi configuración psicológica. En un día normal, mi pena (representada por el círculo interior) está mucho menos definida. Todo mi yo (representado por el círculo exterior) seguirá desarrollándose y dilatándose.

Figura 13. *El círculo exterior, todo mi yo, es más grande que nunca. Sigo desarrollándome y dilatándome desde mi pérdida.*

Mi trascendencia: agosto del 2000

Aunque cada una de las pérdidas fue diferente para mí, afronté cada una de ellas a base de intelectualizar, de controlar mis emociones y de caminar[1]. Este es el método común que siguen muchos hombres, pero no todos. Algunos afrontan las pérdidas de manera semejante a la de Dianne; es decir, su trascendencia se basa en los sentimientos, en la espiritualidad y en dejar atrás la aflicción.

La trascendencia de Dianne

El ansia de reconectar alimenta el corazón palpitante de la aflicción. Yo alcanzo la trascendencia cuando se resuelve ese an-

---

[1] Existe una bibliografía inmensa que afirma que muchos hombres se recuperan de las pérdidas a base de intelectualizar, dominar sus emociones y hacer cosas (ejercicio, lavar el coche, hacer arreglos en la casa, trabajar horas extraordinarias, etcétera). Consúltese sobre este tema: Martin, Terry L. y Kenetth J. Doka: *Men Don't Cry... Women Do: Trascending Gender Stereotypes of Grief.* Filadelfia, Brunner/Mazel, 2000.

helo. Mi concepto de la pérdida y de la trascendencia se puede representar por medio de un círculo.

Mi madre y yo, por ejemplo, manteníamos unas relaciones vigorosas y saludables. No solo éramos madre e hija: éramos también amigas íntimas. Como no nos daba miedo dejar que la otra conociera nuestro verdadero yo, nos manifestábamos habitualmente nuestros pensamientos, sentimientos y deseos más hondos. Yo centraba en ella una buena parte de mi tiempo, energía, pensamientos y sentimientos. Nuestras relaciones tenían forma de conexión circular: yo estaba a un lado y mi madre al otro. Aun cuando no estábamos juntas, seguíamos vinculadas por aquel fuerte lazo.

Figura 14. *Antes de su muerte, nuestras relaciones tenían forma de conexión circular ininterrumpida, alimentada por la energía, el tiempo, los pensamientos y los sentimientos que nos entregábamos mutuamente: yo a mi madre, y mi madre a mí.*

La muerte de mi madre dejó un agujero en nuestra conexión circular. Mi cuerpo, mi alma y mi espíritu seguían creando energía, pero sin enfoque. Ya no estaba mi madre al otro lado para recibirla y enviarme a su vez la suya.

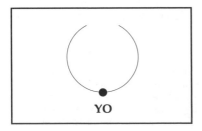

Figura 15. *Después de su muerte, nuestra conexión circular, que antes estaba sustentada por el hecho de compartir tiempo, energía, pensamientos, sentimientos, esperanzas y sueños, quedó agujereada.*

Existen pocas cosas que perduren tanto como el vínculo entre los que se quieren. Cuanto mayor es el vínculo, más fuerte es la conexión. Cuando se rompe un círculo fuerte, la pérdida puede parecer irreparable. La subida de energía sin enfoque carece de sentido. Si retiramos la bombilla de una lámpara, pero dejamos la luz encendida, se está generando energía eléctrica inútilmente.

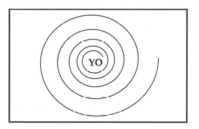

Figura 16. *Mi vida me parecía carente de sentido, como sucede a muchos supervivientes. Sin objetivo al que dedicar mi tiempo, mi amor y mi enfoque, mi energía daba vueltas dentro de mí y a mi alrededor.*

Cuando lo comprendí, mi trascendencia dio un enorme salto adelante. En primer lugar, pensé en mi conexión con mis familiares y amigos fallecidos. Si la vida perdura después de la muerte corporal, entonces la conciencia de aquellos tiene lugares donde ir y cosas que hacer. Si yo me aferraba a ellos espiritualmente, les impedía manifestar su libre albedrío.

Pensé en un niño pequeño que llevara un cachorrillo sujeto por el cuello. Si lo aprieta durante bastante tiempo y con la fuerza suficiente, despojará al animal de toda su fuerza vital. Los espíritus son muy semejantes. Si nos aferramos a nuestros seres queridos difuntos, los despojamos de su fuerza vital. No les dejamos libertad para que sigan adelante en el otro plano. El mayor don que podía otorgarles a ellos y otorgarme a mí era soltar sus espíritus. Puedo mantener mi vínculo con ellos por el amor y los recuerdos, y si vivo la vida plenamente, su legado vivirá en mí vibrantemente.

Cuando llegó el punto en que dejé de querer retener a mis seres queridos, todos quedamos libres. Yo asistía a seminarios y estaba de duelo. Me servía de la energía que daba vueltas a mi alrededor para trabajar mi aflicción todo lo que podía. Después, volví a practicar la escultura, una pasión que había dejado con la infancia. No solo me ayudó a trabajar una parte de mi pena, sino que se convirtió en receptora de mi tiempo, energía y amor.

Figura 17. *Mi pasión por la escultura creó un círculo de energía, tiempo, pensamientos y sentimientos.*

Mis investigaciones y mi trabajo en el campo de la tanatología acabaron por sustituir a la escultura. Mientras escribo estas líneas, veo un marco de diez centímetros de ancho que rodea la pantalla de mi ordenador, lleno de fotos, recortes de atestados policiales, notas, cartas, tarjetas y pequeños objetos. Estos recuerdos representan visualmente a diversas personas que me pidieron que pusiera por escrito estas palabras. Usted, como lector, es el centro de enfoque de mi tiempo, energía, pensamientos y sentimientos.

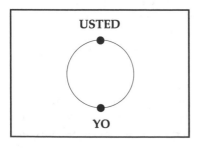

Figura 18. *Usted y yo.*

Otros supervivientes han descubierto también que este era su camino para trascender la pérdida, tal como nos contó Albert.

«Encontré pasión en la vida y una nueva oportunidad»

«Yo estaba muy unido a mi padre. Vivíamos a más de mil quinientos kilómetros de distancia, de modo que hablábamos por teléfono casi todos los días. Siempre estábamos haciendo planes de visitar un sitio u otro. Sin embargo, lo único que hacíamos era hablar, porque yo no me tomaba tiempo libre en mi trabajo para ir a verlo. Me parecía que tendría tiempo de sobra más adelante, así que dejaba siempre nuestros planes para más adelante.

«Entonces, mi padre se puso gravemente enfermo y le tuvieron que conectar de la noche a la mañana aparatos de respiración asistida. Los médicos declararon su muerte cerebral, pero a mí no me convencieron, pues siempre que yo le susurraba al oído, mejoraban sus signos vitales. Yo lo hacía todos los días, hasta que las enfermeras retiraron los monitores. Mi padre tardó meses en morir, y yo estuve junto a su cama casi constantemente. En ese tiempo me di cuenta de que en la oficina todo marchaba bien sin mí. Lamenté no haberme tomado tiempo libre para estar con mi padre, como habíamos querido.

«La muerte de mi padre dejó un gran vacío en mi vida, y yo me sumí en una depresión profunda. Me afligí por él y por los buenos ratos que había dejado pasar. Si fui capaz de seguir adelante con mi vida fue solo gracias al apoyo estrecho que me dio mi mujer; a pesar de todo, yo pasaba los días como si fuera arrastrando los pies. No tenía verdadero interés por nada. Después, nació mi nieto, casi tres años después de la muerte de mi padre, y me pareció de alguna manera que se cerraba el agujero que había en mi vida. Encontré pasión en la vida y una nueva oportunidad. Esta vez no me limito a hacer planes: paso todo el tiempo que puedo con el chico.

«Dejé tantas cosas sin terminar con mi padre que todavía siento de vez en cuando una oleada de pena, pero con el tiempo cada vez es menos frecuente».

¿Pueden dejar atrás su aflicción los supervivientes?

En nuestro campo de estudio existe una pregunta que debatimos los profesionales entre nosotros. ¿Es posible dejar atrás la aflicción? La mente humana está tan dividida en compartimentos que no es posible que nadie descubra todas las experiencias de pérdida que residen en sus recovecos más profundos. Parece seguro que todos llevamos algo de aflicción.

Además, muchos supervivientes lloran muertes tan trágicas que no podemos imaginarnos cómo es posible que un ser humano sea capaz de resolver del todo una tragedia de esa clase, al menos en una sola vida. Nuestra amiga Carol Poole, cuyo hijo John murió de cáncer, nos cuenta lo siguiente (de *Shared Blessings*, el libro que está escribiendo).

«Los soldados no vuelven de la guerra y la olvidan sin más»

«Mi marido trabajaba en el extranjero, de modo que John, mi único hijo, era mi compañero constante. John y yo estábamos excepcionalmente unidos, y yo descubrí que la muerte de una persona con la que mantenemos un vínculo tal produce estrés postraumático. Los soldados no vuelven de la guerra y la olvidan sin más. Yo he luchado una batalla, he librado mi guerra particular, y aunque todavía me siguen doliendo algunas cicatrices, las heridas se me están curando de la mejor manera posible».

Algunos supervivientes apagan la aflicción que sintieron por determinadas pérdidas. Luanne Valkner, pintora de Michigan, nos cuenta su caso.

«De la tragedia surgió el triunfo»

«Me quedé conmocionada e invadida por una aflicción profunda cuando murió nuestro primogénito, Nathan, un día y medio después de nacer. Hoy, casi veinticinco años más tarde, todavía me resulta difícil volver allí y tocar aquel dolor que entonces era inexplicable. Me resulta difícil recordar la aflicción, pero no me resulta tan difícil recordar el modo en que la superé.

»Mi marido y yo recibimos buenos consejos de un médico de la unidad neonatal. Nos dijo que no nos culpásemos el uno al otro de la muerte de Nathan. Nos dijo que muchos matrimonios se desintegran por la muerte de un hijo. Nosotros decidimos comunicarnos el uno con el otro y no consentir que esta experiencia nos destruyera. Si podíamos superarla, podríamos superar cualquier cosa que nos echara encima la vida.

»Nos afligíamos juntos como pareja y nos concedíamos el lugar y el espacio suficientes para llevarnos nuestra aflicción a un rincón y afligirnos a solas. La aflicción es así, unas veces hay que compartirla y otras veces necesita soledad. Parecía como si se hubiera detenido el tiempo. Yo no podía ni quería mirar al futuro; el dolor me mantenía con los pies firmes en la realidad de cada día. Algunos días, la aflicción se convertía en un fuego que todo lo consumía y que amenazaba reducir a cenizas mi alma; otros días, era un fuego que anestesiaba todos mis sentimientos, y hasta mis extremidades dejaban de responder a la vida.

»La primavera fue dejando paso al verano y, con el paso del tiempo, empezó a entrar en mis pensamientos conscientes un conocimiento. No me llegó con la rapidez de un relámpago. Fue, más bien, como si surgiera delicadamente y se desplegara ante mí una comprensión del amor de Dios. Yo no quería más que ser madre, pero me habían quitado a mi hijo. Hasta aquel punto de mi vida, Dios no había sido más que un concepto abstracto. Por medio de la muerte de mi hijo se estaba convirtiendo en un Padre Celestial que conocía personalmente mi dolor. Yo no había renunciado voluntariamente a mi hijo, pero Dios sí había entregado al Suyo. En mi dolor inexpresable, vi a un Padre Celestial que entregó a su Hijo al mundo en sacrificio. Vi en mi dolor el dolor de Dios, y en el dolor de Dios vi y sentí el amor y la misericordia que me sacaron adelante.

»De la tragedia surgió el triunfo. Lo que había sido insoportable se volvió tolerable, al ajustarme yo a mi pérdida. La aflicción es un proceso que se debe capear como el temporal que es, pero después del temporal viene la calma de un alma acallada, consolada por Dios, si nos atrevemos a dejarle pasar. Hoy ya no llevo aflicción por Nathan; solo pienso en él con amor».

Dejamos atrás la aflicción

Yo (Dianne) he conocido a muchas otras personas que ya no sienten pena ni dolor por la muerte de determinados seres queridos. Hace años, yo no podría haberme imaginado que llegaría a ser una de esas personas; sin embargo, hoy ya no siento aflicción por mis padres, ni por mi amiga asesinada, ni por otras personas que he querido y perdido. No obstante, sigo sintiendo tristeza por el suicidio de mi cuñada, y me aflijo por muertes que se han producido en años recientes.

Como consecuencias de mis pérdidas, y de mis años de trabajo con otras personas privadas de seres queridos, me parece que la extinción de la aflicción depende de varias cosas. En primer lugar, de que la pérdida no fuera demasiado traumática o violenta para que pudieran seguir adelante los supervivientes. En segundo lugar, de que las personas que trascendieron la pérdida encontraron en la aflicción una carga demasiado pesada para llevarla, y por ello acopiaron todo el esfuerzo, el valor y el apoyo de otras personas que pudieron para resolverla. En tercer lugar, de que los supervivientes tuvieran unas creencias espirituales infinitas que los mantuvieran vinculados a sus seres difuntos, y a algo mucho mejor que cualquier cosa que hay en la tierra.

Decir que dejamos atrás la aflicción por un ser querido no significa que no vaya a salir a relucir en algún punto otra pena por esa misma persona. Y tampoco quiere decir que hayamos resuelto todas las pérdidas, ni que no estemos de duelo por las muertes más recientes. Sí quiere decir que, después de un largo viaje por el valle y cruzando el puente, ya podemos acordarnos de nuestros seres queridos y sonreír.

La aflicción solo tiene una talla, la gigante. Si la guardamos en el fondo del cajón, donde no vea nunca la luz, seguirá exactamente igual. Por otra parte, si nos la ponemos, hablamos de ella y la compartimos con los demás, es más probable que vaya envejeciendo, encogiéndose, desgastándose, o simplemente que se nos quede pequeña. Cuando la aflicción ha cumplido su propósito, podemos reconocer los muchos bienes que hemos ganado.

IX

Las bendiciones
que recibimos de la pérdida

Mientras vivamos, también vivirán y amarán ellos,
pues forman parte de nosotros, tal como los recordamos.

Las puertas de oración

Vivir en los corazones que dejamos es no morir.

THOMAS CAMPBELL

He aprendido a apreciar la bondad
de cada día, casi a cada momento [1].

SEÑORA DE JOHN CONNALY

L AS personas que se desarrollan a partir de las pérdidas acaban
por reconocer las muchas bendiciones que les ha proporciona-
do la pérdida. Como seres humanos más sanos, más fuertes y más

---

[1] Connally, Nellie: «Texas' First Lady Relives the Day The President Died».
Texas Magazine, Houston, Texas, Houston Chronicle, 22 de noviembre de 1964.

sabios, nuestro desarrollo y las vidas que tenemos por delante nos potencian. ¿Cuáles son, por lo tanto, algunos de estos dones?

Todos somos seres humanos

La aflicción ilumina nuestra humanidad. Como parte que somos de la especie humana, todos tenemos un mismo origen, al que volveremos algún día. Hasta entonces, tenemos derecho a estar aquí, como la Luna, el Sol, las estrellas, las flores y los árboles.

Celebrar nuestras diferencias

Cuanto más trabajan sus pérdidas los privados de seres queridos, más valoran las diferencias de los demás. Como ya hemos observado, existe una polémica sobre si se llega a extinguir la aflicción: unos afirman que los supervivientes que están libres de su aflicción han caído en la negación, mientras que los que adoptan el punto de vista opuesto replican que los que han perdido a seres queridos y siguen afligidos no quieren liberar su aflicción. Estas simplificaciones y juicios de valor son desafortunados, pues los absolutos no existen. Si escribimos este libro juntos fue porque somos ejemplos de personas opuestas.

«Yo no podría nunca afligirme a tu manera», me dijo Raymond

—Yo no podría nunca afligirme a tu manera, ¿sabes? —me dijo Raymond durante un retiro que dirigimos en 1995—. Quisiera permitirme a mí mismo tener esos sentimientos, pero jamás he sido capaz de hacerlo, y sigo sin poder.

—Sí, Raymond, yo puedo relacionarme —dije, suspirando y reflexionando—. Cuando conocí a Elisabeth, en uno de sus seminarios, todos los presentes estaban sollozando. Yo pensaba: *Jamás podré hacer yo eso. No es mi estilo.* Pero, entonces, ella dirigió mi dolor señalándome y diciéndome: «Tu niña pequeña necesita sus lágrimas». Fue como si me hubiera dado un puñetazo en el estómago. *De ninguna manera pienso volver a mi aflicción de la infancia,* pensé.

Después, a última hora de aquella noche, mientras yo echaba a dormir mi cuerpo de treinta y nueve kilos, comprendí de pronto: *Estoy harta de llevar dentro estas porquerías. Es una sensación horrible, y hasta podría matarme. No quiero morirme sintiéndome de esta manera.* Dicho esto, me tendí de espaldas y sollocé. Pasé cinco días llorando a mares por aquella niña pequeña que se separó de su abuela y por la adulta huérfana en que me había convertido. Tardé años en resolver la mayor parte de aquello.

Dejar atrás la aflicción no es fácil, ni divertido, ni rápido, pero ahora conozco la sensación maravillosa de estar libre del sufrimiento. Reprimir mi pena ya no es una posibilidad. Aquel fue mi camino, pero yo no se lo querría imponer a nadie más.

* * *

Las personas que trascendemos nuestra pérdida defendemos a todo ser humano. En lugar de evaluar o juzgar, celebramos el hecho de que no hay dos personas iguales ni dos estilos de duelo iguales.

Se potencia el aprecio

La pérdida nos hace apreciar vivamente a nuestros seres queridos que ya no están. La mayoría de las personas dan por supuestos los hechos cotidianos (como decir «hola» u oír sus voces por teléfono) hasta que faltan. Pero ahora apreciamos lo que hemos perdido.

Quizá recuerde el lector el caso de Jerry, el del joven que tenía una capacidad misteriosa para dedicar su atención plena a todos, a pesar de la enfermedad dolorosa que padecía. En su funeral, casi todos los asistentes estuvieron de acuerdo en que conocían el don que les hacía, pero no lo apreciaron hasta que faltó.

La pérdida nos enseña también a apreciar a nuestros seres queridos supervivientes, así como a apreciar la vida en general.

La clarificación del yo

Nuestras cualidades genuinas salen a relucir tras una pérdida devastadora. Descubrimos quién es, verdaderamente, el que vive dentro de nosotros. Registramos nuestras almas, ordenamos nuestras verdaderas creencias y valores, y establecemos en consecuencia nuestras prioridades.

Se enriquece la pasión

La pasión alimenta nuestras almas. Nuestras vidas dependen de ella. La muerte de un ser querido lleva la pasión a un nivel más profundo. La mayoría de los supervivientes establecen prioridades nuevas y dedican más tiempo a sus seres queridos. Las pasiones recién encontradas nos motivan para que enriquezcamos nuestras vidas y ayudemos a los demás en sus apuros.

El deseo de servir a los demás

Muchas personas que se han visto privadas de un ser querido cobran un fuerte deseo de ayudar a los demás. Tras el asesinato de Adam Walsh, sus padres, John y Reve Walsh, lucharon por la aprobación de la ley federal de Niños Desaparecidos y fundaron el Centro Nacional para los Niños Desaparecidos y Explotados. En agosto de 1987, John Walsh empezó a presentar el programa de televisión *America's Most Wanted*, que ha reunido con sus familias a muchos niños raptados y que ha llevado a la cárcel a 656 delincuentes violentos hasta el mes de marzo del 2001. Entre los muchos honores que ha recibido Walsh, la CBS lo incluyó en su lista de «los 100 norteamericanos que cambiaron la historia».

Iris Bolton fundó, tras la muerte de su hijo, The Link Counseling Center, centro sin ánimo de lucro sufragado por United Way, y The National Resource Center for Suicide Prevention and Aftercare (Centro Nacional de Recursos para la Prevención del Suicidio y Cuidados Posteriores). Sus dos magníficas organizaciones han ayudado a miles de personas (ver información en la sección de Recursos).

Uno de los psicólogos y tanatólogos más destacados en el estudio de la privación de seres queridos, Alan Wolfelt, empezó su carrera a los catorce años tras la muerte de un amigo íntimo. El doctor Wolfelt ha dedicado su vida a ayudar a los demás a comprender y llorar sus pérdidas. Nosotros enviamos a muchas personas a su centro, sobre todo a los niños (ver Center for Loss and Life Transition, en nuestra sección de Recursos).

Por cada Walsh, Bolton y Wolfelt hay miles de supervivientes menos conocidos que están marcando una diferencia en las vidas de los demás. Con sus historias y sus nobles logros podrían llenarse las páginas de muchos libros.

Adquirir sensibilidad

Las personas que se han visto privadas de seres queridos suelen ser más sensibles con los demás, porque la pérdida enseña compasión. Muchos hemos tenido que sufrir afirmaciones inadecuadas de otras personas; gracias a ello, adquirimos visión a la hora de comunicarnos con los demás.

Finitud de la vida

La muerte nos recuerda que la vida es impermanente. Nuestro tiempo y el de nuestros seres queridos supervivientes es finito. Cuando advertimos lo pasajera que puede ser la vida, todo milisegundo es precioso.

Fragilidad del cuerpo humano

La muerte de un ser querido pone de relieve lo especial y lo frágil que es el cuerpo humano. Nuestros cuerpos no son máquinas, son organismos complejos, vulnerables, vivos, que pueden dejar de funcionar en un latido de corazón.

Humildad

La aflicción enseña humildad. Como seres humanos que somos, no tenemos un poder ilimitado. No somos divinos, ni lo sabemos todo, ni lo abarcamos todo. Existen muchas circunstancias ajenas a nuestro control, y la muerte es una de ellas en última instancia.

Ser menos materialistas

Las personas que trascendemos la pérdida nos volvemos menos materialistas y más centradas en la vida, en el hecho de vivir, en las relaciones personales y en la espiritualidad. Atendemos al yo, mejoramos la calidad de nuestra vida interior y nos volvemos después hacia el exterior para mejorar nuestras relaciones personales.

Lecciones

La aflicción nos enseña lecciones que van más allá de lo que se puede aprender en ningún aula; entre ellas, la de entender lo que hemos perdido y ganado, y el modo de integrar ambas cosas. La lección última es saber que solo podemos alcanzar nuestro potencial más alto habiendo conocido, amado y perdido a nuestro ser querido.

El amor es el vínculo

Otro don es el conocimiento de que el amor trasciende el cuerpo. El amor es el vínculo que une a dos personas para toda la eternidad.

Afrontar la mortalidad

La muerte de un ser querido nos obliga a considerar nuestra propia mortalidad. Los seres humanos tememos lo que no comprendemos, y si bien no todos llegamos a hacernos amigos de la muerte, el hecho de conocerla mejor reduce nuestro miedo. Afrontando lo inevitable, vivimos la vida plenamente.

Mejora de las relaciones personales

El duelo genera autoautenticidad, y cuando somos auténticos nos sentimos bien con nosotros mismos. El grado en que nos amamos, nos respetamos y nos apreciamos a nosotros mismos es el grado en que podemos amar, respetar y apreciar a los demás.

En cierta época se creía que nuestros mayores tenían pocas relaciones personales porque sobrevivían a sus familiares y a sus compañeros. Sin embargo, la cosa no es tan sencilla. Tras cada nueva pérdida, los supervivientes se vuelven más selectivos a la hora de escoger a las personas a las que quieren dar entrada en sus vidas. En consecuencia, abandonan a las que no desean y refuerzan los vínculos con las que sí desean.

Además de mejorar sus relaciones con su propio yo y con los demás, muchos individuos que se han visto privados de sus seres queridos refinan sus relaciones con Dios. En el momento de la muerte del ser querido, Dios puede ser blanco de iras. «¿Dónde estabas?», le preguntamos. El hecho de albergar sentimientos hacia otra persona nos indica que existe una relación con ella; por lo tanto, la ira hacia Dios demuestra que sigue en pie la relación con Él.

Aumento de la espiritualidad

La pérdida puede catapultar a los que están de duelo hacia una búsqueda de la espiritualidad. La mayoría investigan el concepto de la supervivencia de la conciencia tras la muerte corporal, y muchos acaban por pensar en la reencarnación. Sea lo que sea lo que encuentren, su descubrimiento último es este: «Solo tengo una oportunidad de vivir en este cuerpo, en esta época, con estas circunstancias, desafíos y relaciones personales concretas. No siempre puedo elegir yo lo que me pasa durante esta vida, pero sí que puedo elegir siempre lo que gano con ello».

Se adquiere sabiduría

Si usted escribiera su autobiografía, contendría diversos sucesos, temas y personajes. Algunas personas habrán cambiado y otras se habrán perdido por el camino. Cada uno de los sucesos y personajes aporta algo a su historia; sin embargo, los más conmovedores serán los relacionados con sus pérdidas. La sabiduría se adquiere con las vivencias.

Los padres que se han visto privados de sus hijos suelen decir que les parece un honor haber podido brindar a sus hijos la oportunidad de venir a la Tierra. Algunos creen en el karma y que sus hijos vinieron aquí para completar algo que quedó sin resolver en vidas anteriores. Otros creen que sus descendientes vinieron aquí a cumplir una misión, posiblemente como maestros, y que su destino quedó realizado cuando hubieron completado su misión. En estos casos, los padres se sienten dichosos de haber podido servir de anfitriones de esos espíritus en sus viajes.

Una parte de la sabiduría que adquirí fue el comprender por qué había muerto así mi padre, y que el hecho de aferrarme a su espíritu era una injusticia para todos los afectados.

Un sentimiento de inmortalidad

Los niños tienen la sensación de que la muerte es algo así como la luna y las estrellas: una cosa muy lejana. Según este punto de vista, seguimos adelante indefinidamente. Sin embargo, cuando llegamos a la edad adulta ya sabemos que nuestra existencia física es limitada. No obstante, los que trascendemos sabemos fusionar ambas perspectivas. En efecto, nuestros cuerpos son finitos, pero seguiremos adelante indefinidamente, igual que la luna y las estrellas.

Usted lleva en su ser una parte de todas las personas a las que ha conocido. Coexisten con usted, junto con todas sus vivencias. Algunas ejercen mayor influencia que otras, pero todas le tocan en mayor o menor grado. Del mismo modo, una parte de usted reside dentro de todas las personas que ha conocido. Todos vivimos en los demás, y todos alcanzamos una cierta inmortalidad en ese sentido.

La trascendencia

Si bien el luto es tremendamente doloroso en su momento, es el máximo catalizador del desarrollo. La trascendencia, el elevarnos por encima de los que éramos en el momento de la muerte, no es un resultado final, sino un proceso que no termina nunca. Las personas que trascienden se sienten contentas de sí mismas y de en lo que se están convirtiendo.

Más allá de todos estos dones, es posible que el mayor de todos los dones que aporta la pérdida es la seguridad de que la vida prosigue tras la muerte corporal, como veremos en el capítulo siguiente.

X

Los volveremos a ver

Los volveremos a ver
El secreto del cielo se guarda de siglo en siglo.

OLIVER WENDELL HOLMES

L A mayoría de las personas que se refuerzan tras la muerte de sus seres queridos creen que la vida prosigue de alguna forma. Muchos toman sus creencias de sus religiones; otros recurren a la ciencia. Si bien la ciencia no ofrece todavía *pruebas* definitivas, nos brinda mucha documentación que indica que, en efecto, la consciencia prosigue más allá del cuerpo. Vamos a explorar algunas de estas pruebas.

Las Experiencias Cercanas a la Muerte (ECM)

Algunos individuos que han estado a punto de morir recuerdan detalles concretos sobre sus experiencias. Yo (Raymond) conocí dos relaciones de este tipo durante los años 60. La primera fue la que hizo Platón del caso de Er, un soldado al que dieron por muerto en el campo de batalla. Mientras Er yacía en la pira funeraria, su espíritu se elevó flotando por encima de su cuerpo y por unos pasadizos. Vio pasar ante sí toda su vida, y después unos seres divinos le dijeron que regresara a la Tierra.

Varios años más tarde, me quedé impresionado cuando oí relatar su experiencia al doctor George Ritchie, psiquiatra del Departamento de Psiquiatría de la Universidad de Virginia. La experiencia del doctor Ritchie seguía la misma pauta que la de Er.

Después de obtener mi doctorado en 1969, impartí clases de filosofía en la Universidad East Carolina. Un día, un estudiante me abordó después de la clase.

—¿Por qué no hemos estudiado la cuestión de la vida tras la muerte en esta clase *de filosofía*? —me preguntó, recalcando la palabra como si yo hubiera cometido una falta al no tocar el tema.

—¿Por qué quiere que hablemos *de eso?* —le pregunté a mi vez, considerando que era un tema agotado.

—Hace un año tuve un accidente grave —me dijo—, y los médicos me dieron por muerto. En aquella ocasión sentí algo que ha cambiado mi vida por completo, pero no he podido hablar de ello.

Yo invité de buena gana al joven a que pasara a mi despacho y me contara aquello. Me quedé asombrado al oírle describir un roce con la muerte que contenía elementos semejantes a los de Richie y Er.

Después de haber oído tres relaciones semejantes, me pareció que debían existir otras. Por lo tanto, en el curso siguiente, al introducir el estudio de Platón, propuse una cuestión: «¿Es posible que la consciencia sobreviva a la muerte corporal?».

—¡Sí! —exclamó un alumno; y relató a continuación lo que le sucedió cuando lo atropelló un coche. El joven había vuelto a vivir su vida en el tiempo que había transcurrido entre el paso sobre su cuerpo de las ruedas delanteras y las traseras.

Desde entonces, siempre que hablaba de Platón, mencionaba la cuestión de la vida tras la muerte; y, en efecto, uno o dos estudiantes de cada curso describían sus experiencias. Cuando el decano de la universidad, coronel de infantería de Marina retirado, oyó varias de estas relaciones, me invitó a dar unas conferencias en su parroquia.

Mi colección de relatos aumentó cuando di conferencias en público, y más todavía cuando ingresé en la facultad de Medicina al año siguiente.

Disipar el mito

Quedaría muy bien introducir en esta etapa de mi carrera el cuento de que «al pobre doctor Moody lo persiguieron sus colegas por investigar las experiencias cercanas a la muerte (ECM) y lo tacharon de loco»; sin embargo, nada estaría más lejos de la verdad. La mayor parte de la comunidad médica me acogió bien. A los médicos, creyeran o no en la vida después de la muerte, les interesaba el fenómeno, pues ellos también habían oído relatos semejantes en boca de sus pacientes.

Fueron ellos los que me animaron a escribir un artículo para el *Atlanta Constitution*, y esto me llevó a escribir *Vida después de la vida* *. Cuando la psiquiatra más destacada en ese terreno, Elisabeth Kübler-Ross, se prestó a escribir el prólogo del libro, me confirmó que sus descubrimientos eran semejantes a los míos: las ECM tenían características comunes.

Las características de las experiencias cercanas a la muerte (ECM)

En mi libro *Vida después de la vida* consideré que las experiencias cercanas a la muerte se daban en alguna de las tres circunstancias siguientes: 1) en personas que se habían reanimado después de ser dadas por muertas; 2) en personas que habían estado cerca

---

* La versión española forma parte de la colección Selección Edaf de esta editorial.

de la muerte después de un accidente, una lesión o una enfermedad; 3) en personas que contaban sus experiencias a testigos antes de morir.

¿Qué características tenían estas experiencias cercanas a la muerte? Solían empezar cuando el individuo se daba por muerto por un médico o por el personal sanitario; entonces, el individuo sentía paz y se elevaba por encima de su cuerpo. Sentía que entraba o atravesaba un túnel, veía una luz brillante y se encontraba después con una Omnipresencia, con seres celestiales o con apariciones de sus seres queridos fallecidos. Después de revisar su vida, el individuo volvía a su cuerpo a disgusto.

Entre los efectos posteriores se contaban los siguientes: transformación espiritual enorme (muchos se hacían clérigos o voluntarios en *hospices*), una sensación de inefabilidad respecto de su ECM, y un ansia de adquirir conocimientos (muchos volvían a la universidad). Y si bien los que habían tenido estas experiencias perdían el miedo a la muerte, veían la vida como un don finito y precioso que debía saborearse y protegerse.

Lo que ha pasado de veinticinco años a esta parte

Vida después de la vida fue muy bien acogido tras su publicación por Bantam Press en verano de 1976. La atención científica, médica y del público en general se centró con interés en los fenómenos de experiencias cercanas a la muerte. Salieron a relucir casos tempranos de todo el mundo, entre ellos la primera colección que se había publicado. Albert von St. Gallen Heim, profesor de geología de Zúrich, había escrito el *Anuario del Club Alpino Suizo* de 1892. En este, además de incluir una relación de su experiencia personal, que había tenido tras una caída en los Alpes, Heim publicó entrevistas con otras treinta personas, principalmente alpinistas, que habían tenido experiencias semejantes. Entre otros casos que salieron a la luz figuraba uno que había sucedido en Londres en 1911 (publicado por el *Sunday Express* de Londres el 26 de mayo de 1935), otro que se había dado en Francia en 1916, durante la Primera Guerra Mundial, y otro en Sudáfrica, en 1900, durante la Guerra de los Boers [1]. Después, a principios y mediados de los 70, Russ Noyes y sus colegas publicaron en la Universidad de Iowa otras relaciones en las que calificaban las ECM de «despersonalizaciones ante peligros que amenazan la vida» [2].

Bruce Greyson: un hito decisivo en los estudios sobre la muerte

En julio de 1976 se alcanzó un hito decisivo en la evolución de los estudios sobre la muerte. Bruce Greyson era profesor adjunto en el departamento de psiquiatría de la Universidad de Virginia, donde yo había empezado mi primer año de médico residente. Bruce me informó de que su colega, el doctor Ian Stevenson, investigador de experiencias paranormales de fama mundial, tenía un archivo de más de treinta casos de experiencias cercanas a la muerte. Bajo la influencia de Greyson y Stevenson empezaron a investigarse científicamente los fenómenos que habían recibido el nombre, recientemente creado, de «experiencias cercanas a la muerte», e irrumpieron en ese terreno investigadores bien cualificados.

El doctor Greyson estudió ampliamente las ECM, especializándose en las experiencias tras intentos de suicidios. He aquí un resumen de las consecuencias a las que llegó: si bien el intento de suicidio aumentaba espectacularmente el riesgo de un suicidio posterior, el intento de suicidio seguido de una ECM reducía espectacularmente el riesgo de nuevas conductas autodestructivas. Los que habían te-

---

[1] Williams Cook, Emily; Bruce Greyson, y Ian Stevenson (1998): «Do Any Near-Death Experiences Provide Evidence for the Survival of Human Personality After Death? Relevant Features and Illustrative Case Reports», *Journal of Scientific Exploration*, vol. 12, núm. 3. Págs. 377-406.

[2] Noyes, R. Jr., y R. Kletty (1976): «Depersonalization in the Face of Life-Threatening Danger: An Interpretation», *Omega 7*. Págs. 103-114.

nido experiencias descubrían que la vida tiene un propósito y que el suicidio impide que se cumpla ese propósito. Los descubrimientos de Greyson desvelaron también que las ECM de los que habían intentado suicidarse seguían las mismas pautas de aquellos que habían estado cerca de la muerte por otras causas.

Interviene Michael Sabom

A Sarah Kreutziger, asistente social psiquiátrica, le interesó *Vida después de la vida*. «¿Invitará a hablar al doctor Moody?», preguntó al doctor Michael Sabom, compañero suyo en la clase de estudios bíblicos a que asistían los dos.

—Ese libro es una ficción —le dijo él.

Era cardiólogo residente en el Hospital Universitario Shands, de la Universidad de Florida, y había reanimado a muchos pacientes, pero sin haber oído jamás relatos como aquellos.

—¿Se lo ha preguntado alguna vez a alguno de sus pacientes? —repuso Sarah.

Cuando el doctor reconoció que no, ella le dijo: —Quizá debiera preguntárselo.

Sabom empezó a entrevistar a sus pacientes, y el tercero le relató datos concretos sobre su reanimación tras una parada cardiaca, describiéndole incluso el equipo médico que se había utilizado. Otros pacientes le contaron después sus casos, incluso detalles que se habían producido cuando estaban inconscientes (en el sentido médico del término). Cuando Sabom comparó estas afirmaciones con sus historias clínicas, se quedó fascinado y empezó a investigar en profundidad.

Sabom publicó muchos artículos y libros sobre la materia, y en el último, *Light and Death: One Doctor's Fascinating Account of Near-Death Experiences*, relata el caso de una mujer a la que diagnosticaron un aneurisma inoperable en la base del cerebro. A pesar de todo, la trasladaron de su casa, en Atlanta, al Instituto Neurológico Barrow, en Phoenix, en el estado de Arizona. El instituto era por entonces uno de los pocos centros que realizaban aquella peligrosa operación, la «parada circulatoria hipotérmica»; peligrosa porque los individuos no sobreviven normalmente más que unos pocos minutos sin que su cerebro reciba una aportación sana de sangre; sin embargo, la operación requiere de cuarenta a sesenta minutos.

La operación se suele realizar del modo siguiente. Los cirujanos desvían el flujo sanguíneo del paciente haciéndolo pasar por un baño de agua helada y entrar de nuevo en su cuerpo. Cuando el cuerpo alcanza los veinte grados centígrados, su metabolismo se reduce, lo que permite al paciente sobrevivir mucho más tiempo sin que su cerebro reciba sangre. En ese momento, los cirujanos inclinan la mesa de operaciones y retiran toda la sangre del cerebro del paciente (si quedase alguna, el aneurisma podría estallar). Por fin, los cirujanos levantan la bóveda craneal y reparan el aneurisma. Durante los cuarenta a sesenta minutos que dura la operación, el paciente está muerto clínicamente, según los criterios de la medicina: no tiene ondas cerebrales, ni pulso ni respiración.

La paciente de Atlanta tuvo complicaciones. Los cirujanos tardaron más de lo esperado; por ello, tuvieron que ponerse a calentar su cuerpo más deprisa de lo normal. A consecuencia de ello, tuvo dos paradas cardiacas. Pasó un largo periodo sin respiración, ni pulso ni actividad electromagnética en el cerebro, a pesar de lo cual sobrevivió. Después de despertar, describió una serie de circunstancias que se habían producido durante la operación, entre ellas las complicaciones, las canciones que habían sonado en el hilo musical y el aspecto de la sierra especial que se había usado para abrirle el cráneo. También contó que había entrado por un túnel hasta llegar a una luz hermosa y que había visto a parientes suyos que habían muerto muchos años antes.

La exploración científica de Kenneth Ring

Yo había presentado *Vida después de la vida* como una visión general del fenómeno, pero Kenneth Ring (catedrático de psicología de la Universidad de Connecticut, en Storrs, y experto en el terreno de la psicología social) quería contar con datos científicos. Entrevistó a más de cien pacientes de diversos hospitales y publicó sus resultados estadísticos y sus hallazgos en su primer libro, *Life at Death: A Scientific Investigation of the Near-Death Experience*. Examinó después los efectos posteriores de las ECM y presentó sus resultados en *Heading Toward Omega: In Search of the Meaning of the Near-Death Experience*. Ring sigue haciendo nuevos descubrimientos. Por ejemplo, estudió las impresiones de las personas ciegas y descubrió que los invidentes recuperaban la vista durante las ECM [3].

Todas estas investigaciones y resultados empezaron a influir sobre las actitudes populares hacia este fenómeno. En 1980, una encuesta nacional realizada por el instituto Gallup determinó que más de ocho millones de estadounidenses adultos habían tenido ECM.

Melvin Morse investiga las ECM de los niños

Melvin Morse, pediatra de Seattle, empezó a entrevistar a niños y descubrió que las relaciones de estos tenían las mismas características y efectos posteriores que las de los adultos [4]. Entre la documentación que recopiló figuran dibujos realizados por niños en los que estos presentaban sus cuerpos flotando, pasando por pasadizos, etcétera. El doctor Morse ha realizado investigaciones únicas en este terreno, pues pudo seguir el desarrollo de los niños después de la ECM. Cuenta que los niños de sus primeras entrevistas, que ahora son jóvenes adultos, conservan una visión, una bondad y una compasión fuera de lo común.

---

[3] Ring, Kenneth (1999), *Mindsight: Near-Death and Out of Body Experiences in the Blind*, Palo Alto, California, William James Center of Consciousness Studies at the Institute of Transpersonal Psychology.

[4] Morse, Melvin, y Perry, Paul: *Closer to the Light: Learning from the Near-Death Experiences of Children*, Nueva York, Random House, 1991.

En resumen

Más de veinticinco años de investigaciones han confirmado nuestro conocimiento de este fenómeno, además de ampliarlo. En efecto, se trata de una experiencia común que se despliega ante los moribundos como cosa normal. Se disipó un rumor temprano según el cual las ECM indicaban la presencia de una enfermedad mental: en realidad, se producen entre la población en general. Por otra parte, los autores que afirmaban que las experiencias cercanas a la muerte estaban causadas por la falta de oxígeno o por otros cambios químicos en el cerebro no han encontrado pruebas que apoyen dicha teoría [5]. Los estudios a largo plazo ponen de manifiesto que las ECM producen cambios psicológicos y espirituales de largo alcance. Si usted desea estudiar el tema más a fondo, le proponemos a continuación una serie de sugerencias.

Fíese de lo que merezca confianza

La oleada de interés por las experiencias cercanas a la muerte inspiró algunas afirmaciones falsas; por ello, empezamos por recomendarle que se fíe de lo que merezca confianza. George Ritchie relató su caso auténtico en su libro *Ordered to Return*. Elisabeth Kübler-Ross, Kenneth Ring, Michael Sabom y Melvin Morse ofrecen muchos textos de confianza. Se puede encontrar una recopilación temprana (de 1982) de textos de Ring, Osis, Haraldsson, Noyes, Grosso, yo mismo y otros en el libro de Craigh Lundahl *Collection of Near-Death Research Readings: Scientific Inquiries into the Experiences of Persons Near Physical Death*.

---

[5] Greyson, Bruce: «Near-Death Experiences», *Varieties of Anomalous Experience: Examining the Scientific Evidence,* editado por Etzel Cardena, Steven Jay Lynn y Stanley Krippner. Washington: American Psychological Association. Págs. 315-352.

El *Journal of Near-Death Studies*, que es la publicación principal en este terreno, es otra fuente digna de confianza. Empezó a publicarse cuando un grupo de investigadores serios se reunieron en la Universidad de Virginia y constituyeron la Asociación para el Estudio Científico de las Experiencias Cercanas a la Muerte (ahora Asociación Internacional de Estudios de Proximidad a la Muerte) en 1977. Sería imposible determinar cuáles de los artículos aparecidos en esa publicación son más destacados, aunque en ella solo aparece una proporción pequeña de toda la literatura sobre el tema. El director del *Journal*, Bruce Greyson, ha recopilado más de dos mil trabajos científicos [6]. En 1984, Chuck Flynn y él publicaron una antología de lo mejor que se había escrito hasta entonces en su libro *The Near-Death Experience: Problems, Prospects, Perspectives*. Bruce Greyson y sus colegas de la Universidad de Virginia están comparando los casos anteriores a 1975 con las ECM recientes. En su próximo artículo describirán los cambios que han sufrido las pautas en las últimas décadas.

Aparte de la literatura, no pase por alto los recursos personales, tales como sus propios parientes y amigos. El mero hecho de que no hayan desvelado sus casos no quiere decir que no hayan experimentado el fenómeno. La mayoría de los que lo experimentan no lo hacen público, por una serie de motivos.

Uno de los motivos es que las ECM son profundas y hondas espiritualmente; por ello, no hay palabras que les hagan justicia. Además, a muchas personas que pasan por una experiencia así les parece que su propia experiencia es demasiado íntima para darla a conocer. Otros temen que los oyentes los critiquen o que crean que sus relatos indican que padecen enfermedades mentales. En último extremo, la mayoría de las personas que han tenido experiencias de este tipo

---

[6] Durante su trabajo como director de servicios de emergencia psiquiátrica en la Universidad de Virginia, la Universidad de Michigan y la Universidad de Connecticut, como director clínico de Psiquiatría del Centro Médico de la Universidad de Connecticut y como catedrático de Estudios de la Personalidad en el Departamento de Medicina Psiquiátrica de la Universidad de Virginia.

llegan a la conclusión de que nadie es capaz de hacerse cargo de lo que es una experiencia próxima a la muerte; sin embargo, muchos se someten a entrevistas o a investigaciones científicas rigurosas si creen que pueden servir para ayudar de verdad a otras personas. Ahora que se empiezan a comprender por fin las ECM, llega el momento de pasar a otro terreno. ¿Qué futuro espera a los estudios sobre la muerte?

Antes de investigar esta cuestión, vamos a considerar un fenómeno al que llamamos «el sentido de la muerte».

El sentido de la muerte

Llamamos «sentido de la muerte» a la intuición de una pérdida. Muchas personas han contado que se despertaron en plena noche con la sensación de que un ser querido se había muerto, y a la mañana siguiente se habían enterado de que así era, en efecto. Algunas madres han percibido el instante mismo en que se mataban sus hijos en lugares remotos. Algunos parientes y amigos han notado, por intuición, el momento en que sus seres queridos morían en la guerra. Gary describe así su sentido de la muerte.

«Hasta se me erizaron los pelos de la nuca»

Gary hablaba despacio, eligiendo con cuidado las palabras para describir su experiencia.

—Yo estaba hablando con unos amigos, cuando sentí de pronto una sacudida insoportable. Me hizo quedarme rígido en mi silla, como un rayo. Ya habrán visto esas escenas de las historietas en que a un personaje le da una descarga eléctrica y extiende todo el cuerpo... los brazos, las manos, las piernas, los pies... lo abre todo. Bueno, a mí hasta se me erizaron los pelos de la nuca.

Gary se inclinó hacia delante y hundió la cara en las manos, hasta que volvió a seguir contando su caso:

—No sé por qué, pero solo pude pensar en mi mujer, Pam (que trabajaba de electricista en una gran refinería). Llamé por teléfono a su trabajo y no contestaban; entonces supe que le había pasado algo. Yo no dejaba de dar vueltas y de llamar una y otra vez. Por fin, logré comunicarme, y uno de sus compañeros de trabajo me dio la terrible noticia: «Gary... lo siento... Pam tocó por error un cable de 4 000 voltios. No se pudo hacer nada». Entonces comprendí por qué había sentido yo aquella sacudida. Pam era mi compañera del alma. Estábamos tan unidos que sé que mi cuerpo reaccionó con el suyo, a pesar de que yo estaba a más de cuatrocientos kilómetros de distancia.

El sentido de la muerte es intuir el momento de la muerte; sin embargo, algunas personas llegan más lejos, hasta los coincidentes de la muerte.

Las coincidencias de la muerte

Existe un fenómeno relacionado con la muerte del que se describen cada vez más casos, a lo que contribuyen dos factores sociales: la generación del *baby-boom* y las prácticas profesionales. Hay un gran número de miembros de la generación del *baby-boom* que sobreviven a la muerte de sus padres. Y, en segundo lugar, gracias al movimiento de los *hospices*, ya no se está alejando a los familiares y amigos de los pacientes moribundos. Se están refiriendo más coincidencias de la muerte a consecuencia de esta mayor relación con los moribundos.

Según el diccionario, una *coincidencia* es «un fenómeno notable que sucede en relación con algo mucho mayor». Se produce una coincidencia de la muerte cuando los familiares o los amigos de los que mueren los acompañan hasta el otro plano y regresan después a sus cuerpos. Es una experiencia compartida [7] en la que se adentran por un momento por la puerta de la muerte.

---

[7] Pamela Kircher habló de las coincidencias de la muerte como experiencias cercanas a la muerte compartidas en su libro: *Love Is the Link: A Hospice Doctor Shares Her Experience of Near-Death and Dying,* Nueva York: Larson Publications, 1995. Pág. 41.

Características de las coincidencias de la muerte

Las características de los coincidentes de la muerte son comparables con muchas de las características habituales de las ECM: los compañeros de viaje abandonan sus cuerpos, contemplan la escena que tienen debajo, tienen una sensación de paz y regresan a sus cuerpos. Otros elementos son la luz, el túnel, el repaso de la vida, las apariciones y la transformación personal.

La luz y el túnel

En la mayoría de las coincidencias de la muerte aparece una luz o un túnel. La relación de Joan es característica. Mientras dormía junto a su marido, que tenía una enfermedad terminal, Joan soñó que se paseaban por un camino, cruzaban un prado y entraban en un túnel oscuro. Cuando estaban dentro, los rodeó una luz suave, aunque brillante, que les iluminó el camino. Ella sentía un amor y una paz como nunca, y entonces su marido le dijo: «Joanie, ahora debes volver». Al principio, ella no le hizo caso y siguió andando, pero cuando él le tiró del hombro, ella se volvió. Vio con asombro que su marido parecía sano, atlético y sin gafas, como en su juventud. «Debes volver», le repitió. «No ha llegado tu hora. Volveré a por ti cuando llegue». Joan sintió que habían llegado al punto de la despedida y se volvió para marcharse, pero entonces sonó un ruido ante su ventana y la despertó. Cuando abrió los ojos, vio que su querido esposo había proseguido su viaje hacia la muerte.

—Por algún motivo, no estoy afectada por la aflicción como creía que lo estaría —dijo Joan—. El haber salido con él de esa manera me suavizó el golpe.

El repaso de la vida

Aunque no todos los compañeros de viaje han presenciado el repaso panorámico de la vida de sus seres queridos, los que sí lo han

visto afirman que les ha alegrado el corazón. En dos casos independientes, dos madres que no tenían ningún conocimiento del caso
de la otra refirieron historias idénticas. Cada una de las dos, en el
momento de la muerte de su hijo adolescente, vio el cuerpo de este
iluminado por una luz brillante, y después tuvo una experiencia común del repaso de toda su vida. Las dos mujeres afirmaron sentirse
privilegiadas y elevadas.

Las apariciones

Las coincidencias de la muerte se están volviendo tan comunes
que parece como si en casi todos los grupos de personas hubiera al
menos una persona que ha vivido el fenómeno.

«Perdura en mí un éxtasis de paz»

Una amiga mía invitó a cenar a cinco personas en su casa.

Una joven que se sentó a mi lado, llamada Ruth, me preguntó a
qué me dedicaba. Cuando se lo expliqué, me dijo:

—Ah, los *hospice*. Mi padrastro murió hace tres semanas en un
hospice, y lo trataron maravillosamente.

—Me alegro de oírlo —respondí yo (Dianne).

—Sí, en realidad, toda la experiencia fue maravillosa —me dijo
ella—. Yo estaba de pie junto a la cama de mi padrastro, cerca de él,
y empecé a sentir una paz profunda, casi como si estuviera en una
dimensión propia. Vi con la imaginación una línea y dos personas
que lo esperaban al otro lado de la línea. Uno era su hijo John, que
había muerto años atrás, a los treinta años de edad. John le tendía los
brazos y saltaba como un niño pequeño, gritando: «¡Vamos, papá!
¡Vamos!». Tenía su aspecto de siempre, con los mismos pantalones caqui y su camisa verde oliva. Vi también a una mujer a la que
no conocía. Tenía el pelo oscuro y llevaba falda azul y suéter azul.

Estaba de pie en actitud respetuosa, esperándolo. Dije a mi padrastro: «Cuando estés dispuesto, lo único que tienes que hacer es tender la mano». Entonces dejó de estar con nosotros. Fue un tránsito hermoso.

«Cuando relaté la experiencia a un familiar nuestro, me dijo que aquella mujer era su primera esposa. Lo que más me sorprendió fue el hecho de que, aunque su hijo John había muerto siendo un hombre adulto, recibía a su padre como un niño pequeño. Aunque yo estaba muy unida a mi padrastro, no estoy afligida por él, pues perdura en mí un éxtasis de paz».

Ruth no fue más que una de tantos desconocidos que nos han comunicado sus coincidencias en comidas, en viajes en avión, en conferencias, etcétera. Su caso es característico en el sentido de que no pudo identificar a todas las apariciones. Sin embargo, su relación difiere de las coincidencias clásicas en que su padrastro no murió en el momento de la experiencia, sino que quedó en coma y su cuerpo sucumbió horas después.

Elementos que contrastan

La mayoría de las características de las coincidencias de la muerte son similares a las de las ECM; sin embargo, algunos incidentes contrastan. Las coincidencias pueden ser desorientadoras, colectivas, pueden producirse lejos de la escena de la muerte y pueden tener un propósito distinto.

La desorientación

Comparadas con las ECM clásicas, las coincidencias de la muerte son más desorientadoras. Los compañeros de viaje suelen darse cuenta de que sus seres queridos han muerto, pero tardan cierto tiempo en procesar mentalmente su situación, como veremos en las relaciones siguientes.

«Estaba de pie, a mi lado»

El doctor Ash, profesor de medicina interna, se encontraba en la difícil situación de tener que reanimar a su madre, que yacía en su cama de hospital. Mientras intentaba desesperadamente hacerla volver, el doctor sintió que se elevaba por encima de su cuerpo y se vio a sí mismo, trabajando con el cuerpo de su madre. «Caramba, debo de haber caído en estado de *shock*», pensó. Cuando miró a su alrededor para orientarse, la vio de pie a su lado. «Mi madre era diferente del cuerpo anciano que estaba tendido allí abajo, en la cama», explicó. «Estaba rejuvenecida, joven y sana otra vez». El doctor Ash y su madre mantuvieron una conversación de corazón a corazón y, por último, se despidieron. «La vi alejarse hacia un túnel del que salía una luz brillante, reconfortante, y, cuando ella se acercaba hacia ella, yo regresé a mi cuerpo automáticamente».

«¡Ay, caramba! ¡Si soy yo!»

Louise, enfermera de hospicio, lista y con sentido del humor, me estaba ayudando con unos papeleos cuando, de pronto, le cambió la cara. Parecía que estaba muy lejos, y en cierto modo lo estaba: había vuelto atrás en el tiempo y volvía a vivir la muerte de su padre.

Su padre moría tras una larga lucha contra el cáncer terminal, rodeado de su familia. Louise, muy aliviada al verlo morir en paz, le tomó la mano entre las suyas.

—En ese momento, sentí como si pasara a través de mí —contaba Louise—. Su energía le salía por la mano, pasaba por la mía y me subía por el brazo. Yo estaba intentando ordenar mis ideas cuando vi que se ponía ante mí a una mujer alta, delgada, rubia. Pensé, asombrada: *¡Qué grosería la de esa mujer! ¡Interponerse entre mi padre y yo cuando acaba de morirse! ¿Quién será?* La mujer seguía de pie entre mi padre y yo y contemplaba su cuerpo.

—¡Ay, caramba! ¡Si soy yo! —dijo Louise por fin, atónita y sorprendida al ver que la imagen de la mujer era la suya propia.

Entonces oyó la risa vibrante de su padre. Se volvió y lo vio de pie a su lado, totalmente rejuvenecido.

—Mi padre me dio un abrazo alegre, cálido y amoroso, y al mismo tiempo me traspasó una información inagotable. Me contó en un instante todo lo que hay que saber de la vida, del amor y de la muerte. Después, nos absorbió un vacío poderoso hasta llevarnos a un pasadizo que parecía conducir al infinito. Los dos volábamos suavemente, casi magnéticamente, hacia una luz de la que salían formas humanas. Yo no podía identificar todas las apariciones, pero reconocí a mis abuelos, tíos y tías. Pero mi padre los conocía a todos, evidentemente, pues se apresuró a dirigirse hacia ellos. Cuando estuvo entre ellos, lo rodearon y le dieron la bienvenida a su círculo de amor.

Cuando su padre y las apariciones se perdieron entre la luz, el túnel se cerró desde fuera en un movimiento circular, como el diafragma de una cámara fotográfica, y en aquel punto Louise volvió a su cuerpo de golpe.

—Quise ponerme a dar gritos de alegría; pero miré a mi alrededor y vi a otras personas afligidas en la sala del hospital y comprendí que no podía hacerlo.

—Antes de mi coincidencia, no sabía qué pensar de las experiencias cercanas a la muerte o de la vida tras la muerte —dijo Louise—. Ahora estoy convencida de que hay algo.

Se pregunta, además, si otros miembros de su familia fueron compañeros de su viaje.

—No dejo de recordar las otras caras gozosas que vi aquel día alrededor de la cama de mi padre.

Si otras personas hubieran compartido el fenómeno, Louise habría participado en una coincidencia colectiva.

Experiencias colectivas

Las coincidencias de la muerte se pueden producir en grupo, lo que las diferencia todavía más de las ECM. Se considera que la circunstancia es colectiva cuando es más de un individuo el que acompaña al que fallece. Hay un ejemplo en mi familia.

La experiencia colectiva de Raymond

En la semana del Día de la Madre de 1994, Dianne y yo relatábamos coincidencias de la muerte a un grupo de investigadores. Después de nuestra reunión del domingo, fuimos en coche a un centro comercial de la localidad, desde donde llamé por teléfono a mi madre para felicitarla por el Día de la Madre. Mi madre me dijo que acababa de estar en urgencias porque le había aparecido de pronto en el cuerpo una erupción cutánea inexplicable. El médico le había diagnosticado una erupción petequial, que no ponía en peligro su salud, pero le recomendó que volviera a la semana siguiente para hacerse análisis completos. Ella lo hizo así, y los nuevos análisis desvelaron la horrible noticia de que estaba en la fase final de un linfoma no Hodgkin. Le quedaban menos de dos semanas de vida.

Mi mujer y yo fuimos en coche a Georgia y le hicimos compañía junto a su cama de hospital. Al cabo de varios días perdió el uso de sus facultades. Al poco tiempo se reunió alrededor de ella toda su familia. En sus últimos momentos, mi madre abrió los ojos y nos miró con atención a la cara a todos. Después, tomando su último aliento, dijo con calor y de manera bien audible:

—Os quiero, os quiero.

Al cabo de unos segundos noté una fuerte presencia espiritual, y otro miembro de la familia notó lo mismo y dijo que se trataba de nuestro padre, que había muerto hacía dieciocho meses. Después noté un túnel que se abría en espiral, y luego apareció una luz que no se ve en el mundo.

—¿Lo sientes? —me susurró mi cuñado, que es pastor religioso, con lágrimas en los ojos.

Volviendo la vista atrás, pienso que no abandoné mi cuerpo porque estaba centrado en la cara de mi madre. No he tenido nunca una experiencia extracorpórea, pero ahora comprendo lo fácil que sería reunirse con la luz de paz y de consuelo. Estoy seguro de que habría abandonado mi cuerpo si yo mismo hubiera dejado que sucediera.

Las coincidencias lejos de la escena de la muerte

Las coincidencias de la muerte se pueden producir también a distancia del lecho de muerte. Las tres relaciones siguientes describen experiencias de este tipo.

«Sentí de pronto una sacudida»

El padre de Amy tenía síntomas semejantes a los de la gripe, y lo hospitalizaron para hacerle unos análisis.

—Pasé allí dos días, junto a su cama —cuenta ella—, hasta que, por fin, tuve que volver a casa unas horas. Estaba dormitando cuando sentí de pronto una sacudida que me puso de pie. Intenté reorientarme, pero floté entrando en una luz de paz y vi a mi padre a mi lado. Me sentí desconectada de la realidad, pero en cuanto volví en mí me dirigí de nuevo al hospital.

Cuando Amy entró en la habitación de su padre, descubrió que este había muerto en el momento exacto de la experiencia de ella.

Las coincidencias suelen suceder durante el sueño. También las han relatado los niños, además de los adultos, como en el ejemplo siguiente:

«¡Abuelito! ¡Abuelito!»

La madre y la tía de Andy estaban sentadas en el porche de la casa un día cuando sonó un grito dentro. Corrieron al dormitorio y se encontraron al niño de cuatro años que, medio dormido, tendía los brazos hacia el cielo.

—Despiértate, cielo, estabas soñando —le dijo su madre, apretándole la mano.

—¡Abuelito! ¡Abuelito! —gritó el niño, abriendo los ojos—. El abuelito se ha caído al suelo, junto a la pila de su casa, así —balbuceó el niño, poniéndose de pie y haciendo una demostración—, y entonces ha llegado una luz, y ha venido una señora a la que él llamaba Sarah, de pelo rojo, y...

—La tía Sarah —dijeron las dos mujeres al unísono.

Llamaron por teléfono enseguida a su padre anciano, y cuando no les respondió, fueron deprisa a su casa próxima. Abrieron la puerta trasera y se encontraron el cuerpo sin vida de su padre en el suelo de la cocina, en el punto exacto que les había indicado el nieto.

—La tía Sarah, hermana de papá había muerto años atrás, y vino a llevárselo —explicaron las mujeres más tarde.

Los profesionales de la asistencia pueden tener también coincidencias.

«Pero, Dianne, tú estabas aquí»

Para que un paciente sea admitido en un *hospice*, debe habérsele diagnosticado una enfermedad que vaya a dar fin a su vida en seis meses. Sin embargo, cuando ingresan, su vida puede prolongarse un año o más, por el aumento espectacular de su calidad de vida. Eso sucedió a Rodney.

Aunque a Rodney le habían diagnosticado un cáncer terminal, no había dado nuevas muestras de deterioro físico o mental desde que lo habíamos admitido en nuestro *hospice* en calidad de paciente con atención en su domicilio. Rodney, con su cara redonda, sus mejillas sonrosadas y su carácter alegre, era el vivo retrato de San Nicolás. Se reunía todos los días con su mujer y su familia numerosa para ver la televisión y contarse anécdotas. Era un encanto visitarlos, cosa que yo llevaba haciendo casi dos años.

Cuando yo (Dianne) salía de viaje, solía informar a mis colegas y a mis pacientes de Houston de que estaría ausente. En aquella ocasión no lo hice, pues solo faltaría durante un fin de semana largo y no parecía que nadie estuviera cerca de la muerte.

Manhattan palpitaba bajo mis pies como un volcán a punto de entrar en erupción. Yo estaba enamorada de Nueva York, sobre todo en Navidad. Al final de la jornada, toda mi energía estaba encendida, y yo me figuraba que no podría dormir en toda la noche; pero los copos de nieve que chocaban con la ventana de mi habitación de hotel me arrullaron y caí en un sueño tranquilo.

Una pesadilla interrumpió la tranquilidad de mi sueño. Rodney estaba en su cama, cubierto de sudor y luchando por mantener la vida. Yo, de pie junto a él, advertía claramente el olor inconfundible de la muerte. En su casa reinaba el pánico y la confusión. Ni Rodney, ni su familia ni el personal del *hospice* estaban preparados para su agravamiento repentino.

Sentí una humedad fría que puso fin a mi pesadilla. *¿Qué es esto?*, pensé, y me incorporé en la cama para buscar la causa. Las sábanas estaban impregnadas de mi propio sudor. *¿Cómo puede ser? ¡Con lo fría que está esta habitación!* Entonces, me acordé de Rodney. *No ha sido más que un sueño*, me aseguré a mí misma, mirando por la ventana para comprobar que seguía viendo Nueva York. Sin embargo, seguía teniendo una intranquilidad en el alma. Me recosté en la almohada, convencida de que ya me resultaría imposible dormir, pero me adormecí enseguida y volví a encontrarme junto al lecho mortuorio de Rodney. Le pedí perdón casi susurrando: «Lo siento, Rodney. Creí que estaría a tu lado cuando llegara el momento».

La paz puso fin a su lucha al poco rato. Todo había terminado. Su cuarto se llenó de sollozos, en lugar del bullicio anterior. Oí sobre mi hombro una voz familiar que me consoló.

—Pero, Dianne, tú estabas aquí.

Me volví y vi a Rodney de pie a mi lado.

—Vuelve por ella —me dijo, señalando a su esposa, que se había quedado pálida.

El ruido de la ciudad que iba despertando me hizo abrir los ojos. *¡Rodney!*, pensé entonces. *Me pregunto si...*; pero mi mente se puso a racionalizar: *Ah, no ha sido más que un sueño raro.*

Tenía una inquietud que me roía por dentro acerca de Rodney, y que me hizo abandonar mis planes y tomar el primer vuelo de vuelta a Houston. Cuando llegué a mi casa, oí el mensaje que me había dejado el contestador automático una compañera, claramente aturdida: «Dianne, Rodney acaba de morir. Estamos todos consternados. Haz el favor de venir en cuanto puedas».

Mi coincidencia me hizo volver a ponerme al servicio de la familia y del personal del *hospice*. Por otra parte, se alivió mi aflicción al oírlos describir la muerte de Rodney, tal como la había coexperimentado yo. La mujer de Rodney y yo seguimos visitándonos, pero, por desgracia, yo no le conté nunca mi coincidencia de madrugada.

¿Por qué suceden estas experiencias?

El propósito de las coincidencias

Kenneth Ring [8] llegaba en su libro *Heading Toward Omega* a la conclusión de que el propósito último de las ECM era un empuje evolutivo hacia una conciencia superior para toda la humanidad. A gran escala, el conocimiento de las coincidencias de la muerte brinda a la población mundial una transformación similar.

Sin embargo, a una escala más personal, el fenómeno tiene tres propósitos principales. En primer lugar, se alivia la separación para los compañeros de viaje, además de para los moribundos. En segundo lugar, se reduce la intensidad y la duración de la aflicción. Y, por último, estas experiencias dilatan la esperanza. La fe en la vida después de la muerte no solo es clave para adaptarse a la pérdida, sino que

---

[8] Ring, Kenneth: *Heading Toward Omega: In Search of the Meaning of Nour-Death Experience.* Nueva York: Morrow and Company, 1984.

[9] Robert Neiyemer: *Death Anxiety Handbook.* Research, Instrumentalitation and Application. Washington DC, Taylor & Francis, 1994. El doctor Robert Neimeyer es catedrático en el departamento de Psicología de la Universidad de Memphis, director de *Death Studies* y expresidente de la Asociación for Death Education and Counseling, y es uno de los médicos e investigadores más publicados y respetados en este terreno. Ver más bibliografía en la sección de Recursos, al final de este libro.

reduce la angustia que produce la muerte en general [9]. Y llegamos con esto a la cuestión de la supervivencia.

Pruebas de la supervivencia tras la muerte corporal

A las personas que han tenido ECM y coincidencias de la muerte no les queda duda de que la consciencia sobrevive tras la muerte del cuerpo. Muchos investigadores de la cuestión de la supervivencia están de acuerdo con ellos.

Sin embargo, los críticos alegan que las ECM no demuestran la vida después de la muerte, pues los que las tuvieron estaban vivos, ya que pudieron contar sus relatos. «Solo los muertos de verdad pueden hablarnos del otro mundo, y eso no ha sucedido de momento», dicen en son de burla. Pero consideremos el hecho de que si algunas de estas experiencias hubieran sucedido antes de la invención de los medios modernos de reanimación, la persona habría quedado muerta. Por lo tanto, esas personas son los modernos muertos en vida, en cierto sentido. Los críticos también dirán que las coincidencias de la muerte no sirven para probar la supervivencia.

Nos suelen preguntar (a Dianne y a Raymond) nuestras opiniones personales. A mí (Raymond) me gustaría darla; sin embargo, la ciencia no ha demostrado todavía lo uno ni lo otro, y yo no he llegado a ninguna conclusión.

Yo (Dianne) no sé cuánto tiempo perdura la consciencia ni dónde va a parar. Sin embargo, estoy segura de que continúa después de que ha dejado de funcionar el cuerpo. Esta seguridad mía es fruto de mis experiencias personales y de años de recoger pruebas objetivas.

Es posible que la existencia del cielo no se deba demostrar científicamente. En tal caso, en el hecho de considerar que el espíritu humano es inmortal se seguirá combinando siempre la fe con la ciencia. Sea como fuere, el creer que nuestros seres queridos y nosotros mismos perduramos de alguna forma sirve para aliviar nuestro paso por el puente de la aflicción. Y podemos encontrar consuelo en saber que algún día, cuando nuestras vidas en este mundo hayan llegado a su conclusión natural, volveremos a verlos.

Recursos de apoyo

- **Artículos, opúsculos y revistas**

- **Libros**

- **Publicaciones, revistas y boletines**

- **Internet**

- **Asociaciones, organizaciones y servicios**

ARTÍCULOS, OPÚSCULOS Y REVISTAS

American Academy of Child and Adolescent Psychiatry: *Helping Children After a Disaster*. Facts for Families núm. 36. Washington, DC: American Academy of Child and Adolescent Psychiatry, 1990.

Bereavement: A Magazine of Hope and Healing. Bereavement Publishing, 5125 North Union Boulevard, Suite 4, Colorado Springs, Colorado 80918-2056. Teléfono: 719.266.0006. www.bereavementmag.com.

Cadoff, Jennifer: *How Kids Grieve*. Revista *Parents*, abril de 1993. Pág. 142.

Comer, James P: *Learning to Cope with Death*. Revista *Parents*, mayo 1987. Pág. 20.

DeFrain, John D., Deanne K. Jakub y Betty Lou Mendoza: *The Psychological Effects of Sudden Infant Death on Grandmothers and Grandfathers, Omega 24*, 1991-92. Págs. 165-82.

Dunne, Edward, y Menyl Maleska Wilbut. *Survivors of Suicide: Coping with the Suicide of a Loved One*. Washington, DC: American Association of Suicidology, 1993. (Opúsculo de 22 págs).

Grollman, Earl A: *Living with Your Loss*. Batesville, Indiana: Batesville Management Services, 1991. (Folleto).

Gunderson, Jean M., y Donna E. Harris: *Quetus: A Story of a Stillbirth*. Omaha: Centering Corp., 1990. (Opúsculo de 16 págs).

Karnes, Barbara: *Gone from My Sight: The Dying Experience*, 1986. Solicitar a B. Karnes, P. O. Box 335, Stilwell: KS 66085. (Folleto educativo sobre el proceso de la muerte).

Rosenblatt, Paul C: *Coping with Losing a Family Member in a Farm Accident*. North Central Regional Extension Pub. 484, Minnesota Extension Service Pub. FO-6205-B, 1993.

Stillwell, Elaine: *Healing After Your Child's Death.* Liguori, Minnesota: Liguori Press, 2001.

Stillwell, Elaine: *Stepping Stones for the Bereaved.* Liguori, Minnesota: Liguori Press, 2001.

Turnbull, Sharon: *Who Lives Happily Ever After? For Families Whose Child Has Died Violently.* Omaha: Centering Corp., 1990. (Opúsculo de 23 págs).

What Is SIDS? McLean, Virginia: National SIDS Clearinghouse. (Opúsculo informativo).

Wolfelt, Alan D.: *Resolution Versus Reconciliation: The Importance of Semantics. Thanatos* 12, 1987. Págs. 10-13.

LIBROS

Pérdida de animales

Coleman, Joan: *Forever Friends: Resolving Grief After the Loss of a Beloved Animal.* Las Vegas: J. C., Taraent Enterprises, 1993.

Montgomery, Mary, y Herb Montgomery: *Good-bye My Friend: Grieving the Loss of a Pet.* P.O. Box 24124, Minneapolis, Minnesota 55424. Montgomery Press, 1991.

Nieburg, Herbert A., y Arlene Fischer., *Pet Loss: A Thoughtful Guide for Adults and Children.* Nueva York: Harper & Row, 1982.

Quackenbush, Jamie, y Denise Graveline: *When Your Pet Dies: How to Cope with Your Feelings.* Nueva York: Simon & Schuster, 1985.

Ray, William J., y otros: eds.: *Pet Loss and Human Bereavement.* Ames: Iowa State Univ. Press, 1984.

Ross, Cheri Barton, y Jane Baron Sorensen: *Pet Loss and Human Emotion.* Pensilvania: Taylor & Francis, 1998.

Sheldrake, Rupert: *Dogs That Know When Their Owners Are Coming Home and Other Unexplained Powers of Animals.* Nueva York: Crown, 1999.

Sife, Wallace: *The Loss of a Pet, the Human-Animal Bond.* Nueva York: Macmillan, 1993.

Pérdidas sufridas por niños

Adams, David W, y Eleanor J. Deveau: *Beyond the Innocence of Childhood: Helping Children and Adolescents Cope with Death and Bereavement.* Amityville, Nueva York: Baywood, 1995.

Adams, David W, y Eleanor J. Deveau: *Coping with Childhood Cancer: Where Do We Go from Here?* Ontario: Kinbridge, 1988.

Alderman, Linda: *Why Did Daddy Die?* Nueva York: Simon & Schuster, 1989.

Arnold, Caroline: *What We Do When Someone Dies.* Nueva York: Franklin Watts, 1987.

Aub, Kathleen A: *Children Are Survivors Too: A Guidebook for Young Homicide Survivors.* 6971 N. Federal Highway #404, BocaRaton, Florida 33487. Grief Education Enterprises, 1991.

Bernstein, Joanne E., y Masha Kabakow Rudman: *Books to Help Children Cope with Separation and Loss: An Annotated Bibliography.* Nueva York: Bowker, 1989.

Blackburn, Lynn Bennett: *The Class in Room 44.* Omaha: Centering Corp., 1991.

Bluebond-Langner, Myra: *The Private Worlds of Dying Children.* Princeton, Nueva Jersey: Princeton Univ. Press, 1978.

Buckingham, Robert W: *Care of the Dying Child: A Practical Guide for Those Who Help Others.* Nueva York: Continuum, 1989.

Buscaglia, Leo: *The Fall of Freddie the Leaf.* Thorofare, Nueva Jersey: Slack, 1982.

Cassini, Karhleen Kidder, y Jacqueline L. Rogers: *Death and the Classroom: A Teacher's Guide to Assist Grieving Students. Griefwork of Cincinnati.* 1445 Colonial Drive, Suite B, Cincinnati, Ohio 45238, 1990.

Center for Attitudinal Healing: *There Is a Rainbow Behind Every Dark Cloud.* Millbrae, California: Celestial Arts, 1978.

Coles, Robert: *The Spiritual Life of Children.* Boston: Houghton Mifflin, 1990.

Corr, Charles A., y Joan N. McNeil: eds. *Adolescence and Death.* Nueva York: Springer, 1986.

Davies, Betty: «Long-Term Follow-Up of Bereaved Siblings». En *The Dying and the Bereaved Teenager,* editado por John D. Morgan. Filadelfia: Charles Press, 1990. Págs. 78-89.

Dyregrov, Atle: *Grief in Children: A Handbook for Adults.* Bristol, Pensilvania: Taylor & Francis, 1991.

Fitzgerald, Helen: *The Grieving Child: A Parent's Guide.* Nueva York: Simon & Schuster, 1992.

Furman, Erna: *A Child's Parent Dies: Studies in Childhood Bereavement.* New Haven: Yale Univ. Press, 1974.

Gaes, Jason: *My Book for Kids with Cancer.* Aberdeen, Dakota del Sur: Melius & Peterson, 1987.

Gaffhey, Donna A: *The Seasons of Grief: Helping Children Grow Through Loss.* Nueva York: Plume, 1988.

Gliko-Braden, Majel: *Grief Comes to Class: A Teacher's Guide.* Omaha: Centering Corp., 1992.

Goldman, Linda: *Life and Loss: A Guide to Help Grieving Children.* Muncie, Indiana: Accelerated Development, 1994.

Gootman, Marilyn E: *When a Friend Dies: A Book for Teens About Grieving and Healing.* Minneapolis: Free Spirit, 1994.

Gordon, Audrey K., y Dennis Klass: *They Need to Know: How to Teach Children About Death.* Englewood Cliffs, Nueva Jersey: Prentice-Hall, 1979.

Gordon, Sol: *When Living Hurts.* Nueva York: Dell, 1988.

Gottlieb, Shapiro: *A Parent's Guide to Childhood and Adolescent Depression.* Nueva York: Bantam Doubleday, 1994.

Gravelle, Karen, y Charles Haskins: *Teenagers Face to Face with Bereavement.* Englewood Cliffs, Nueva Jersey: Messner, 1989.

Grollman, Earl A: *Explaining Death to Children.* Boston: Beacon Press, 1981.

Grollman, Earl A: *Straight Talk About Death for Teenagers: How to Cope with Losing Someone You Love.* Boston: Beacon Press, 1993.

Grollman, Earl A: *Talking About Death: A Dialogue Between Parent and Child.* Boston: Beacon Press, 1990.

Grollman, Earl A: ed. *Bereaved Children and Teens: A Support Guide for Parents and Professionals.* Boston: Beacon Press, 1995.

Gullo, Stephen V, y otros: eds. *Death and Children: A Guide for Educators, Parents, and Caregivers.* Nueva York: Tappan Press, 1985.

Hartnett, Johnette: *Children and Grief: Big Issues for Little Hearts.* P. O. Box 9355, South Burlington, Vermont 05407-9355. Good Mourning, 1993.

Huntley, Theresa: *Helping Children Grieve: When Someone They Love Dies.* Minneapolis: Augsburg Fortress, 1991.

Jewett, Claudia L: *Helping Children Cope with Separation and Loss.* Boston: Harvard Common Press, 1982.

Kolehmainen, Janet, y Sandra Handwerk. *Teen Suicide: A Book for Friends, Family, and Classmates.* Minneapolis: Lerner, 1986.

Kolf, June Cerza: *Teenagers Talk About Grief.* Grand Rapids, Minnesota: Baker Books, 1990.

Kübler-Ross, Elisabeth: *On Children and Death.* Nueva York: Macmillan, 1983.

LaTour, Kathy: *For Those Who Live: Helping Children Cope with the Death of a Brother or Sister.* Omaha: Centering Corp., 1983.

Linn, Erin: *Children Are Not Paper Dolls: A Visit with Bereaved Siblings.* Incline Village, Nevada: Publisher's Mark, 1982.

Lombardo, Victor S., y Edith Foran Lombardo: *Kids Grieve Too! Springfield,* Illinois: Thomas, 1986.

Lonetto, R: *Children's Conceptions of Death.* Nueva York: Springer, 1980.

Lord, Janice Harris: *Death at School: A Guide for Teachers, School Nurses, Counselors, and Administrators.* Dallas: MADD, 1990.

Metzgar, Margaret: *Little Ears, Big Issues: Children and Loss. Transition and Loss Center.* 11301 Fifth Avenue NE, Seattle, Washington 98125, 1991.

Morgan, John D: ed. *The Dying and the Bereaved Teenager.* Filadelfia: Charles Press, 1990.

Morgan, John D: ed. *Suicide: Helping Those at Risk.* 266 Epworth Avenue, London, Ontario, Canada N6A 2M3, King's College, 1987.

Orbach, Israel: *Children Who Don't Want to Live.* San Francisco: Jossey-Bass, 1988.

Papadatu, Danai, y Costas Papadatos: eds. *Children and Death.* Nueva York: Hemisphere, 1991.

Peck, Michael L., Norman L., Farberow, y Robert E: Litman, eds. *Youth Suicide.* Nueva York: Springer, 1985.

Richter, Elizabeth: *Losing Someone You Love: When a Brother or Sister Dies.* Nueva York: Putnam, 1986.

Rickgarn, Ralph L. V: *Perspectives on College Student Suicide.* Amityville, Nueva York: Baywood, 1994.

Rofes, Eric E: ed. *The Kids' Book About Death and Dying,* by and for Kids. Boston: Little Brown, 1985.

Romond, Janis Loomis: *Children Facing Grief.* St. Meinrad, Indiana: Abbey, 1989.

Schaefer, Dan, y Christine Lyons: *How Do We Tell the Children? A Step-by-Step Guide for Helping Children Two to Teen Cope When Someone Dies.* Nueva York: Newmarket Press, 1993.

Schliefer, Jan: *Everything You Need to Know About Teen Suicide.* Nueva York: Rosen Publications, 1988.

Schowalter, John E., y otros: eds. *The Child and Death.* Nueva York: Columbia Univ. Press, 1983.

Schowalter, John E. y otros: eds. *Children and Death: Perspectives from Birth Through Adolescence.* Nueva York: Praeger, 1987.

Schulz, Charles M: Why, Charlie Brown, *Why? A Story About What Happens When a Friend Is Very Ill.* Nueva York: Topper Books, 1990.

Scrivani, Mark: *When Death Walks In.* Omaha: Centering Corp., 1991.

Slaby, Andrew, y Frank Garfinkel: *No-One Saw My Pain: Why Teens Kill Themselves.* Nueva York: Norton, 1994.

Smith, Judy, y Diane Ryerson: *School Suicide Prevention Guidelines.* Washington, DC: American Association of Suicidology, 1999.

Stevenson, Robert G: *What Will We Do? Preparing a School Community to Cope with Crises.* Amityville, Nueva York: Baywood, 1994.

Stillwell, Elaine: *A Forever Angel.* Omaha: Centering Corp., 2000.

Stillwell, Elaine: *Forever Angels.* Omaha: Centering Corp., 2000.

Stillwell, Elaine: *Sweet Memories: For Children and Adults to Create Healing and Loving Memories for Holidays and Other Special Days.* Omaha: Centering Corp., 1998.

Traisman, Enid Samuel: *Fire in My Heart, Ice in My Veins.* Omaha: Centering Corp., 1992.

Vogel, Linda Jane: *Helping a Child Understand Death.* Filadelfia: Fortress Press, 1975.

Wass, Hannelore, y Charles A. Corr: *Childhood and Death.* Washington, DC: Hemisphere, 1984.

Wass, Hannelore, y Charles A. Corr: *Helping Children Cope with Death: Guidelines and Resources.* Washington, DC: Hemisphere, 1984.

Webb, Nancy Boyd: *Helping Bereaved Children: A Handbook for Practitioners.* Nueva York: Guilford Press, 1993.

Wolfelt, Alan D: *A Child's View of Grief: A Guide for Caring Adults.* Service Corporation International, 1990. (También disponible en vídeo).

Wolfelt, Alan D: *Helping Children Cope with Grief.* Muncie, Indiana: Accelerated Development, 1983.

Cristianismo/Religiones

Anthony, Nancy: *Mourning Thoughts: Facing a New Day After the Death of a Spouse.* Mystic, Connecticut: Twenty-Third Publications, 1991.

Branch, Roger G., y Larry A. Platt: eds. *Resources for Ministry in Death and Dying.* Nashville, Tennessee: Breadman Press, 1988.

Cox, Gerry R., y Ronald J. Fundis: eds. *Spiritual, Ethical, and Pastoral Aspects of Death and Bereavement.* Amityville, Nueva York: Baywood, 1992.

Curry, Cathleen L: *When Your Parent Dies: A Concise and Practical Source of Help and Advice for Adults Grieving the Death of a Parent.* Notre Dame, Indiana: Ave Maria Press, 1993.

Curry, Cathleen L: *When Your Spouse Dies: A Concise and Practical Source of Help and Advice.* Notre Dame, Indiana: Ave Maria Press, 1990.

Dobihal, Edward F, Jr., y Charles W. Stewart: *When a Friend Is Dying: A Guide to Caring for the Terminally Ill.* Nashville, Tennesee: Abingdon Press, 1984.

Guntzelman, Joan: *Blessed Grieving: Reflections on Life's Losses.* Winona, Minnesota: St. Mary's Press, 1994.

Hewitt, John H: *After Suicide.* Louisville, Kentucky: Westminster/John Knox Press, 1980.

Johnson, Christopher Jay, y Marsha G. McGee: eds. *How Different Religions View Death and Afterlife.* Filadelfia: Charles Press, 1991.

McCurley, Foster R: *Making Sense Out of Sorrow: A Journey of Faith.* Valley Forge, Pensilvania: Trinity Press International, 1995.

Meyers, Charles: *Surviving Death: A Practical Guide to Caring for the Dying and Bereaved.* Mystic, Connecticut: Twenty-Third Publications, 1988.

Pregent, Carol: *When a Child Dies*. Notre Dame, Indiana: Ave Maria Press, 1992.

Rupp, Joyce: *Praying Our Goodbyes*. Notre Dame, Indiana: Ave Maria Press, 1988.

Schmitt, Abraham: *Turn Again to Life: Growing Through Grief*. Scottsdale, Pensilvania: Herald Press, 1987.

Sullender, R. S: *Grief and Growth: Pastoral Resources for Emotional and Spiritual Growth*. Nueva York: Paulist Press, 1985.

Tengbom, Mildred: *Grief for a Season*. Minneapolis: Bethany House, 1989.

Tengbom, Mildred: *Help for Bereaved Parents*. St. Louis: Concordia, 1981.

Tengbom, Mildred: *Help for the Terminally Ill*. St. Louis: Concordia, 1983.

Todd, Peter B: *AIDS, a Pilgrimage to Healing: A Guide for Health Professionals, Clergy, Educators, and Caregivers*. Newtown, Australia: Millennium Books, 1992. (Distribuido por Morehouse Publishing, Harrisburg, Pensilvania).

Wiitala, Geri Colozzi: *Don't Let Them Persecute You: Refuting the Fundamentalist Mentality*. Charleston, Rhode Island, 1998. Telephone: 401.364.7435.

Wolfelt, Alan D: *Death and Grief: A Guide for Clergy*. Levittown, Pensilvania: Accelerated Development, 1988.

Pérdidas sufridas por adultos

En general

Aiken, Lewis R: Dying, *Death, and Bereavement*. Boston: Allyn & Bacon, 1990.

Allen, Marvin, con Jo Robinson: *Angry Men, Passive Men: Understanding the Roots of Men's Anger and How to Move Beyond It*. Nueva York: Fawcett Columbine, 1993.

Arterburn, Stephen: *Hand Me Down Genes and Second-Hand Emotions*. Nueva York: Simon & Schuster, 1994.

Ascher, Barbara Lazear: *Landscape Without Gravity: A Memoir of Grief*. Nueva York: Penguin Books, 1994.

Attig, Thomas W: *How We Grieve: Relearning the Old.* Nueva York: Oxford Univ. Press, 1996.

Baldwin, Christina: *Life's Companion: Journal Writing as a Spiritual Quest.* Nueva York: Bantam Books, 1991.

Baures, Mary: *Undaunted Spirits: Portraits of Recovery from Severe Emotional Trauma.* Filadelfia: Charles Press, 1994.

Berkus, Rusty: *To Heal Again: Toward Serenity and the Resolution of Grief.* Los Ángeles: Red Rose Press, 1984.

Biebel, David B: *If God Is So Good Why Do I Hurt So Bad?* Nueva York: Navpress, 1989.

Bouvard, Marguerite: *The Path Through Grief: A Practical Guide.* Portland, Oregón: Breitenbush Books, 1988.

Bowlby, John: *Attachment and Loss, Vol. 1: Attachment.* Nueva York: Basic Books, 1982.

Bowlby, John: *Attachment and Loss, Vol. 3: Loss Sadness and Depression.* Nueva York: Basic Books, 1980.

Bozarth, Alia Renee: *A Journey Through Grief: Gentle Specific Help to Get You Through the Most Difficult Stages of Grief.* Minneapolis: CompCare, 1990.

Bozarth-Campbell, Alla: *Life Is Goodbye, Life Is Hello: Grieving Well Through All Kinds of Loss.* Minneapolis: CompCare, 1982.

Brammer, Lawrence M: *How to Cope with Life Transitions: The Challenge of Personal Change.* Nueva York: Hemisphere, 1991.

Brener, Anne: *Mourning and Mitzvah: A Guided Journal for Walking the Mourner's Path Through Grief to Healing.* Woodstock, Vermont: Jewish Lights Publishing, 1993.

Brooks, Anne M: *The Grieving Time: A Month by Month Account of Recovery from Loss.* Wilmington, Delaware: Delapeake, 1982.

Buckingham, Robert W., y Sandra K. Huggard: *Coping with Grief.* Nueva York: Rosen Group, 1991.

Caplan, Sandi, y Gordon Lang: *Grief's Courageous Journey.* Oakland, California: New Harbinger, 1995.

Center for Help in Times of Loss Staff and Deborah Roth: *Stepping Stones to Grief Recovery.* Nueva York: Borgo Press, 1988.

Childs-Gowell, Elaine: *Good Grief Rituals: Tools for Healing.* Banytown, Nueva York: Station Hill Press, 1992.

Clark, Karen Raiser: *Life Is Change, Growth Is Optional.* St. Paul, Minnesota: Center for Executive Planning, 1993.

Cleiren, Marc: *Bereavement and Adaptation: A Comparative Study of the Aftermath of Death.* Bristol, Pensilvania: Taylor & Francis, 1993.

Cochran, Larry, y Emily Claspell: *The Meaning of Grief.* Nueva York: Greenwood, 1987.

Corless, Inge B., Barbara B. Gennino, y Mary Pittman: eds. *A Challenge for Living: Dying, Death, and Bereavement.* Boston: Jones & Bartlett, 1995.

Cornils, Stanley P: *The Mourning After: How to Manage Grief Wisely.* Saratoga, California: R&E, 1990.

Corr, Charles A: Clyde M. Nabe, y Donna M. Con: *Death and Dying, Life and Living.* Pacific Grove, California: Brooks/Cole, 1994.

Counts, David R., y Dorothy A. Counts: *Coping with the Final Tragedy: Cultural Variation in Dying and Grieving.* Amityville, Nueva York: Baywood, 1991.

Cousins, Norman: *Anatomy of an Illness as Perceived by the Patient: Reflections on Healing and Regeneration.* Nueva York: Norton, 1979.

Davidson, Glen W: *Understanding Mourning: A Guide for Those Who Grieve.* Minneapolis: Augsburg Press, 1984.

Davies, Phyllis: *Grief: Climb Toward Understanding—Self-Help When You Are Struggling.* San Luis Obispo, California: Sunnybank, 1988.

DeBellis, Robert, y otros: eds. *Suffering the Psychological and Social Aspects in Loss, Grief, and Care.* Nueva York: Hayworth Press, 1986.

DiGiulio, Robert C: *After Loss.* Waco, Texas: WRS Group, 1993.

Doka, Kenneth J: *Disenfranchised Grief: Recognizing Hidden Sorrow.* Lexington, Minnesota: Lexington Books, 1989.

Doka, Kenneth J: ed. *Living with Grief After Loss.* Washington, DC: *Hospice* Foundation of America, 1986.

Donnelly, Katherine Fair: *Recovering from the Loss of a Sibling.* Nueva York: Dodd, 1988.

Dossey, Larry: *Reinventing Medicine: Beyond Mind-Body to a New Era of Healing.* San Francisco: HarperSanFrancisco, 1999.

Dyer, Wayne W: *Happy Holidays! Uplifting Advice About How to Avoid Holiday Blues and Recapture the True Spirit of Christmas,* Hanukkah, and New Year's. Nueva York: Merrow, 1986.

Engram, Sara: *Mortal Matters: When a Loved One Dies.* Kansas City, Missouri: Andrews & McMeel, 1990.

Ericsson, Stephanie: *Companion Through the Darkness: Inner Dialogues on Grief.* Nueva York: Harper Perennial, 1993.

Erikson, Erik H: *Identity: Youth and Crisis.* Nueva York: Norton, 1968.

Farnsworth, Elizabeth: *Journey Through Grief.* Atlanta: Susan Hunter Publishing, 1988.

Feinstein, David, y Peg Elliott Mayo: *Mortal Acts: Eighteen Empowering Rituals for Confronting Death.* San Francisco: HarperSanFrancisco, 1993.

Feinstein, David, y Peg Elliott Mayo: *Rituals for Living and Dying: From Life's Wounds to Spiritual Awakening.* San Francisco: HarperSan-Francisco, 1990.

Felder, Leonard: *When a Loved One Is Ill: How to Take Better Care of Your Loved One, Your Family, and Yourself.* Nueva York: New American Library, 1990.

Finn, William E., y otros: eds. *Women and Loss: Psychobiological Perspectives.* Nueva York: Praeger, 1985.

Fitzgerald, Helen: *The Mourning Handbook.* Nueva York: Simon & Schuster, 1994.

Fulghum, Robert: *From Beginning to End: The Rituals of Our Lives.* Nueva York: Villard, 1995.

Gibran, Kahlil: *El Profeta.* 1973.

Glick, Ira P., Robert S. Weiss, y C. Murray Parkes: *The First Year of Bereavement.* Nueva York: Wiley, 1974.

Golden, Thomas R., y James Miller: *When a Man Faces Grief.* Fort Wayne, Indiana: Willowgreen, 1998.

Goleman, Daniel: ed. *Healing Emotions: Conversations with the dalái lama on Mindfulness, Emotions, and Health.* Nueva York: Random House, 1999.

Goulding, Mary McClure: *A Time to Say Goodbye: Moving Beyond Loss.* Watsonville, California: Papier-Mache Press, 1996.

Grollman, Earl A: *Living When a Loved One Has Died.* Boston: Beacon Press, 1987.

Grollman, Earl A: *Time Remembered: A Journal for Survivors.* Boston: Beacon Press, 1987.

Grollman, Earl A: ed. *What Helped Me When My Loved One Died.* Boston: Beacon Press, 1981.

Hafen, Brent Q: *Faces of Death: Grief, Dying, Euthanasia, Suicide.* Denver: Morton, 1983.

Harricharan, John: *Morning Had Been All Night Coming.* Nueva York: Berkley, 1991.

Hartnett, Johnette: *The Funeral, an Endangered Tradition: Making Sense of the Final Farewell.* P.O. Box 9355, South Burlington, Vermont 05407-9355: Good Mourning, 1993.

Hartnett, Johnette: *Grief in the Workplace: Forty Hours Plus Overtime.* P.O. Box 9355, South Burlington, Vermont 05407-9355: Good Mourning, 1993.

Harwell, Amy: *Ready to Live, Prepared to Die: A Provocative Guide to the Rest of Your Life.* Wheaten, Illinois: H. Shaw, 1995.

Heegaard, Marge Eaton: *When Someone Very Special Dies.* Omaha: Centering Corp., 1988.

Heegaard, Marge Eaton: *Coping with Death and Grief.* Minneapolis: Lerner, 1990.

Irish, Donald P., Kathleen F. Lundquist, y Vivian Jenkins Nelsen: eds. *Ethnic Variations in Dying, Death, and Grief: Diversity in Universality.* Washington, DC: Taylor & Francis, 1993.

Jackson, Edgar N: *The Many Faces of Grief.* Nashville, Tennessee: Abingdon Press, 1977.

Jacobsen, Gail B: *Write Grief: How to Transform Loss with Writing.* McCormick & Schilling, 1990. P.O. Box 722, Menomonee Falls, Wisconsin 53052.

Jaffe, Hirshel, James Rudin, y Marcia Rudin: *Why Me? Why Anyone?* Nueva York: St. Martin's Press, 1986.

James, John W., y Frank Cherry: *The Grief Recovery Handbook: A Step-by-Step Program for Moving Beyond Loss.* Nueva York: HarperCollins, 1988.

Jensen, Amy Hillyard: *Healing Grief.* P.O. Box 89, Redmond, Washington 98073. Medic Publishing, 1995.

Johnson, Elizabeth A: *As Someone Dies: A Handbook for the Living.* Santa Monica, California: Hay House, 1987.

Kabat-Zinn, Jon: *Full Catastrophe Living: Using the Wisdom of Your Body and Mind to Face Stress, Pain, and Illness.* Nueva York: Delacorte Press, 1990.

Kalish, Richard A: *Death, Grief, and Caring Relationships.* Monterrey, California: Brooks/Cole, 1985.

Kalish, Richard A: ed. *Midlife Loss: Coping Strategies.* Newbury Park, California: Sage, 1989.

Klein, Allen: *The Healing Power of Humor: Techniques for Getting Through Loss, Setbacks, Upsets, Disappointments, Difficulties, Trials, Tribulations, and All That Not-So-Funny Stuff.* Los Ángeles: Tarcher, 1989.

Kolf, June Cerza: *When Will I Stop Hurting: Dealing with a Recent Death.* Grand Rapids, Michigan: Baker Books, 1987.

Krauss, Pesach, y Monie Goldfischer: *Why Me? Coping with Grief, Loss and Change.* Nueva York: Bantam Books, 1988.

Kreis, Bernadine, y Alice Pattie: *Up from Grief: Patterns of Recovery.* San Francisco: Harper & Row, 1985.

Kübler-Ross, Elisabeth: *Living with Death and Dying.* Nueva York: Macmillan, 1982.

Kübler-Ross, Elisabeth: *On Life After Death.* Berkeley, California: Celestial Arts, 1991.

Kübler-Ross, Elisabeth: *Working It Through.* Nueva York: Macmillan, 1982.

Kushner, Harold S: *When Bad Things Happen to Good People.* Nueva York: Schocken Books, 1989.

Kushner, Harold S: *Who Needs God?* Nueva York: Pocket Books, 1989.

Kutscher, Austin H., y otros: eds. *For the Bereaved: The Road to Recovery.* Filadelfia: Charles Press, 1990.

LaGrand, Louis E: *Coping with Separation and Loss as a Young Adult: Theoretical and Practical Realities.* Springfield, Illinois: Thomas, 1986.

Leick, Nini, y Marianne Davidsen-Nielsen: *Healing Pain: Attachment, Loss, and Grief Therapy.* Nueva York: Routledge, 1991.

Leming, Michael R., y George E. Dickinson: *Understanding Dying, Death, and Bereavement.* Fort Worth, Texas: Holt, Rinehart & Winston, 1990.

Levang, Elizabeth, y Sherokee Use: *Remembering with Love: Messages of Hope for the First Year*. Minneapolis: Deaconess Press, 1993.

Levin, Rhoda F: *Heartmates: A Survival Guide for the Cardiac Spouse*. Nueva York: Prentice-Hall, 1987.

Levine, Stephen: *Healing into Life and Death*. Garden City, Nueva York: Anchor Press/Doubleday, 1987.

Levine, Stephen: *Meetings at the Edge: Dialogues with the Grieving and the Dying, the Healing and the Healed*. Garden City, Nueva York: Anchor Press, 1984.

Levine, Stephen: *Who Dies? An Investigation of Conscious Living and Conscious Dying*. Garden City, Nueva York: Anchor Press/ Doubleday, 1982.

Lighter, Candy, y Nancy Hathaway: *Giving Sorrow Words: How to Cope with Grief and Get On-with Your Life*. Nueva York: Warner, 1990.

Lynch, James J: *The Broken Heart: The Medical Consequences of Loneliness*. Nueva York: Basic Books, 1977.

Manning, Doug: *Don't Take My Grief Away: What to Do When You Lose a Loved One*. San Francisco: Harper & Row, 1984.

Martin, Terry L., y Kenneth J. Doka: *Men Don't Cry... Women Do: Transcending Gender Stereotypes of Grief*. Filadelfia: Brunner/Mazel, 2000.

McGaa, Ed: *Mother Earth Spirituality: Native American Paths to Healing Ourselves and Our World*. San Francisco: HarperSanFrancisco, 1990.

Menten, Ted: *After Goodbye: How to Begin Again After the Death of Someone You Love*. Filadelfia: Running Press, 1994.

Menten, Ted: *Gentle Closings: How to Say Goodbye to Someone You Love*. Filadelfia: Running Press, 1992.

Miller, William A: *When Going to Pieces Holds You Together*. Minneapolis: Augsburg Press, 1976.

Morse, Don: *Searching for Eternity*. Memphis: Eagle Wing Books, 2000.

Moyers, Bill: *Healing and the Mind*. Nueva York: Doubleday, 1993.

National Directory of Bereavement Support Groups and Services. ADM Publishing. (544 páginas; 34.95 $; ISBN 0-9645608-8-7).

Neeld, Elizabeth Harper: *Seven Choices: Taking the Steps to New Life After Losing Someone You Love*. Nueva York: Clarkson N. Potter, 1990.

Neimeyer, Robert: *Lessons of Loss: A Guide to Coping.* Filadelfia: Brunner Routledge, 2001.

O'Connor, Nancy: *Letting Go with Love: The Grieving Process.* Tucson: La Mariposa Press, 1984.

Osmont, Kelly: *More Than Surviving: Caring for Yourself While You Grieve.* Portland, Oregón: Nobility Press, 1990.

Osmont, Kelly, y Marilyn McFarlane: *Parting Is Not Goodbye: Coping with Grief in Creative, Healthy Ways.* Portland, Oregón: Nobility Press, 1986.

O'Toole, Donna: *Healing and Growing Through Grief.* Burnsville, Carolina del Norte: Rainbow Connection, 1987.

Page, Pat: *Sad Ain't Forever.* Colorado Springs: Bereavement Publishing, 1999.

Panuthos, Claudia, y Catherine Romeo: *Ended Beginnings.* Hadley, Maine: Bergin & Garvey, 1984.

Parkes, Colin Murray: *Bereavement: Studies of Grief in Adult Life.* Madison, Connecticut: International Universities Press, 1987.

Parkes, Colin Murray, y Robert S: Weiss: *Recovery from Bereavement.* Nueva York: Basic Books, 1983.

Peacock, Valeric S: *A Family Heritage Workbook.* Box 9263, Missoula, MT 59807. Scribe Write Books, 1980.

Platt, Larry A., y V. Richard Perseco: *Grief in Cross-Cultural Perspective: A Casebook.* Nueva York: Garland, 1992.

Price, Eugenia: *Getting Through the Night: Finding Your Way After the Loss of a Loved One.* Nueva York: Dial Press, 1982.

Rando, Therese A: *Clinical Dimensions of Anticipatory Mourning.* Champaign, Illinois: Research Press, 2000.

Rando, Therese A: *Grieving: How to Go On Living When Someone You Love Dies.* Nueva York: Lexington Books, 1988.

Rando, Therese A: ed. *Loss and Anticipatory Grief.* Lexington, Maryland: Lexington Books, 1986.

Raphael, Beverly: *The Anatomy of Bereavement.* Nueva York: Basic Books, 1983.

Revueltas, José: *Human Mourning.* Minneapolis: Univ. of Minnesota Press, 1990.

Rico, Gabriele L: *Pain and Possibilities: Writing Your Way Through Personal Crisis.* Los Ángeles: Tarcher, 1991.

Rosenblatt, Paul C: *Bitter, Bitter Tears: Nineteenth-Century Diarists and Twentieth-Century Grief Theories.* Minneapolis: Univ. of Minnesota Press, 1983.

Rosenblatt, Paul C., Patricia R. Aralsh, y Douglas A. Jackson: *Grief and Mourning in Cross Cultural Perspective.* New Haven, Connecticut: Human Relations Area Files Press, 1976.

Samarel, Nelda: *Caring for Life and Death.* Bristol, Pensilvania: Taylor & Francis, 1991.

Sanders, Catherine M: *Grief: The Mourning After, Dealing with Adult Bereavement.* Nueva York: Wiley, 1989.

Sanders, Catherine M: *Surviving Grief and Learning to Live Again.* Nueva York: Wiley, 1992.

Schiff, Harriet Sarnoff: *Living Through Mourning: Finding Comfort and Hope When a Loved One Has Died.* Nueva York: Viking Penguin, 1987.

Schneider, John M: *Finding My Way: Healing and Transformation Through Loss and Grief.* 2707 Old Mission Road, Traverse City, Michigan 49686. Seasons Press, 1994.

Schneider, John M: *Stress, Loss and Grief: Understanding Their Origins and Growth Potential.* Baltimore: University Park Press, 1984.

Schuller, Robert H: *Tough Times Never Last, but Tough People Do!* Nueva York: Bantam Books, 1983.

Selder, Florence: *Enduring Grief: Intimate Stories of Loss.* Filadelfia: Charles Press, 1994.

Selye, Hans: *Stress Without Distress.* Nueva York: Signet Books, 1974.

Shapiro, Ester R: *Grief as a Family Process: A Developmental Approach to Clinical Practice.* Nueva York: Guilford Press, 1994.

Siegel, Bemie S: *Love, Medicine, and Miracles.* Nueva York: Harper & Row, 1986.

Siegel, Bemie S: *Peace, Love and Healing: Body/Mind Communication and the Path to Self-Healing.* Nueva York: HarperCollins, 1989.

Silverman, Phyllis R: *Mutual Help Groups: Organization and Development.* Beverly Hills, California: Sage, 1980.

Sims, Darcie: *Why Are the Casseroles Always Tuna? A Loving Look at the Lighter Side of Grief.* Carmel, Indiana: Bereavement Publishing, 1990.

Sittser, Gerald., A: *Grace Disguised: How the Soul Grows Through Loss.* Grand Rapids, Michigan: Zondervan, 1996.

Slaikeu, Karl A., y Steve Lawhead: *Up from the Ashes: How to Survive and Grow Through Personal Crisis.* Grand Rapids, Michigan: Zondervan, 1990.

Somé, Malidoma Patrice: *Of Water and the Spirit.* Nueva York: Putnam, 1994.

Spies, Karen: *Everything You Need to Know About Grieving.* Nueva York: Rosen Group, 1990.

Staudacher, Carol: *Beyond Grief: A Guide for Recovering from the Death of a Loved One.* Oakland, California: New Harbinger, 1987.

Staudacher, Carol: Men and Grief: *A Guide for Men Surviving the Death of a Loved One; a Resource for Caregivers and Mental Health Professionals.* Oakland, California: New Harbinger, 1991.

Steams, Ann Kaiser: *Coming Back: Rebuilding Lives After Crisis and Loss.* Nueva York: Ballantine/Random House, 1988.

Steams, Ann Kaiser: *Living Through Personal Crisis.* Chicago: Thomas More Press, 1984.

Stephenson, John S: *Death, Grief, and Mourning: Individual and Social Realities.* Nueva York: Free Press, 1985.

Stillion, Judith M: *Death and the Sexes: A Differential Examination of Longevity, Attitudes, Behaviors and Coping Skills.* Nueva York: Hemisphere, 1985.

Stroebe, Margaret, Wolfgang Stroebe, y Robert O. Hansson: eds. *Handbook of Bereavement: Theory, Research, and Intervention.* Nueva York: Cambridge Univ. Press, 1999.

Strommen, Merton P., y A. Irene Strommen: *Five Cries of Grief.* San Francisco: HarperSanFrancisco, 1993.

Tagliaferre, Lewis, y Oary L. Harbaugh: *Recovery from Loss: A Personalized Guide to the Grieving Process.* Deerfield Beach, Florida: Health Communications, 1990.

Tatelbaum, Judy: *The Courage to Grieve: Creative Living, Recovery, and Growth Through Grief.* Nueva York: Harper & Row, 1980.

Tatelbaum, Judy: *You Don't Have to Suffer: A Handbook for Moving Beyond Life's Crises.* Nueva York: HarperCollins, 1989.

Temes, Roberta: *The Empty Place.* Nueva York: Irvington, 1985.

Vajentic, Annakathryn, y Nancy Newer: *Remembering: Explaining Organ and Tissue Donation-Loss, Grief, and Hope.* LIFEBANC, 1993. 20600 Chagrin Boulevard, Suite 350, Cleveland, OH 44122-5343. (Dos versiones: infantil y para adultos).

Viorst, Judith: *Necessary Losses.* Nueva York: Simon & Schuster, 1986.

Walsh, Froma, y Monica McGoldrick: *Living Beyond Loss: Death in the Family.* Nueva York: Norton, 1991.

Weenolsen, Patricia: *Transcendence of Loss over the Life Span.* Nueva York: Hemisphere, 1988.

Weisman, Avery D: *The Coping Capacity: On the Nature of Being Mortal.* Nueva York: Human Sciences Press, 1984.

Weiss, Brian: *Messages from the Masters: Tapping into the Power of Love.* New York: Warner Books, 2000.

Weitznan, A. G., y otros: eds. *Coping with Dying, Death, and Bereavement.* Nueva York: Foundation of Thanatology, 1992.

Welshons, John: *Awakening from Grief: Finding the Road Back to Joy.* Little Falls, Nueva Jersey: Open Heart, 2000.

Westberg, Granger: *Good Grief.* Filadelfia: Fortress Press, 1971.

Wolfelt, Alan D: *Understanding Grief: Helping Yourself Heal.* Muncie, Indiana: Accelerated Development, 1992.

Zada, Dan, con Maria Woodard: *Forever Remembered.* Seattle: Com-Pen-Di-Um, 1999.

Sida

Buckingham, Robert W: *Among Friends: Hospice Care for the Person with AIDS.* Buffalo, Nueva York: Prometheus Books, 1992.

Callen, Michael: *Surviving AIDS.* Nueva York: HarperCollins, 1990.

Donnelly, Katherine Fair: *Recovering from the Loss of a Loved One to AIDS.* Nueva York: St. Martin's, 1994.

Fortunate, John E: *AIDS: The Spiritual Dilemma.* San Francisco: Perennial Library, 1987.

Froman, Paul Kent: *After You Say Goodbye: When Someone You Love Dies of AIDS.* San Francisco: Chronicle Books, 1992.

Kirkpatrick, Bill: *AIDS, Sharing the Pain: A Guide for Caregivers.* 700 Prospect Avenue, Cleveland, Ohío 44115-1100: *Pilgrim Press, 1990.*

Martelii, Leonard J., con Fran D. Peltz y William Messina: *When Someone You Know Has AIDS: A Practical Guide*. Nueva York: Crown, 1987.

Moffate, Betty Clare: *When Someone You Love Has AIDS: A Book of Hope for Family and Friends*. Santa Mónica, California: IBS Press in association with Love Heals, 1986.

Pohl, Mel, Kay Deniston, y Doug Toft: *The Caregivers' Journey: When You Love Someone with AIDS*. Nueva York: HarperCollins, 1991.

Richardson, Diane: *Women and AIDS*. Nueva York: Routledge, 1988.

Seligson, M. Ross, y Karen E. Peterson: eds. *AIDS Prevention and Treatment: Hope, Humor, and Healing*. Nueva York: Hemisphere, 1992.

Selwyn, Peter: *Surviving the Fall: The Personal Journey of an AIDS Doctor*. New Haven: Yale Univ. Press, 1998.

Todd, Peter B: *AIDS, a Pilgrimage to Healing: A Guide for Health Professionals, Clergy, Educators, and Caregivers*. Newtown, Australia: Millennium Books, 1992. (Distribuido por Morehouse Publishing, Harrisburg, Pensilvania).

Cáncer y otras enfermedades

Anderson, Greg: *The Cancer Conqueror: An Incredible Journey to Wellness*. Kansas City, Kansas: Andrews & McMeel, 1988.

Blitzer, Andrew: *Communicating with Cancer Patients and Their Families*. Filadelfia: Charles Press, 1990.

Doka, Kenneth J: *Living with Life Threatening Illness: A Guide for Patients, Their Families, and Caregivers*. Nueva York: Lexington Books, 1993.

Harwell, Amy, con Kristme Tomasik: *When Your Friend Gets Cancer: How You Can Help*. Wheaten, Illinois: H. Shaw, 1987.

Jevne, Ronna Jay, y Alexander Levitan: *No Time for Nonsense: Self-Help for the Seriously Ill*. San Diego: Lura Media, 1989.

Cuidados y apoyo a otras personas

American Association of Retired Persons. *If Only I Knew What to Say or Do:Ways of Helping a Friend in Crisis*. Washington, DC: AARP, 1989.

Bright, Ruth: *Grieving: A Hand Book for Those Who Care.* St. Louis: MMB Music, 1986.

Bryant, Richard A., y Harvey Allison: *Acute Stress Disorder: A Handbook of Theory, Assessment, and Treatment.* Nueva York: American Psychological Association, 1999.

Buckman, Robert: *I Don't Know What to Say: How to Help and Support Someone Who Is Dying.* Nueva York: Vintage Books, 1992.

Callanan, Maggie, y Patricia Kelly: *Final Gifts: Understanding the Special Awareness, Needs, and Communications of the Dying.* Nueva York: Poseidon Press, 1992.

Callari, Elizabeth S: *A Gentle Death: Personal Caregiving to the Terminally Ill.* Greensboro, Carolina del Norte: Tudor, 1986.

Carter, Rosalynn, with Susan K. Golant: *Helping Yourself Help Others: A Book for Caregivers.* Nueva York: Times Books, 1994.

Cook, Alicia Skinner, y Daniel S. Dworkin: *Helping the Bereaved: Therapeutic Interventions for Children, Adolescents, and Adults.* Nueva York: Basic Books, 1992.

Crenshaw, David A: *Bereavement: Counseling the Grieving Throughout the Life Cycle.* Nueva York: Continuum, 1990.

Eneroth, Carlene Vester: *If There's Anything I Can Do: A Practical Guide for Helping Others Cope with Grief.* Spokane: Marciel, 1990.

Floyd, Maita: *Caretakers: The Forgotten People.* Phoenix: Eskauldun, 1988.

Floyd, Maita: *Platitudes: You Are Not Me.* Phoenix: Eskauldun, 1991.

Hartnett, Johnette: *Death Etiquette for the 90's: What to Do, What to Say.* P.O. Box 9355, South Burlington, Vermont 05407-9355. Good Mourning, 1993.

Hartnett, Johnette: *Different Losses, Different Issues: What to Expect and How to Help.* P.O. Box 9355, South Burlington, Vermont 05407-9355. Good Mourning, 1993.

Hayslip, Bert, Jr: *Helping Older Adults Cope with Loss.* P.O. Box 28551, Dallas, Texas 75228. Teléfono: 214.681.5303. Dallas: TLC Group, 1993.

Hoff, Lee Ann: *People in Crisis: Understanding and Helping.* San Francisco: Jossey-Bass, 1995.

Jackson, Edgar N: *Telling a Child About Death.* Nueva York: Hawthorne Books, 1965.

Kircher, Pamela: *Love Is the Link: A Hospice Doctor Shares Her Experience of Near-Death and Dying.* Nueva York: Larson, 1995.

Kolf, June Cerza: *Comfort and Care for the Critically Ill.* Grand Rapids, Michigan: Baker Books, 1993.

Larson, Dale G: *The Helper's Journey: Working with People Facing Grief, Loss, and Life-Threatening Illness.* Champaign, Illinois: Research Press, 1993.

Linn, Erin: *I Know Just How You Feel: Avoiding the Cliches of Grief.* Incline Village, Nevada: Publisher's Mark, 1986.

Lord, Janice Harris: *Beyond Sympathy: What to Say and Do for Someone Suffering an Injury, Illness or Loss.* Ventura, California: Pathfinder, 1988.

Manning, Doug: *Comforting Those Who Grieve: A Guide for Helping Others.* San Francisco: Harper & Row, 1985.

Margolis, Otto S., y otros: eds. *Acute Grief: Counseling the Bereaved.* Nueva York: Columbia Univ. Press, 1981.

Margolis, Otto S., y otros: eds. *Loss, Grief, and Bereavement: A Guide for Counseling.* Nueva York: Praeger, 1985.

Milstein, Linda Breiner: *Giving Comfort: What You Can Do When Someone You Love Is Ill.* Nueva York: Penguin Books, 1994.

Morgan, John D: ed. *Personal Care in an Impersonal World: A Multidimensional Look at Bereavement.* Amityville, Nueva York: Baywood, 1993.

Morrissey, Paul: *Let Someone Hold You: The Journey of a Hospice Priest.* Nueva York: Crossroads, 1994.

Neimeyer, Robert: ed. *Death Anxiety Handbook: Research, Instrumentation, and Application.* Washington, DC: Taylor & Francis, 1994.

Oaks, Judy: *Leaders Guide for Grief Recovery Support Groups.* 2.ª ed. P.O. Box 125, Berea, Kentucky 40403. Center for Personal Recovery, 1994.

Osmont, Kelly, y Marilyn McFarlane: *What Can I Say? How to Help Someone Who Is Grieving.* Portland, Oregón: Nobility Press, 1988.

Osterweis, Marian, Fredric Solomon, y Morris Green: eds. *Bereavement: Reactions, Consequences, and Care.* Washington, DC: National Academy Press, 1984.

Pacholski, Richard A: *Researching Death: Selected Essays in Death Education and Counseling*. West Hartford, Connecticut: Association for Death Education and Counseling, 1986.

Rando, Therese A: *Treatment of Complicated Mourning*. Champaign, Illinois: Research Press, 1993.

Ray, M. Catherine: *I'm Here to Help: A Hospice Worker's Guide to Communicating with Dying People and Their Loved Ones*. Mound, Minnesota: McRay, 1992.

Sankar, Andrea: *Dying at Home: A Family Guide for Caregiving*. Nueva York: Johns Hopkins University Press, 1991.

Schoeneck, Therese S: *How to Form Support Groups and Services for Grieving People*. 1342 Lancaster Avenue, Syracuse, Nueva York 13210. Hope for Bereaved, 1989.

Silverman, Phyllis R: *Helping Women Cope with Grief*. Beverly Hills, California: Sage, 1981.

Staudacher, Carol: *Men and Grief: A Guide for Men Surviving the Death of a Loved One; a Resource for Caregivers and Mental Health Professionals*. Oakland, California: New Harbinger, 1991.

Strong, Maggie: *Mainstay: For the Well Spouse of the Chronically Ill*. Boston: Little Brown, 1988.

Sturkie, Joan: *Listening with Love: True Stories from Peer Counseling*. San José, California: Resource, 1987.

Sturkie, Joan, y Valerie Gibson: *The Peer Counselor's Pocket Book*. San José, California: Resource, 1989.

Vachon, Mary L. S: *Occupational Stress in the Care of the Critically Ill, the Dying, and the Bereaved*. Washington, DC: Hemisphere, 1987.

Worden, J. William: *Grief Counseling and Grief Therapy: A Handbook for the Mental Health Practitioner*. Nueva York: Springer, 1991.

La muerte y el morir

Berger, Arthur, y Joyce Berger: *Fear of the Unknown: Enlightened Aid-in Dying*. Westport, Connecticut: Praeger, 1995.

Berger, Arthur, y otros: eds. *Perspectives an Death and Dying: Cross-Cultural and Multidisciplinary Views*. Filadelfia: Charles Press, 1989.

Bertman, Sandra L: *Facing Death: Images, Insights and Interventions.* Bristol, Pennsilvania: Hemisphere, 1991.

Carlson, Lisa: *Caring for Your Own Dead.* Hinesburg, Vermont: Upper Access, 1987.

Carroll, David: *Living with Dying: A Loving Guide for Family and Close Friends.* Nueva York: McGraw-Hill, 1985.

Corr, Charles A., y Richard A. Pacholski: eds. *Death: Completion and Discovery.* West Hartford, Connecticut: Association for Death Education and Counseling, 1987.

Davidson, Glen W: *Living with Dying: A Guide for Relatives and Friends.* Minneapolis: Augsburg Press, 1990.

DeSpelder, Lynne Ann, y Albert Lee Strickland: *The Last Dance: Encountering Death and Dying.* Mountain View, California: Mayfield, 1992.

DiGiulio, Robert, y Rachel Kranz: *Straight Talk About Death and Dying.* Nueva York: Facts on File, 1995.

Doka, Kenneth J: ed., con John D. Morgan. *Death and Spirituality.* Amityville, Nueva York: Baywood, 1993.

Duda, Deborah: *Coming Home: A Guide to Dying at Home with Dignity.* Nueva York: Aurora Press, 1987.

Fulton, Robert, y Robert Bendiksen: eds. *Death and Identity.* Filadelfia: Charles Press, 1994.

Kalish, Richard A: ed. *Death and Dying: Views from Many Cultures.* Amityville, Nueva York: Baywood, 1980.

Kapleau, Philip: *The Wheel of Life and Death: A Practical and Spiritual Guide.* Nueva York: Anchor Books/Doubleday, 1989.

Kastenbaum, Robert: *Death, Society, and Human Experience.* Quinta edición. Boston: Allyn & Bacon, 1995.

Kastenbaum, Robert: *The Psychology of Death.* Nueva York: Springer, 1992.

Kastenbaum, Robert, y Beatrice Kastenbaum: *Encyclopedia of Death.* Nueva York: Avon Books, 1992.

Kearl, Michael: *Endings: A Sociology of Death and Dying.* Nueva York: Oxford Univ. Press, 1989.

Kramer, Kenneth Paul. *The Sacred Art of Dying: How World Religions Understand Death.* Nueva York: Paulist Press, 1988.

Kübler-Ross, Elisabeth: *On Death and Dying.* Nueva York: Macmillan, 1969.

Morgan, Ernest: *Dealing Creatively with Death: A Manual of Death Education and Simple Burial.* Bayside, Nueva York: Zion Communications, 1993.

Oaks, Judy, y Gene Ezell: *Dying and Death: Coping, Caring, Understanding.* Scottsdale, Arizona: Gorsuch Scarisbrick, 1993.

Rohr, Janell: ed. *Death and Dying: Opposing Viewpoints.* San Diego: Greenhaven, 1987.

Saynor, John Kennedy: *Dead Is a Four Letter Word.* Ajar, Ontario, Canada: W. L. Smith, 1990.

Shaw, Eva: *What to Do When a Loved One Dies: A Practical Guide to Dealing with Death on Life's Terms.* Irvine, California: Dickens Press, 1994.

Sheikh, Anees A: ed. *Death Imagery: Confronting Death Brings Us to a New Threshold of Life.* Nueva York: Human Sciences Press/ Plenum, 1991.

Shepard, Martin: *Someone You Love Is Dying.* Nueva York: Harmony Books/Random House, 1976.

Wass, Hannelore, y Robert A. Neimeyer: eds. *Dying: Facing the Facts.* Washington, DC: Taylor & Francis, 1994.

Pérdida de un hijo

Allen, Marie, y Shelly Marks: *Miscarriage: Women Sharing from the Heart.* Nueva York: Wiley, 1993.

Bereaved Parents of Boulder County: *We Care.* Boulder, Colorado: Boulder County *Hospice.*

Bereaved Parents of Boulder County: *When Your Baby Dies.* Boulder, Colorado: Boulder County *Hospice.*

Bernstein, Judith: *When the Bough Breaks: Forever After the Death of a Son or Daughter.* Kansas City, Missouri: Andrews & McMeel, 1997.

Borg, Susan, y Judith Lasker: *When Pregnancy Fails: Families Coping with Miscarriage, Ectopic Pregnancy, Stillbirth, and Infant Death.* Nueva York: Bantam Books, 1989.

Bramblett, John: *When Good-bye Is Forever: Learning to Live Again After the Loss of a Child.* Nueva York: Ballantine Books, 1991.

Chilstrom, Corinne: *Andrew, You Died Too Soon.* Minneapolis: Augsburg Press, 1993.

Connelly, Maureen: *Given in Love: Releasing a Child for Adoption.* Omaha: Centering Corp., 1990.

Corr, Charles A., y otros: eds. *Sudden Infant Death Syndrome: Who Can Help and How.* Nueva York: Springer, 1991.

Crider, Tom: *Give Sorrow Words: A Father's Passage Through Grief.* Chapel Hill, Carolina del Norte: Algonquin Books, 1996.

Crouthamel, Thomas G. Sr: *When the Unthinkable Happens: A Father's Journey Through Grief.* Bradenton, Florida: Keystone Press, 1994.

Davidson, Glen W: *Stillbirth, Neonatal Death, and Sudden Infant Death Syndrome.* Washington, DC: Hemisphere, 1984.

Davis, Deborah L: *Empty Cradle, Broken Heart: Surviving the Death of Your Baby.* Golden, Colorado: Fulcrum, 1991.

DeFrain, John: *Sudden Infant Death: Enduring the Loss.* Lexington, Massachussets: Lexington Books, 1991.

DeFrain, John, Leona Martens, Jan Stork, y Warren Stork: *Stillborn: The Invisible Death.* Lexington, Massachussets: Lexington Books, 1986.

DeFrain, John, Jacque Taylor, y Linda Ernst: *Coping with Sudden Infant Death.* Lexington, Massachussets: Lexington Books, 1982.

Delgadillo, David, y Peter Davis: *When the Bough Breaks.* San Diego: Desktop Creations, 1990.

Dick, Harold M., y otros: eds. *Dying and Disabled Children: Dealing with Loss and Grief.* Nueva York: Haworth Press, 1988.

Donnelly, Katherine Fair: *Recovering from the Loss of a Child.* Nueva York: Macmillan, 1982.

Edelstein, Linda. *Maternal Bereavement: Coping with the Unexpected Death of a Child.* Nueva York: Praeger, 1984.

Ewy, Donna, y Rodger Ewy: *Death of a Dream: Miscarriage, Stillbirth, and Newborn Loss.* Boulder, Colorado: Boulder County *Hospice*; Nueva York: Dutton, 1984.

Fischoff, Joseph, y Noreen O'Brien Brohl: *Before and After My Child Dies.* Detroit: Emmons-Fairfields, 1981.

Fritsch, Julie, with Sherokee Use. *The Anguish of Loss: For the Love of Justin.* 3630 Eileen Street, Long Lake, Minnesota 55359. Wintergreen Press, 1988.

Gerner, Margaret H: *For Bereaved Grandparents.* Omaha: Centering Corp. 1990.

Gilbert, Kathleen R., y Laura S. Smart: *Coping with Infant and Fetal Loss.* Nueva York: Brunner Mazel, 1992.

Gustaitis, Rasa, y Ernie W. D. Young: *A Time to Be Born, A Time to Die: Conflicts and Ethics in an Intensive Care Nursery.* Reading, Massachussets: Addison-Wesley, 1986.

Huber, Terri: *No Time Out from Grief: Surviving the Death of My Son.* Writers Club Press/iUniverse.com, 2000.

Ilse, Sherokee: *Empty Arms: Coping with Miscarriage, Stillbirth and Infant Death.* 3630 Eileen Street, Maple Plain, Minnesota 55359. Wintergreen Press, 1990.

Ilse, Sherokee. *Precious Lives, Painful Choices: A Prenatal Decision-Making Guide.* 3630 Eileen Street, Maple Plain, Minnesota 55359. Wintergreen Press, 1993.

Ilse, Sherokee: *Single Parent Grief.* 3630 Eileen Street, Maple Plain, Minnesota 55359. Wintergreen Press, 1994.

Ilse, Sherokee, y Linda Hammer Burns: *Miscarriage: A Shattered Dream.* 3630 Eileen Street, Maple Plain, Minnesota 55359. Wintergreen Press, 1985.

Ilse, Sherokee, Linda Hammer Burns, y Susan Erling: *When the Bough Breaks: Sudden Infant Death.* 3630 Eileen Street, Maple Plain, Minnesota 55359. Wintergreen Press, 1985.

Johnson, Joy, y Marvin Johnson: *Fathers Grieve, Too.* Omaha: Centering Corp., 1985.

Johnson, Joy, y Marvin Johnson: *Miscarriage.* Omaha: Centering Corp., 1992.

Johnson, Joy, y otros: *Newborn Death: A Book for Parents Experiencing the Death of a Very Small Infant.* Omaha: Centering Corp., 1987.

Johnson, Sherry E: *After a Child Dies*: *Counseling Bereaved Families.* Nueva York: Springer, 1987.

Klass, Dennis: *Parental Grief: Solace and Resolution.* Nueva York: Springer, 1988.

Klass, Dennis: *The Spiritual Lives of Bereaved Parents.* Nueva York: Springer, 1999.

Knapp, Ronald J: *Beyond Endurance: When a Child Dies.* Nueva York: Schocken, 1986.

Kohn, Ingrid, y Peny-Lynn Moffitt, con Isabelle A. Wilkins: *A Silent Sorrow, Pregnancy Loss: Guidance and Support for You and Your Family.* Nueva York: Delacorte Press, 1993.

Kolf, June Cerza: *Grandma's Tears: Comfort for Grieving Grandparents.* Grand Rapids, Michigan: Baker Books, 1995.

Leon, Irving G: *When a Baby Dies: Psychotherapy for Pregnancy and Newborn Loss.* New Haven: Yale Univ. Press, 1990.

Limbo, Rana K., y Sam Rich Wheeler, con Susan T. Hessel: *When a Baby Dies: A Handbook for Healing and Helping.* LaCrosse, Wisconsin: Resolve Through Sharing Bereavement Services, 1986.

Livingston, Gordon: *Only Spring: On Mourning the Death of My Child.* San Francisco: HarperSanFrancisco, 1995.

Margolis, Otto S., y otros: eds. *Grief and the Loss of an Adult Child.* Nueva York: Praeger, 1988.

Munday, John: *Surviving the Death of a Child.* Louisville, Kentucky: Westminster/John Knox Press, 1995.

Musser, Linda: *God Is a Birdwatcher.* Omaha: Centering Corp., 1991. (Sobre el dolor de los padres).

National Sudden Infant Death Syndrome Clearinghouse Staff: *Sudden Infant Death Syndrome (SIDS) and Other Infant Losses Among Adolescent Parents.* McLean, Virginia: National SIDS Clearinghouse, 1988. (Con bibliografía anotada y guía de recursos).

Nelson, Timothy: *A Father's Story. A Place to Remember,* 1994. 1885 University Avenue #110, St. Paul, Minnesota 55104.

Osgood, Judy: ed. *Meditations for Bereaved Parents.* Sunriver, Oregón: Gilgal, 1983.

Peppers, Larry G: *How to Go on Living After the Death of a Baby.* Atlanta: Peachtree, 1985.

Peppers, Larry G., y Ronald J. Knapp: *Motherhood and Mourning: Perinatal Death.* Nueva York: Praeger, 1980.

Pine, Vanderlyn R: ed. *Unrecognized and Unsanctioned Grief: The Nature and Counseling of Unacknowledged Loss.* Chicago: Thomas, 1990.

Rando, Therese A: ed. *Parental Loss of a Child.* Champaign, Illinois: Research Press, 1986.

Sanders, Catherine M: *How to Survive the Loss of a Child: Filling the Emptiness and Rebuilding Your Life.* Rocklin, California: Prima, 1992.

Schiff, Harriet Sarnoff: *The Bereaved Parent*. Nueva York: Penguin Books, 1978.

Seiden, Othniel J., y M. J. Timmons: *Coping with Miscarriage*. Blue Ridge Summit, Pensilvania: Tab Books, 1984.

Snyder, Wendy K.: *Sudden Infant Death Syndrome Self-Help Support Groups: An Annotated Bibliography*. McLean, Virginia: National SIDS Clearinghouse, 1988.

Stillwell, Elaine: *Forever Angels*. Omaha: Centering Corp., 2000.

Stillwell, Elaine: *Sweet Memories: For Children and Adults to Create Healing and Loving Memories for Holidays and Other Special Days*. Omaha: Centering Corp., 1998.

Wolterstorff, Nicholas: *Lament for a Son*. Grand Rapids, Michigan: Eerdmans, 1987.

Pérdida de un padre o madre

Akner, Lois, y Catherine Whitney: *How to Survive the Loss of a Parent: A Guide for Adults*. Nueva York: Morrow, 1993.

Angel, Marc D: *The Orphaned Adult*. Nueva York: Human Sciences Press, 1987.

Arnold, Joan Hagan, y Penelope Buschman Gemma: *A Child Dies: A Portrait of Family Grief*. Filadelfia: Charles Press, 1994.

Bratman, Fred: *Everything You Need to Know When a Parent Dies*. Nueva York: Rosen Group, 1992.

Decker, Roberta: *A Daughter's Response to Her Mother's Death: Write Down Your Feelings. In That Helped Me When My Loved One Died*, editado por Earl A. Grollman. Boston: Beacon Press, 1981. Págs. 99-103.

Donnelly, Katherine Fair: *Recovering from the Loss of a Parent*. Nueva York: Dodd, 1987.

Gire, Ken: *The Gift of Remembrance: The Greatest Legacy a Father Can Leave*. Grand Rapids, All: Zondervan, 1990.

LeShan, Eda: *Learning to Say Good-bye: When a Parent Dies*. Nueva York: Macmillan, 1976.

Myers, Edward: *When Parents Die: A Guide for Adults*. Nueva York: Viking Penguin, 1986.

Wakerman, Elyce: *Father Loss*. Nueva York: Doubleday, 1984.

Pérdida de un cónyuge o compañero

Caine, Lynn: *Being a Widow*. Nueva York: Arbor House, 1988.

Caine, Lynn: *Widow*. Nueva York: Morrow, 1974.

Campbell, Scott, y Phyllis R. Silverman: *Widower: What Happens When Men Are Left Alone*. Nueva York: Prentice-Hall, 1987.

Colgrove, Melba, Harold H. Bloomfield, y Peter McWilliams: *How to Survive the Loss of a Love*. Boston: G. K. Hall, 1992.

DiGiulio, Robert C: *Beyond Widowhood: From Bereavement to Emergence and Hope*. Nueva York: Free Press, 1989.

Elmer, Lon: *Why Her? Why Now? A Man's Journey Through Love and Death and Grief*. Nueva York: Bantam Books, 1990.

Feinberg, Linda: *I'm Grieving as Fast as I Can: How Young Widows and Widowers Can Cope and Heal*. P. O. Box 669, Far Hills, Nueva Jersey 07931: New Horizon Press, 1994.

Ferguson, Tamara, Austin H. Kutscher, y Lillian G. Kutscher: *The Young Widow: Conflicts and Guidelines*. Nueva York: Amo Press, 1981.

Gates, Philomene: *Suddenly Alone: A Woman's Guide to Widowhood*. Nueva York: HarperCollins, 1990.

Ginsburg, Genevieve Davis: *When You've Become a Widow: A Compassionate Guide to Rebuilding Your Life*. Los Ángeles: Tarcher, 1991.

Kahn, Wiliard K., y Jane Burgess Kahn: *The Widower*. Boston: Beacon Press, 1978.

Larson, Hal, y Susan Larson: *Suddenly Single: A Lifeline for Anyone Who Has Lost a Love*. San Francisco: Halo, 1990.

Lewis, C. S. *A Grief Observed*. Nueva York: Bantam Books, 1961.

Loewinsohn, Ruth Jean: *Survival Handbook for Widows and for Relatives and Friends Who Want to Understand*. Glenview, Illinois: Scott Foresman, 1984.

Lopata, Helena: *Women as Widows: Support Systems*. Nueva York: Elsevier, 1979.

Lund, Dale A: ed. *Older Bereaved Spouses: Research with Practical Applications*. Nueva York: Hemisphere, 1989.

Nudel, Adele Rice: *Starting Over: Help for Young Widows and Widowers*. Nueva York: Dodd, 1986.

Osgood, Judy: ed. *Meditations for the Widowed.* Sunriver, Oregón: Gilgal, 1985.

Robertson, John, y Betty Utterback: *Suddenly Single: Learning to Start Over Through the Experience of Others.* Nueva York: Simon & Schuster, 1986.

Shuchter, Stephen R: *Dimensions of Grief: Adjusting to the Death of a Spouse.* San Francisco: Jossey-Bass, 1986.

Silverman, Phyllis R: *Widow-to-Widow.* Nueva York: Springer, 1986.

Stroebe, Wolfgang, y Margaret S. Stroebe: *Bereavement and Health: The Psychological and Physical Consequences of Partner Loss.* Cambridge: Cambridge Univ. Press, 1987.

Truman, Jill: *Letter to My Husband: Notes About Mourning and Recovery.* Nueva York: Viking Penguin, 1987.

Asesinato y muerte violenta

Caffell, Colin: *In Search of the Rainbow's End: The Inside Story of the Bomber Murders.* London: Hodder & Stoughton, 1994.

Gilliam, Gwendolyn, y Barbara Chesser: *Fatal Moments: The Tragedy of the Accidental Killer.* Lexington, Massachusetts: Lexington Books, 1991.

Henry-Jenkins, Wanda: *Just Us.* Omaha: Centering Corp., 1993. (Para los que sobreviven a seres queridos asesinados).

Hoard, Richard G: *Alone Among the Living.* Athens: Univ. of Georgia Press, 1994. (Para los que sobreviven a seres queridos asesinados).

Lord, Janice Harris: *No Time for Goodbyes: Coping with Sorrow, Anger, and Injustice After a Tragic Death.* Ventura, California: Pathfinder, 1991.

Overly, Fay: *Missing: A Family's Triumph in the Tragedy No Parent Ever Wants to Face.* Denver: Accent Books, 1985.

Redmond, Lula M: *Surviving When Someone You Love Was Murdered: A Professional's Guide to Group Grief Therapy for Families and Friends of Murder Victims.* Clearwater, Florida: Psychological Consultation and Education Services, 1989.

Walsh, John: *Tears of Rage: From Grieving Father to Crusader for Justice-the Untold Story of the Adam Walsb Case.* Nueva York: Pocket Books, 1997.

Suicidio

Alexander, Victoria: *Words I Never Thought to Speak: Stories of Life in the Wake of Suicide.* Nueva York: Lexington Books, 1991.

American Association of Suicidology. *Directory of Survivors Support Groups.* Washington, DC: AAS. Publicación anual.

Beisser, Arnold R: *A Graceful Passage: Notes on the Freedom to Live or Die.* Nueva York: Bantam Books, 1990.

Bloom, Lois A: *Mourning After Suicide.* Cleveland: United Church Press Pilgrim, 1986.

Bolton, Iris, con Curtis Mitchell: *My Son, My Son: A Guide to Healing After a Suicide in the Family.* 1325 Belmore Way NE, Atlanta Georgia 30338. Bolton Press, 1984.

Carr, G. Lloyd, y Gwendolyn C. *Carr: The Fierce Goodbye: Hope in the Wake of Suicide.* Downers Grove, Illinois: InterVarsity Press, 1990.

Colt, George Howe: *The Enigma of Suicide.* Nueva York: Summit Books, 1991.

Dunne Edward J., John McIntosh, y Karen Dunne-Maxim: *Suicide and Its Aftermath: Understanding and Counseling the Survivors.* Nueva York: Norton, 1987.

Freeman, Arthur, y Mark Reinecke: *Cognitive Therapy of Suicidal Behavior: A Manual for Treatment.* Nueva York: Springer, 1993.

Grollman, Earl A.: Suicide: *Prevention, Intervention, Postvention.* Boston: Beacon Press, 1988.

Harper, Jeannie, con Eugene Oliveto: *Hurting Yourself.* Omaha: Centering Corp., 1993.

Heckler, Richard A.: *Waking Up Alive: The Descent, the Suicide Attempt, and the Return to Life.* Nueva York: Putnam, 1994.

Hewett, John H.: *After Suicide.* Filadelfia: Westminster Press, 1980.

Johnson, Joy, y Marvin Johnson: *Suicide of a Child.* Omaha: Centering Corp., 1993.

Leenaars, A. A.: ed. *Life Span Perspectives of Suicide: Time-Lines in the Suicide Process.* Nueva York: Plenum Press, 1991.

Lester, David: *The Crudest Death: The Enigma of Adolescent Suicide.* Filadelfia: Charles Press, 1993.

Lester, David: *Suicide Prevention: Resources for the New Millennium.* Filadelfia: Charles Press, 2000.

Linzer, N.: ed. *Suicide: The Will to Live Versus the Will to Die.* Nueva York: Human Sciences Press, 1984.

Lukas, Christopher, y Henry M. Seiden: *Silent Grief: Living in the Wake of Suicide.* Nueva York: Scribner, 1987.

Morgan, John D.: ed. *Suicide: Helping Those at Risk.* 266 Epworth Avenue, London, Ontario, Canada N6A 2M3: King's College, 1987.

Quinnett, Paul G.: *Suicide the Forever Decision: A Book for Those Thinking About Suicide, and for Those Who Know, Love, or Counsel Them.* Nueva York: Crossroads, 1997.

Rickgarn, Ralph L. V.: *Perspectives on College Student Suicide.* Amityville, Nueva York: Baywood, 1994.

Ross, Eleanora: *After Suicide: A Ray of Hope. A Guide for the Bereaved, the Professional Caregiver, and Anyone Whose Life Has Been Touched by Suicide, Loss or Grief.* Iowa City, Iowa: Lynn, 1990.

Srillion, Judith M., Eugene E. McDowell, y Jacque H. May: *Suicide Across the Life Span: Premature Exits.* Nueva York: Hemisphere, 1989.

Wrobleski, Adina: *Suicide Survivors: A Guide for Those Left Behind.* Minneapolis: Afterwords, 1991.

Supervivencia tras la muerte corporal

Cook, Emily Williams, Bruce Greyson, y Ian Stevenson: *Do Any Near-Death Experiences Provide Evidence for the Survival of Human Personality After Death? Relevant Features and Illustrative Case Reports. Journal of Scientific Exploration 12,* 1998. Págs. 377-406.

Greyson, Bruce: *Near-Death Experiences. En Varieties of Anomalous Experience: Examining the Scientific Evidence,* editado por Etzel Cardena, Steven Jay Lynn, y Stanley Krippner. Washington, DC: American Psychological Association, 2000. Págs. 315-52.

Greyson, Bruce, y Chuck Flynn: eds. *The Near-Death Experience: Problems, Prospects, Perspectives.* Springfield, Illinois: Charles C. Thomas, 1984.

Johnson, Christopher Jay, y Marsha G. McGee: eds. *How Different Religions View Death and Afterlife.* Filadelfia: Charles Press, 1991.

Kircher, Pamela: *Love Is the Link: A Hospice Doctor Shares Her Experience of Near-Death and Dying*. Nueva York: Larson Publications, 1995.

Lawson, Lee: *Visitations from the Afterlife: True Stories of Love and Healing*. San Francisco: HarperSanFrancisco, 2000.

Lindstrom, Bonnie: *Exploring Paranormal Experiences of the Bereaved*. En *Creativity in Death Education and Counseling*, editado por Charles A., Corr. y otros. West Hartford, Connecticut: Association for Death Education and Counseling. Págs. 117-43.

Linn, Erin: *Premonitions, Visitations and Dreams of the Bereaved*. Incline Village, Nevada: Publisher's Mark, 1991.

Lundahl, Craig R: ed. *A Collection of Near-Death Research Readings: Scientific Inquiries into the Experiences of Persons Near Physical Death*. Chicago: Nelson Hall, 1982. (Recopilación de obras de Grosso, Haraldsson, Moody, Noyes, Osis, Ring, y otros).

Moody, R: *Vida después de la vida*. Edaf, Madrid, 1975.

Morse, Melvin, y Paul Perry: *Closer to the Light: Learning from the Near-Death Experiences of Children*. Nueva York: Random House, 1991.

Morse, Melvin, y Paul Perry: *Transformed by the Light: The Powerful Effect of Near-Death Experiences on People's Lives*. Nueva York: Villard, 1992.

Osis, Karl, y Eriander Haraldsson: *At the Hour of Death*. Mamaronek, Nueva York: Hastings House, 1990.

Oyler, Chris, Laurie Becklund, y Beth Poison: *Go Toward the Light*. Nueva York: HarperCollins, 1988.

Palmer, Greg: *Death: The Trip of a Lifetime*. San Francisco: Harper San Francisco, 1993.

Ring, Kenneth: *Heading Toward Omega: In Search of the Meaning of Near-Death Experience*. Nueva York: Morrow, 1984.

Ring, Kenneth: Life at Death: *A Scientific Investigation of the Near-Death Experience*. Nueva York: Morrow, 1982.

Ring, Kenneth, Sharon Cooper, y Charles Tart: *Mindsight: Near-Death and Out of Body Experiences in the Blind*. Palo Alto, California: William James Center for Consciousness Studies at the Institute of Transpersonal Psychology, 1999.

Ring, Kenneth, y Evelyn Valarino: *Lessons from the Light: What We Can Learn from the Near-Death Experience*. Portsmouth, New Hampshire: Moment Point Press, 2000.

Ritchie, George: *Ordered to Return: My Life After Dying.* Charlottesville, Virginia: Hampton Roads, 1998.

Sabom, Michael: *Light and Death: One Doctor's Fascinating Account of Near-Death Experiences.* Grand Rapids, Michigan: Zondervan, 1998.

Sharp, Kimberly Clark: *After the Light: The Spiritual Path to Purpose.* Nueva York: Avon, 1995.

Sheldrake, Rupert: *Dogs That Know When Their Owners Are Coming Home and Other Unexplained Powers of Animals.* Nueva York: Crown, 1999.

Wiitala, Geri Colozzi: *Heather's Return: The Amazing Story of Communications from Beyond the Grave.* Virginia Beach, Virginia: A.R.E. Press, 1996.

Publicaciones, Revistas y Boletines

Bereavement: A Magazine of Hope and Healing. Útil para los que están de duelo y para los profesionales. Bereavement Publishing, Inc. 5125 North Union Blvd. Suite 4, Colorado Springs, CO. 80918-2056. Teléfono 719.266.0006. grief@bereavementmag.com.

Death Studies. Publicación dirigida a los profesionales, pero también la encuentran útil algunos supervivientes. Aborda temas de asesoramiento, investigación, educación, cuidados y ética. Doctor Robert Neimeyer, Editor-in-Chief. Taylor & Francis Suscripciones: Frost Road Suite 101, Bristol, PA 19007. Teléfono: 215.785.5800; 1.800.634.7064.

Forum (The). Boletín de The Association for Death Education and Counseling (ADEC), 342 North Main Street, West Hartford, CT 06117-2507. Teléfono: 860.586.7503. www.adec.org.

Illness, Crisis, and Loss. Publicación de The Center for Death Education and Bioethics. Soc/Arc Dept. 435NH, University of Wisconsin-La Crosse, La Crosse, Wisconsin 54601. Teléfono: 608.785.6781. Para solicitar información, enviar e-mail a cdeb@uwlax.edu o visitar Sage Publications en www.sagepug.com.

Journal of Loss and Trauma (antes *Journal of Personal and Interpersonal Loss*). Revista que trata cuestiones relacionadas con las pérdidas traumáticas y cómo las afrontan los supervivientes, además de otros muchos tipos de pérdidas. Oficina de suscripciones Taylor & Francis, dirección: Frost Road, Suite 101, Bristol, Pensilvania. Teléfono: 215.785.5800 o 1.800.634.7064.

The Journey: A Newsletter for Survivors of Suicide. Ofrece conferencias, reuniones de grupos de apoyo e información sobre seminarios, así como artículos, relatos, obras de arte y poesías. Publicado por The Link Counseling Center's National Resource Center for Suicide Prevention and Aftercare, 348 Mount Vernon Highway, Atlanta, Georgia 30328-4139. Teléfono: 404.256.9797. www.thelink.org.

MADDVOCATE. Boletín publicado por Mothers Against Drunk Driving (Madres Contra los Conductores Borrachos, MADD). P.O. Box 541688 Dallas, TX 75354-1688. www.madd.org.

Mortality. Taylor & Francis Subscripcion Office. Para profesionales y el público en general. Frost Road Suite 101, Bristol, PA. 19007. Teléfono: 1.800.634.7064 o 215.785.5800.

NewsLink. Revista trimestral de la American Association of Suicidology (ver Asociaciones). 4201 Connecticut Ave., N.W. Suite 310. Washington DC 20008. Teléfono: 202.237.2280.

Omega-Journal of Death and Dying. El doctor Robert Kastenbaum es su director, y el doctor Kenneth J. Doka su director asociado. Omega es una guía fiable para los profesionales en el terreno de la pérdida, y es también un recurso excelente para el público general. Publicado por Baywood Publishing Company, Inc., 26 Austin Avenue, P.O. Box 337, Amityville, Nueva York 11701.

Suicide and Life-Threatening Behavior: Revista oficial de la American Association of Suicidology: 4201 Connecticut Ave., N.W. Suite 310. Washington D. C. 20008. Teléfono: 202.237.2280. La revista la publica trimestralmente The Guilford Press, 72 Spring Street, Nueva York, NY 10012. Teléfono: 1.800.365.7006 o 212.431.9800. E-mail: Staff@guilford.com.

Supervivencia tras la muerte corporal

Journal of the American Society for Psychical Research. Ofrece gran riqueza de información sobre el concepto de la vida tras la muerte y otros fenómenos parapsicológicos. American Society for Psychical Research, 5 West 73rd Street, Nueva York, NY 10023. Teléfono: 212.799.5050. www.aspr.com.

Journal of Near-Death Studies. La revista señera en este terreno. Human Sciences Press, Inc. 233 Spring Street, Nueva York, NY 10013-1578. Teléfono: 212.807.1047.

Journal of the Society for Psychical Research. La revista más veterana en el campo de las investigaciones de lo paranormal. The Society for Psychical Research, 49 Marloes Road, Londres, W8 6LA. (Inglaterra). Teléfono: 44.204.0171.937.8984.

INTERNET

1000Deaths.com. www.1000deaths.com es un sitio de internet destacado para los que han perdido a un allegado por el suicidio. Ofrece memoriales «Links de Luz», recursos de apoyo y material de gran utilidad.

American Association for Retired Persons (AARP). www.aarp.com. Asociación americana de Personas Jubiladas. Haga clic en «Coping with Grief and Loss» para encontrar artículos y apoyo para las personas que han sufrido alguna pérdida.

American Association of Suicidology (AAS). www.suicidology.org. Proporciona una gama completa de servicios para los supervivientes y los profesionales. 4201 Connecticat Ave., N.W. Suite 310 Washington, D.C. 20008. Teléfono: 202.237.2280.

American Foundation for Suicide Prevention (AFSP). www.afsp.org. Proporciona una lista de programas y servicios para los supervivientes del suicidio. Teléfono: 888.333.AFSP.

American Psychiatric Association. www.apa.org. Ofrece información sobre el sida, el suicidio, la muerte, la aflicción, los profesionales especializados, conferencias, y muchas cosas más. 1400 K Street N.W., Washington, DC 20005. Teléfono: 888.357.7924.

American Psychological Association. www.apa.org. Ofrece recursos *online* y literatura original *online* sobre cuestiones relacionadas con el estrés, la aflicción y el asesoramiento.

American Suicide Foundation (ASF). www.asfnet.org. Se centra en la prevención del suicidio. Directorio de grupos de apoyo por estado. 120 Wall St. Nueva York, NY 10005. Teléfono: 800. ASF.4042.

America's Most Wanted. www.amw.com. Sitio oficial del programa de televisión de la cadena Fox, presentado por John Walsh. Ofrece un centro de recursos, archivos, lista de delincuentes más buscados por el FBI, noticias, educación e información para las víctimas y los supervivientes de la delincuencia. Sitio de contacto de John Walsh.

Angel Babies. www.angels4ever.com. Este sitio conmovedor se especializa en recursos para los abortos involuntarios, los niños nacidos muertos, el síndrome de muerte súbita de los recién nacidos o la muerte de recién nacidos en general. Información, mensajes, apoyo y página memorial respetuosa, gratuita.

Association for Death Education and Counseling (ADEC). www. adec.org. Este sitio ofrece un directorio sobre la privación y vínculos con otros recursos *online*.

Australian Institute For Suicide Research and Prevention (AISRAP). www.gu.edu.au./school/psy/aisrap/. Este centro sirve de centro de intercambio mundial de información e investigación sobre el suicidio. En el sitio se ofrece una amplia biblioteca electrónica (referencias internacionales, artículos de revistas, libros, minutas, manuales, tesis doctorales, audiovisuales y otros documentos), sobre solicitud y bajo la dirección del doctor Diego De Leo, catedrático de psicopatología y suicidiología. AISRAP, en la Universidad Griffith, Mt. Gravatt Campus, 4111, Queensland, Australia. Teléfono: 0061.7.3875.3366.

Bereavement and *Hospice* Support Netline. www.ubalt.edu/ www/bereavement. En este sitio se ofrece un directorio *online* de servicios de privación y *hospice* en los Estados Unidos.

Bereavement Magazine. www.bereavementmag.com. Ofrece la revista, recursos para las personas privadas de un ser querido, tarjetas de condolencia electrónicas, memoriales y más.

Biblioteca del Congreso. Lcweb.loc.gov. Acceso a los catálogos de la Biblioteca del Congreso y otras bases de datos de bibliotecas.

British Medical Journal (The). (BMJ) www.bmj.com. Hacer clic en «Coping with Loss». Los directores, Colin Murray Parkes y Andrew Markus, ofrecen artículos *online* sobre la aflicción.

Center for Loss and Life Transition. www.centerforloss.com. Lista de clases disponibles, recursos para la privación, libros, plan de conferencias del doctor Alan Wolfelt, y más. Teléfono: 970.226.6050.

Center for Renewal Personal Recovery. www.renew.com. Sitio educativo que se centra principalmente en la gestión del estrés y de las crisis.

Centering Corporation. www.centering.org. Gran selección de libros sobre la aflicción.

Children with AIDS Proyect. www.aidskids.org. (Proyecto Niños con Sida). Proporciona servicios para los niños que viven con el sida, y apoyo *online* entre niños afectados. Ofrece también información sobre adopciones.

Compassionate Friends, Inc. www.compassionatefriends.org. Esta asociación internacional sin ánimo de lucro ofrece apoyo *online* a las familias que han vivido la muerte de un niño. Ofrece lista de libros y de recursos en internet, y publica interesantes artículos *online*. (Muy recomendado para padres privados de sus hijos).

Crisis, Grief and Healing. www.webhealing.com. Este sitio internacional ofrece información y apoyo *online*. Diseñado por el terapeuta especializado en la aflicción, Tom Golden, en memoria de su padre.

Death and Dying Grief Support. www.death-dying.com. Un sitio amplio que ofrece apoyo a la aflicción por medio de una página memorial gratuita, ángeles *online*, artículos sobre las experiencias cercanas a la muerte, tableros de mensajes, boletín y otros departamentos.

Dignity Memorial, www.dignitymemorial.com. Organización internacional que ofrece información sobre los servicios de pompas fúnebres en más de 1 500 centros del país. Programa de Cuidado Infantil y otros para ayudar con respeto a las familias en cualquier situación.

Free Mind Generation (FMG). www.geocities.com. Organización sin ánimo de lucro con el fin de prevenir los suicidios entre los afroamericanos. Boletín nacional: «Black Men Don't Commit Suicide». Con base en Atlanta, GA. Teléfono: 404.755.3955.

Grief Healing. www.griefhealing.com. Un sitio que funciona con lentitud, pero la espera merece la pena. Construido por Martha «Marty» Tousley en honor de sus padres y de sus animales de compañía, ofrece un sitio de pago para los que han sufrido la pérdida de animales de compañía.

GriefNet. www.griefnet.com. Ofrece mucho apoyo para los privados de seres queridos, grupo electrónico de apoyo, hermosa página memorial (gratuita), librería, prevención del suicidio, información sobre la privación y más. Sitio supervisado por la psicóloga clínica especializada en aflicción, Centra Lynn.

Griefwork Center. www.griefworkcenter.com. Centro con base en Jendall Park, Nueva Jersey.

Growth House. www.growthhouse. Sitio amplio y maravilloso sobre los cuidados para el fin de la vida y la privación. Proporciona directorio de recursos sobre los cuidados de los enfermos terminales, el sida, el HIV, el suicidio, planificación de funerales, lista de libros, chats y más. Teléfono: 415.255.9045.

Hospice Cares. www.*hospice*-cares.com. Ofrece libros, enlaces *online*, artículos originales y otras informaciones.

Hospice Foundation of America. www.*hospice*foundation.org. Múltiples referencias.

International Association for *Hospice* and Palliative Care. www.*hospice*-care.com. Este sitio web interactivo proporciona acceso a información sobre los cuidados paliativos en todo el mundo, con directorio internacional de asociaciones, libros con descuento, boletines *online* y más. P.O. Box 131639, Ann Arbor, MI 48113.

Link Counseling Center (The). www.thelink.org. The Link es un centro sin ánimo de lucro fundado por Iris Bolton y financiado por United Way. El sitio ofrece información sobre el asesoramiento acerca de la aflicción, números de teléfono para crisis, asesoramiento por teléfono, dosier para supervivientes, biblioteca, boletín y otra información de apoyo para personas privadas de seres queridos, sobre todo para supervivientes del suicidio. Proporciona formación, seminarios y conferencias. 348 mt. Vernon Highway, Atlanta, GA 30328-4139. Teléfono: 404.256.9797.

Mothers Against Drunk Driving (MADD). www.madd.org. Madres contra los Conductores Borrachos, organización fundada en 1980 que ya tiene 600 centros en todo el país. En su sitio web ofrecen opúsculos y folletos gratuitos, así como asistencia a las víctimas, chats y más. P.O. Box 541688, Dallas, TX 75354-1688. Teléfono: 800.GET.MADD.

National Organization of Parents of Murdered Children. www. POMC.com. Organización Nacional de Padres de Niños Asesinados, fundada por Robert y Charlotte Hullinger, organiza el Día Nacional del Recuerdo a las Víctimas de Homicidios, el 25 de septiembre. 100 East 8th Street B 41, Cincinatti, Ohio 45202. Teléfono: 888.818.POMC.

National Public Radio (Radio Pública Nacional). www.npr.org/programs/death. The End of Life-Exploring Death in America. Transcripciones de los programas emitidos de «The End of Life —Exploring Death in America». Cubre cuestiones de privación, además de investigaciones sobre la supervivencia tras la muerte corporal.

OncoLink. www.oncolink.upenn.edu. El Centro de Oncología de la Universidad de Pensilvania ofrece este recurso global excelente, con información sobre la mayoría de los aspectos del cáncer, incluidos los grupos de apoyo.

A Place to Remember. www.aplacetoremember.com. Especializado en recursos para abortos involuntarios o la muerte de niños hasta los dos años. Productos, chat, etcétera. Hermosa página gratuita para publicar el recuerdo.

QPR Institute. www.qprinstitue.org. Ofrece programas para la prevención del suicidio, así como materiales educativos y clínicos para el público, los profesionales y las instituciones. P.O. Box 2867, Spokane, Washington 99220. Teléfono: 888.726.7926.

Robert Wood Johnson Foundation. www.lastacts.org. Servicios tanto para enfermedades crónicas y los pacientes con cuidados paliativos como sus familias.

SAVE (Suicide Awareness/Voices of Education). www.save. org. Servicio que proporciona información sobre el suicidio y su prevención, así como apoyo a los supervivientes del suicidio.

StillGrieving.com. www.StillGrieving.com. Se centra en los padres y abuelos privados de sus hijos y nietos que ya no están en los estados agudos de la aflicción («duelo posterior»; a partir de los seis meses de la pérdida). Chats, información, *e-group* y más.

Suicide Information and Education Centre (SIEC). www.sptp@ siec.ca (llamado también Suicide Prevention Training Programs, SPTP). Sitio con información sobre el suicidio y la privación. Con sede en Alberta, Canadá. Teléfono: 403.245.3900.

Suicide Prevention Advocacy Network (SPAN). www.spanusa. org. Ofrece programas de prevención del suicidio; sirve de nexo de unión entre las organizaciones de prevención del suicidio públicas y privadas, las agencias gubernamentales y los medios de comunicación. Teléfono: 888.649.1366 o 770.642.1419.

Transformations. www.transformations.com. Ofrece memoriales gratuitos, galería, biblioteca y artículos *online*.

Webster's Death, Dying and Grief Guide. www.katsden.com/ death/index.htm. En este sitio se ofrece una gran cantidad de información y recursos sobre cuestiones relacionadas con la muerte, el morir y la privación.

Widownet. www.widownet.com. Información, libros, chats, noticias sobre la privación y apoyo *online* para viudas y viudos.

Wills and Estate Planning. www.nolo.com/ChunkEP/EP.inde. htm. Este sitio de Nolo Press proporciona asesoramiento sobre la preparación de funerales, ejecución de testamentos, impuestos sucesorios y otras informaciones sobre cuestiones relacionadas con los funerales y los testamentos y sucesiones.

Supervivencia tras la muerte corporal

American Society for Psychical Research. www.aspr.com. La más antigua organización estadounidense creada para la investigación parapsicológica, fundada en 1885. Publica el Journal, que proporciona información sobre el concepto de la vida tras la muerte y otros fenómenos. 5 West 73rd Street, Nueva York, NY 10023. Teléfono: 212.799.5050.

Exceptional Human Experiences. www.ehe.org. EHE es un foro de ideas, investigación y crónicas personales de experiencias tales como las cercanas a la muerte, las apariciones y los sucesos que condujeron a una transformación personal. Fundada por Rhea White, la EHE Network ofrece revistas y otras publicaciones. Artículos originales disponibles en su sitio web. EHE Network, 414 Rockledge Road, New Bern NC 28562.

International Association for Near Death Studies (IANDS). www.iands.org. Recursos para los interesados en las experiencias cercanas a la muerte, y apoyo para los que las han vivido.

Reincarnation International. www.dircon.co.uk/reincarn. En este sitio web se estudia en profundidad el fenómeno de la reencarnación.

ASOCIACIONES, ORGANIZACIONES Y SERVICIOS

Ofrece una amplia variedad de servicios dirigidos a los profesionales. 2090 N. Kolb Rd., Suite 100, Tucson, AZ 85715. Teléfono: 1.800.726.3888.

American Association of Suicidology. Esta asociación, cuyo objetivo es comprender y prevenir el suicidio, sirve de centro nacional de información, investigaciones, programas de concienciación pública y formación. Publica el Directory of Survivors Support Groups. 4201 Connecticut Ave., N.W. Suite 310, Washington, DC 20008. Teléfono: 202.237.2280.

American Cancer Society. Ofrece grupos de apoyo gratuitos en todos los Estados Unidos. 1599 Clifton Road NE, Atlanta, GA. 30329.

American Foundation for Suicide Prevention (AFSP). Especializada en la prevención del suicidio, ofrece también una lista de programas y servicios para los supervivientes. Organiza el Día de los Supervivientes del Suicidio, el 18 de noviembre de cada año, con participantes en todos los Estados Unidos, así como en Nueva Escocia y en Canadá. Teléfono: 888.333.AFSP. www.afsp.org.

American Psychiatric Association. Recurso nacional para cuestiones relacionadas con el sida, el suicidio, la muerte, el morir, la aflicción, la depresión, los trastornos de ansiedad y los ataques de pánico. Proporciona recursos para los profesionales de la sanidad, tales como conferencias. Ofrece vídeos de alquiler y muchas cosas más. 1400 K Street N.W., Washington, DC 20005. Teléfono: 888.357.7924. www.apa.org.

American Psychological Association. Información y educación sobre la privación, dirigida principalmente a los profesionales. Proporciona noticias, artículos (también *online*) y conferencias. 750 First Street, NE, Washington, DC 20002-4242. Teléfono: 202.336.5500. www.apa.org.

American Suicide Foundation (ASF). Se centra en la prevención del suicidio y los cuidados posteriores. Directorio actualizado de grupos de apoyo por estados. 120 Wall St. Nueva York, NY 10005. Teléfono: 800.ASF.4042. 212.410.1111. www.asfnet.org.

Animals in Our Hearts. Ofrece seminarios internacionales sobre la pérdida de animales de compañía. Direcciones de seminarios y otras informaciones en el 916.454.4301 o en www. animalsinourhearts.com.

Anxiety Disorders Association of America. Proporciona información y educación sobre los trastornos de ansiedad y pánico. 11900 Parklawn Drive, Suite 100, Rockville, MD 20852-2624. www.adaa.org.

Association for Death Education and Counseling (ADEC). La asociación principal para los profesionales y voluntarios de la sanidad en el campo de la privación. Ofrece una amplia variedad de recursos y educación para los profesionales, así como recursos para los privados de seres queridos. 342 North Main Street, West Hartford, CT 06117-2507 Teléfono: 860.586.7503. www.adec.org.

Australian Institute For Suicide Research and Prevention (AISRAP). Centro internacional de información e investigaciones sobre el suicidio. Ofrece conferencias, formación, investigaciones y una extensa biblioteca dirigida por el doctor Diego De Leo, catedrático de Psicopatología y Suicidiología. Universidad Griffith, Mt. Gravatt Campus, 4111 Queensland, Australia. Teléfono: 0061.7.3875.3366. www.gu.edu.au/school/psy/aisrap/.

Befrienders International. Servicios para los privados de seres queridos y para los profesionales. 23 Elysium Gate 126 New King's Road, Londres SW6 4LZ. E-mail: admin@befrienders.org.

Bereaved Parents of the USA. Este grupo se desarrolló a partir de Compassionate Friends y ofrece un apoyo similar. P.O. Box 95, Park Forest, IL 60466. Teléfono: 708.748.9184 o 708.748.7672.

Canadian Association for Suicide Prevention (CASP). Se centra en la prevención y en los recursos para los que han perdido a seres queridos por el suicidio. 201-1615 10th Avenue SW, Calgary, AB, Canada T3C OJ7. Teléfono: 403.245.3900. E-mail: siec@nucleus.com.

Center for Death Education and Bioethics. Centro de investigación e información. Dept. 435NH, University of Wisconsin-La Crosse, La Crosse, Wisconsin 54601. Teléfono: 608.785.6781.

Center for Death Education and Research. Centro de investigación e información con publicaciones y recursos audiovisuales para profesionales y personas privadas de seres queridos. 1167 Social Science Building, University of Minnesota, Minneapolis, MN 55455.

Center for Living With Loss. Ofrece libros, vídeos, cintas de audio y otros materiales para el campo de la privación. 990 Seventh North Street, Liverpool, NY 13088.

Center for Loss and Life Transition. Especializado en la educación y formación sobre la privación y la terapia de la aflicción. Dirigido por el doctor Alan Wolfelt. Muy recomendable su formación para profesionales y voluntarios, y sus servicios clínicos para todas las edades, sobre todo para los niños. 3735 Broken Bow Road, Fort Collins, Colorado. 80526. Teléfono: 970.226.6050. www.centerforloss.com.

Centering Corporation. 1531 Saddle Creek Road, Omaha, Nebraska 68104. Teléfono: 402.553.1200.

Compassion Books. Servicio oficial de librería de la Association for Death Education and Counseling. Ofrece más de 400 libros, cintas de audio y de vídeo relacionadas con la muerte, el morir, la aflicción y la educación. Catálogo disponible. 477 Hannah Branch, Burnsville, NC 28714. Teléfono: 828.675.5909.

Compassionate Friends, Inc. Asociación internacional sin ánimo de lucro cuya misión es asistir a las familias en la resolución positiva de la aflicción tras la muerte de un niño, y proporcionar información para ayudar a los demás a apoyar a los afligidos. Reuniones de grupos de apoyo para la privación en muchas regiones. La asociación organiza una ceremonia anual internacional con velas el Día Nacional del Recuerdo a los Niños, el 7 de diciembre. P.O. Box 3696, Oakbrook, IL 60522.3696. Teléfono: 630.990.0010. www.compassionatefriends.org.

Depression/Awareness, Recognition and Treatment (D/ART). (Ver National Institute of Mental Health).

Dough Center (Ver National Center for Grieving Children and Families).

Family Services America. Organización que ayuda a las familias a afrontar el estrés y la aflicción con servicios de asesoramiento y educación. 11700 West Lake Park Drive, Park Place, Milwaukee, Wisconsin 53224.

Foundation of Thanatology. Ofrece conferencias y materiales sobre la muerte, el morir y el duelo. 630 West 168th Street, Nueva York, 10032.

Free Mind Generation (FMG). Organización sin ánimo de lucro con sede en Atlanta, Georgia, dedicada a prevenir el suicidio entre los afroamericanos. Boletín nacional: «Black Men Don't Commit Suicide». Teléfono: 404.755.3955. www.geocities.com.

Gateway Center. Dirige seminarios, conferencias y formación en varios países sobre la aflicción. Reciben subsidios que les permiten ofrecer becas a personas que viven con el sida y a sus cuidadores. 54 Park Avenue, Bay Shore, Nueva York 111706-7309. Teléfono: 516.968.4677.

Griefwork Center. Ofrece educación y formación profesional, especializados en el suicidio y la muerte repentina. P.O. Box 5104, Kendall Park, Nueva Jersey 08824. Teléfono: 732.422.0400. www. grief-workcenter.com.

International Association of Pet Cemeteries. Pueden proporcionar una lista de cementerios y crematorios para animales de compañía en los Estados Unidos. 2845 Oakcrest Place, Land O'Lakes, Florida 34639. Teléfono: 800.952.5541.

International Association for Suicide Prevention (Asociación Internacional para la Prevención del Suicidio, IASP). St. Luke's Medical Center, Rush University, 1725 West Harrison Street, Suite 955, Chicago, Illinois 60612-3824. Teléfono: 312.942.728. E-mail: iasp@aol.com.

International Order of The Golden Rule. Ofrece manuales sobre funerales, la muerte, el morir y la aflicción. 1000 Churchill Road, Springfield, Illinois 62702.

International Work Group on Death, Dying and Bereavement (King's College Centre for Education about Death and Bereavement). Empezó su programa de educación sobre la muerte en 1976. Ofrece clases, certificados y unas conferencias anuales muy notables para no profesionales y para profesionales que quieren profundizar en su educación. 266 Epworth Avenue, London, Ontario, Canada N6A 2M3. Teléfono: 519.432.7946. www.wwdc. com/death/resources.

Link Counseling Center (The). The Link es un centro sin ánimo de lucro, fundado por Iris Bolton y financiado por United Way. Ofrece asesoramiento, intervención en las crisis, formación, boletín, información, redes y sistema de apoyo para los supervivientes del suicidio. 348 Mt. Vernon Highway, Atlanta, Georgia 30328-4139. Teléfono: 404.256.9797. www.thelink.org.

Living Works Education Inc. Organización sin ánimo de lucro para la prevención del suicidio. Ofrece investigaciones y formación.

201, 1615 - 10 Ave. SW, Calgary, Alberta, Canada, T3C 0J7. Teléfono: 403.209.0242. E-mail: living@nucleus.com.

Mothers Against Drunk Driving (MADD). Madres contra los Conductores Borrachos, organización fundada en 1980 que ya tiene 600 centros en todo el país. Ofrecen asistencia a las víctimas, opúsculos, folletos, conferencias, boletín, y mucho más. P.O. Box 541688, Dallas, Texas 75354-1688. Teléfono: 800.GET.MADD. www.madd.org.

National Association for People with AIDS (Asociación Nacional de Personas con Sida). Amplia gama de servicios para pacientes y cuidadores. 1413 K Street NW, Washington DC 20005.

National Center for Grieving Children and Families (The Dougy Center). Ofrece formación nacional e internacional para ayudar a los niños y adolescentes que han perdido a seres queridos. P.O. Box 86852, Portland, Oregon 97286. Teléfono: 503.775, 5683. www.dougy.org.

National Council of Family Relations. Recurso educativo y de consulta. 1219 University Avenue, SE, Minneapolis, MN 55415.

National Depression Screening. Número de llamada gratuita que funciona a todas horas y facilita centros de investigación y clínicas donde se proporciona el diagnóstico gratuito de la depresión en la mayoría de las comunidades locales. Teléfono: 800.573.4433.

National Depressive and Manic-Depressive Association (Asociación Nacional de Depresivos y Maniacodepresivos). Ofrece más información, educación y recursos sobre los estados depresivos. 730 Franklin, Suite 501, Chicago, Illinois 60616. Teléfono: 312.642.0049. www.ndmda.org.

National Foundation for Depressive Disordes. Proporciona información y recursos sobre el tema de la depresión. P.O. Box 2257, ciudad de Nueva York, Nueva York 10016. Teléfono: 800.248.4344.

National Funeral Directors Association. Proporciona documentación sobre los funerales, la muerte y la privación. 11121 West Oklahoma Avenue, Milwaukee, WI 53227.

National *Hospice* Organization. Ofrece información sobre los cuidados paliativos para los enfermos terminales y apoyo para los supervivientes. 1901 N. Fort Myers Drive, Suite 307, Arlington, VA 22209.

National Institute of Mental Health. Proporciona información y recursos para la mayoría de las áreas de la salud mental, incluido el estrés, la angustia, los trastornos de pánico, la muerte, el morir y la privación. Sede de Depression/Awareness, Recognition, and Treatment (D/ART), programa de servicios sobre la depresión. 5600 Fishers Lane, Room 7C-02, Rockville, MD 20875. Teléfono: 301.443.5158. www.nimh.hih.gov.

National Organization of Parents of Murdered Children Inc. (Asociación Nacional de Padres de Niños Asesinados, Inc). Proporciona apoyo constante a los padres y a otros supervivientes mientras afrontan su aflicción y el sistema de justicia criminal, con obras de arte, libros, cintas de audio, artículos, servicio *online*, reuniones de grupos de apoyo, intervención en las crisis, y ofrece también formación a los profesionales. 100 East Eight Street, Suite B-41, Cincinnati, OH 45202. Teléfono: 888.818.POMC ó 513.721.5683. www.pomc.com.

National Organization for Victim Assistance (Organización Nacional de Asistencia a las Víctimas). Ofrece información para los supervivientes. www.nova.com.

National Resource Center for Suicide Prevention and Aftercare, proporcionada por The Link Counseling Center, apoyado por United Way y donaciones privadas. Ofrece cuidados de calidad para los que han quedado privados por el suicidio, así como servicios de prevención del suicidio por grupos de apoyo, asesoramiento telefónico, asesoramiento para la aflicción, materiales, biblioteca, conferencias, seminarios y formación. 348 Mt. Vernon Highway, Atlanta, GA 30328. Teléfono: 404.256.9797.

National Sudden Infant Death Syndrome Foundation (Fundación Nacional del Síndrome de la Muerte Repentina de los Recién Nacidos). Proporciona grupos de apoyo, información y materiales didácticos. 2 Metro Plaza, Suite 205, 8320 Professional Place, Landover, MD 20785.

National Suicide Hot Line. Teléfono de crisis para prevención del suicidio; proporciona también información sobre centros locales. Teléfono: 888.suicide.

Organización Mundial de la Salud (WHO). Organización mundial que pone al público en contacto con las mayores autoridades en cuestiones de sanidad, entre ellas el suicidio. Proporciona apoyo técnico internacional, produce y distribuye información y ayuda a los grupos de apoyo a las personas privadas de seres queridos. Oficina internacional: Avenue Appia 20, 1211 Ginebra 27, Suiza. www.who.org.

Organization for Attempters and Survivors of Suicide in Interfaith Services (OASSIS). Organización de apoyo para líderes religiosos, suicidiólogos y personas que han intentado suicidarse o que han quedado privadas por el suicidio. Organiza conferencias sobre la religión y el suicidio. 4541 Burlington Place, NW, Washington, DC 20016. Teléfono: 202.363.4224. E-mail: jamestclemons@aol.com.

Pregnancy and Infant Loss Center. Proporciona servicios de apoyo a las personas que sufren abortos involuntarios y la muerte de recién nacidos. 1421 West Wayzata Blvd, Wayzata, MN 55391.

QPR Institute. Proporciona programas de formación para la prevención del suicidio, así como materiales pedagógicos y clínicos para el público, profesionales e instituciones. P.O. Box 2867, Spokane, Washington 99220. Teléfono: 888.726.7926. www.qprinstitute.org.

SAFER. Suicide Counselling Service of the Greater Vancouver Mental Health Service Society. Se ofrece una gama completa de servicios, sobre todo en el área de la prevención del suicidio y la privación por el suicidio. 300-2425 Quebec St., Vancouver B.C., Canada, V5T 4L6. Teléfono: 604.879.9251.

Scott and White *Hospice*, afiliado al célebre Scott and White Memorial Hospital and Clinic, de Temple, Texas. Ofrece grupos de apoyo a la aflicción. El hospital Scott and White presenta, junto con la Facultad de Medicina de la Universidad A&m, de Texas, conferencias destacadas dirigidas por el doctor Louis A. Gamino. 2401 South 31st Street, Temple, Texas 76508. Teléfono: 254.727.4090 o 254.724.7609. Para más información: www.sw.org.

Suicide Information and Education Centre (SIEC), también llamado Suicide Prevention Training Programs (SPTP). Ofrece seminarios y formación especializada en intervención en el suicidio, asesoramiento a la privación y educación. Dirección: 201, 1615-10 Ave. SW, Calgary, Alberta, Canadá, T3C 0J7. Teléfono: 403.245.3900. www.sptp@siec.ca.

Suicide Prevention Advocacy Network (SPAN). Ofrece programas de prevención del suicidio. Esta red también pone en contacto a las organizaciones públicas y privadas de prevención del suicidio con las agencias gubernamentales y los medios de comunicación. Teléfono: 888.649.1366 o 770-642-1419. www.spanusa.org.

Suicide Prevention Center. Ofrece servicios de crisis y recursos para la prevención del suicidio. 4760 S. Sepulveda Blvd, Culver City, California 90230. Oficina: 310.751, 5324. Teléfono de crisis: 310.391.1253.

University of North Carolina Continuing Education. Ofrece los programas Living Through Loss (Vivir a través de la Pérdida) dirigidos por Linda Goldman y Tom Golden. www.uncc.edu/conteduc.

Widowed Persons Service. Servicio de información, literatura pedagógica, programas y asesoramiento económico y jurídico para viudas y viudos. 1909 K Street NW, Room 580, Washington DC 20049.

La supervivencia tras la muerte corporal

Cátedra Bigelow de estudios sobre la conciencia, Universidad de Nevada en Las Vegas. Presenta una serie anual de conferencias públicas sobre la conciencia humana y la posibilidad de su persistencia tras la muerte. Los oradores invitados son autoridades internacionales del campo de la tanatología, la privación y la parapsicología. Todas las conferencias son gratuitas y abiertas al público. Teléfono: 702.895.1970. www.unlv.edu.

Division of Personality Studies-Sistema Sanitario de la Universidad de Virginia. Dirigido por los doctores Ian Stevenson y Bruce Greyson. Realiza estudios de primer orden sobre las experiencias cercanas a la muerte y la reencarnación. P.O. Box 800152, Charlottesville, VA 22908-0152. Teléfono: 804.924.2281. www.med.virginia.edu.

International Association for Near-Death Studies (IANDS). Organiza conferencias anuales sobre la materia, y es un recurso excelente para la educación, la información y la investigación. www.iands.org.

Parapsychology Foundation. Fundada en 1951 por Eileen Garret, alberga una de las bibliotecas de temas parapsicológicos abiertas al público más grandes del mundo. Se puede recibir *online* el boletín The Parapsychology Foundation Review. 228 East 71st ST., ciudad de Nueva York, Nueva York 10021. Teléfono: 212.628.1550. www.parapsychology.org.

Rhine Research Center. El centro, fundado por J.B. Rhine, es el sucesor del Laboratorio de Parapsicología de la Universidad Duke. Publica el Journal of Parapsychology; ofrece oportunidades de estudio, de investigación y biblioteca a las personas que se dedican al estudio de la conciencia y la parapsicología. Dirigido por Sally Feather, hija de J. B. Rhine, psicóloga y asesora sobre la privación. 402 Buchanan Blvd, Durham, Carolina del Norte 27701-1728. Teléfono: 919.688.8421. www.rhine.org.

Society For Psychical Research. Fundada en 1882 para la investigación de la vida tras la muerte; publica una de las revistas más respetadas de este campo. 49 Marloes Road, London, W86LA (Inglaterra). Teléfono: 44.204.937.8984.

Bibliografía

Adler, Jerry: «There's Just the Three of Us». *In His Life and the Kennedy Legacy*, pág. 36. *Newsweek*, número conmemorativo, 1999.

Adler, Ronald B., y Neil Towne: *Looking Out/Looking In: Interpersonal Communication*. Nueva York: Holt, Rinehart & Winston, 1987.
— American Association of Suicidology, preparado por John L. McIntosh: *Survivors of Suicide Fact Sheet*. Washington DC, 1998.
— American Cancer Society: *Life After Loss Facilitator's Handbook*, Atlanta, Georgia, 1999.
— American Psychiatric Association: *Let's Talk About Panic Disorder*.
— Washington DC: APA, 1992.

Arcangel, Dianne: *Heather's Return. Journal of the American Society for Psychical Research*, n°. 93, 1999. Págs. 226-231.
— Id. *Tribute to Karlis Osis. Journal of the American Society for Psychical Research*, n°. 90, 1996. Págs. 228-230.
— Id. *The Wheel of Life Review. Journal of the American Society for Psychical Research*, n°. 91, 1997. Págs. 353-356.

Astin, J. A., E. Harkness, y E. Ernst: *The Efficacy of "Distant Healing": A Systematic Review of Randomized Trials. Annals of Internal Medicine*, n°. 132, 2000. Págs. 903-1010.

Bowlby, John: *Attachment and Loss, Vol. 1: Attachment*. Nueva York: Basic Books, 1982.

Bowlby, John: *Attachment and Loss, Vol. 3: Loss: Sadness and Depression*. Nueva York: Basic Books, 1980.
— Id. «A Boy Says Good Bye to His Dad». *Texas Magazine*, 22 de noviembre de 1964, pág. 1.

Cantor, Christopher, y Penelope J. Slater: «Marital Breakdown, Parenthood, and Suicide». *Journal of Family Studies* 1, octubre de 1995. Págs 91-102.

Carlson, Margaret: «Farewell, John». *Time*, 2 agosto de 1999. Pág. 33.
— Compassionate Friends. «New Statistics on Death of a Child Available», *We Need Not Walk Alone*, Anniversary Issue, Oakbrook, Illinois, 1999.

Connally, Nellie, con Michael Druary: «Texas' First Lady Relives the Day the President Died». *Texas Magazine*, 22 noviembre de 1964. Publicado en *McCall* magazine, 1964.

Cook, Emily Williams, Bruce Greyson, y Ian Stevenson: «Do Any Near-Death Experiences Provide Evidence for the Survival of Human Personality After Death? Relevant Features and Illustrative Case Reports». *Journal of Scientific Exploration*, n°. 12, 1998. Págs. 377-406.

DeSpelder, Lynne Ann, y Albert Lee Strickland: *The Last Dance: Encountering Death and Dying*. Mountain View, California: Mayfield, 1992.

Doka, Kenneth J: *Disenfranchised Grief*. Lexington, Massachusetts: Lexington Books, 1989.

Dossey, L.: *Healing Beyond the Body*. Boston: Shambhala, 2001.
— Id. «Immortality». *Alternative Therapies in Health and Medicine*, n°. 6, 2000. Pág. 12.
— Id. *Reinventing Medicine*. San Francisco: HarperSanFrancisco, 1999.

Erikson, Erik H.: *Identity: Youth and Crisis*. Nueva York: Norton, 1968.

Erikson, Erik H.: *Insight and Responsibility*. Nueva York: Norton, 1968.

Fitzgerald, Helen: *The Grieving Child: A Parent's Guide*. Nueva York: Simon & Schuster, 1992.

Fodor, J.: «The Big Idea». *Times Literary Supplement* (Nueva York), 2 de julio de 1992. Pág. 20.

Gamino, Louis A.: «Why "Just Get Over It" Doesn't Work: Lessons from the Scott and White Grief Study (1994-97)». Documento presentado en *Clinical Challenges in Bereavement: Beyond Supportive Care*, Austin, Texas, 6 de octubre del 2000.

Greeley, Andrew M.: *Religious Change in America*. Cambridge: First Harvard University Press, 1996.

Greyson, Bruce: «Near-Death Experiences». En *Varieties of Anomalous Experience: Examining the Scientific Evidence*, editado por Etzel Cardena, Steven Jay Lynn y Stanley Krippner. Págs. 315-352. Washington DC: American Psychological Association, 2000.

Greyson, Bruce, y Chuck Flynn: eds. *The Near-Death Experience: Problems, Prospects, Perspectives*. Springfield, Illinois: Charles C. Thomas, 1984.

Hirsh, S.: *Using the Myers-Briggs Type Indicator in Organizations: A Resource Book*. Palo Alto, California: Consulting Psychologists Press, 1985.

Holmes, T. S., y R. H. Rahe: «The Social Readjustment Rating Scale». *Journal of Psychosomatic Research,* n°. 11, 1967. Págs. 213-218.

Huber, Terri: *No Time Out from Grief: Surviving the Death of My Son*. Writers Club Press/iUniverse.com, 2000.

Jonas, W. B.: «The Middle Way: Realistic Randomized Controlled Trials for the Evaluation of Spiritual Healing». Journal *of Alternative and Complementary Medicine,* n°. 1, 2001. Págs. 5-7.

Jowett, Benjamin, trans. *The Works of Plato,* 1945.

Jung, C.: *Psychological Types.* Nueva York: Princeton University Press, 1971.

Kastenbaum, Robert: *Psychology of Death.* Nueva York: Springer, 1992.

Keirsey, D., y Marilyn Bates: *Please Understand Me.* Del Mar, California: Gnosology Books, 1984.

Kircher, Pamela: *Love Is the Link: A Hospice Doctor Shares Her Experience of Near-Death and Dying.* Nueva York: Larson, 1995.

Kroeger, O., y J. Thuesen: *Type Talk.* Nueva York: Dell, 1988.

Kübler-Ross, Elisabeth: *Death, the Final Stage of Growth.* Englewood Cliffs, Nueva Jersey: Prentice-Hall, 1975.
— Id. *On Death and Dying.* Nueva York: Macmillan, 1969.

Lawrence, G.: *Descriptions of the Sixteen Types.* Gainesville, Florida: Center for Applications of Psychological Type, 1993.

Lundahl, Craig R.: ed. A *Collection of Near-Death Research Readings: Scientific Inquiries into the Experiences of Persons Near Physical Death.* Chicago: Nelson-Hall, 1982. Compilación de obras de Osis, Haraldsson, Ring, Moody, Noyes, Grosso y otros.

Maddox, J.: «The Unexpected Science to Come». *Scientific American,* diciembre de 1999. Págs. 62-67.

Martin, Terry L., y Kenneth J. Doka: *Men Don't Cry... Women Do: Transcending Gender Stereotypes of Grief.* Filadelfia: Brunner/Mazel, 2000.

Matthews, Jim: *Four Dark Days in History: november 22, 23, 24, 25.* Los Ángeles: Special Publications, 1963.

McCaulley, M.: *The Myers-Briggs Type Indicator and Leadership.* Gainesville, Florida: Center for Applications of Psychological Type, 1988.

Miller, L.: «Boomers Hire Consultants to Help Go from Good Life to "Good Death"». *Wall Street Journal,* 25 de febrero del 2000. Pág. 1.

Miller, Lyle H., y Alma Dell Smith: *The Stress Solution.* Nueva York: Pocket Books, 1993.

Moody, R.: *Vida después de la vida.* Madrid: Edaf, 1975.

Morse, Melvin, y Paul Perry: *Closer to the Light: Learning from the Near-Death Experiences of Children.* Nueva York: Random House, 1991.
— Id. *Transformed by the Light: The Powerful Effect of Near-Death Experiences on People's Lives.* Nueva York: Villard, 1992.

Myers, I.: *Introduction to Type.* Palo Alto, California: Consulting Psychologists Press, 1962.

Myers, I., y M. McCaulley: *A Guide to the Development and Use of the MBTI: A Manual.* Gainesville, Florida: Center for Applications of Psychological Type, 1985.

Neimeyer, Robert: *Lessons of Loss: A Guide to Coping.* Filadelfia: Brunner Routledge, 2001.
— Id. ed. *Death Anxiety Handbook: Research, Instrumentation, and Application.* Washington, DC: Taylor & Francis, 1994.

Noyes, R., Jr., y R. Kletti: «Depersonalization in the Face of Life-Threatening Danger: An Interpretation». *Omega,* n°. 7, 1976. Págs. 103-114.

Parma, S., D. G. Waller, R. Yeates, y P. Fenwick: «A Qualitative and Quantitative Study of the Incidence, Features and Aetiology of Near Death Experiences in Cardiac Arrest Survivors». *Resuscitation,* n°. 48, 2001. Págs. 149-156.

Piaget, Jean: *The Child's Construction of the World.* London: Routledge & Kegan Paul, 1929.

Platón: *Obras Completas.*

Radin, Dean, y Jannine Rebman: «Are Phantasms Fact or Fantasy? A Preliminary Investigation of Apparitions Evoked in the Laboratory». *Journal of the Society for Psychical Research* n°. 61, 1996. Pág. 843.

Rando, Therese A.: *Treatment of Complicated Mourning.* Champaign, llinois: Research Press, 1993.

Ring, Kenneth. *Heading Toward Omega: In Search of the Meaning of Near-Death Experience.* Nueva York: Morrow, 1984.
— Id. *Life at Death: A Scientific Investigation of the Near-Death Experience.* Nueva York: Morrow, 1982.

Ring, Kenneth, Sharon Cooper, y Charles Tart: *Mindsight: Near-Death and Out of Body Experiences in the Blind.* Palo Alto, California: William James Center for Consciousness Studies at the Institute of Transpersonal Psychology, 1999.

Ring, Kenneth, y Evelyn Valarino: *Lessons from the Light: What We Can Leam from the Near-Death Experience.* Portsmouth, New Hampshire: Moment Point Press, 2000.

Sabom, Michael: *Light and Death: One Doctor's Fascinating Account of Near-Death Experiences.* Grand Rapids, Michigan: Zondervan, 1998.

Sanders, Catherine M. *Grief: The Mourning After, Dealing with Adult Bereavement.* Nueva York: Wiley, 1989.

Selye, Hans: *Selye's Guide to Stress Research.* 3 vols. Nueva York: Van Nostrand Reinhold, 1983.
— Id. *Stress Without Distress.* Nueva York: Signet Books, 1974.

Sife, Wallace: *The Loss of a Pet, the Human-Animal Bond.* Nueva York: Macmillan, 1993.

Some, Malidoma Patrice: *Of Water and the Spirit.* Nueva York: Putnam, 1994.

Stephenson, John S.: *Death, Grief, and Mourning: Individual and Social Realities.* Nueva York: Free Press, 1985.

Stroebe, Margaret, Wolfgang Stroebe, y Robert O. Hansson: eds. *Handbook of Bereavement: Theory, Research, and Intervention*. Nueva York: Cambridge Univ. Press, 1999.

Tubesing, Nancy, y Donald Tubesing: *Structured Exercises in Stress Management*, vol. 1. Duluth, Minnesota: Whole Person Press, 1983.

Walsh, John: *Tears of Rage: From Grieving Father to Crusader for Justice—The Untold Story of the Adam Walsh Case*. Nueva York: Pocket Books, 1997.

Weenolsen, Patricia: *Transcendence of Loss over the Life Span*. Nueva York: Hemisphere, 1988.

Weiss, Brian: *Messages from the Masters: Tapping into the Power of Love*. Nueva York: Warner Books, 2000.

Wiitala, Geri Colozzi: *Heather's Return: The Amazing Story of Communications from Beyond the Grave*. Virginia Beach, Virginia: A.R.E. Press, 1996.

Wolfelt, Alan D.: *Death and Grief: A Guide for Clergy*. Levittown, Pensilvania: Accelerated Development, 1988.

Worden, William: *Grief Counseling and Grief Therapy: A Handbook for the Mental Health Practitioner*. Nueva York: Springer, 1991.

Zaiaznik, Patricia: *Bibliography on Grief*. Minneapolis, Minnesota: Abundant Resources, 1995.

Otros títulos del autor

RAYMOND A. MOODY JR., M.D.

PRÓLOGO DE **EBEN ALEXANDER, M.D.**
AUTOR DE *LA PRUEBA DEL CIELO*

VIDA
DESPUÉS DE LA
VIDA

LA PRIMERA INVESTIGACIÓN DE
TESTIMONIOS REALES SOBRE
«EXPERIENCIAS CERCANAS A LA MUERTE» (ECM)

MÁS DE
1.000.000
DE EJEMPLARES
VENDIDOS EN
ESPAÑOL

edaf

RAYMOND A. MOODY

MÁS SOBRE
VIDA
DESPUÉS DE LA
VIDA

**NUEVAS INVESTIGACIONES EN TORNO A
LOS FENÓMENOS MÁS ALLÁ DE LA MUERTE**

edaf

RAYMOND A. MOODY JR., M.D.

REFLEXIONES
SOBRE
VIDA
DESPUÉS DE LA
VIDA

edaf one